竹簡学

中国古代思想の探究

湯浅 邦弘

大阪大学出版会

目次

第三部　新出秦簡・漢簡に見る思想史……211

はじめに

中国古代思想史の研究は、劇的な転換期を迎えている。竹簡に記された古代文献が相次いで発見され、古代思想史の大幅な見直しが進んでいるのである。

特に、近年発見され、その公開が進められている「上海博物館蔵戦国楚竹書（上博楚簡）」「清華大学蔵戦国竹簡（清華簡）」「岳麓書院蔵秦簡（岳麓秦簡）」「銀雀山漢墓竹簡（銀雀山漢簡）」「北京大学蔵西漢竹書（北大簡）」は、先秦から漢代に至る思想史を語る重要資料である。

そこで、本書では、これらの竹簡資料の読解を通して、これまで知られることのなかった中国古代思想の様相を解明してみたい。

全体は三部からなる。第一部は、「儒家思想と古聖王の伝承」と題し、上博楚簡と清華簡を中心として、儒家思想の形成史および堯舜禹や文王といった古聖王の伝承について考察を加える。

第二部は、「王者の記録と教戒—楚王故事研究—」と題し、上博楚簡に特徴的に見られる楚王故事を六篇取り上げ、その特徴と文献的性格について分析する。

第三部は、「新出秦簡・漢簡に見る思想史」と題して、岳麓秦簡、銀雀山漢簡、北大簡を取り上げる。内容は、それぞれ、占夢、軍事、『老子』である。

以上三部の各論考のテーマは多岐にわたるが、いずれも先秦から秦漢に至る重要な思想的問題を取り扱っている。中には、楚王故事問題のように、これまでの思想史研究ではほとんど取り上げられなかったテーマもある。また、堯舜禹の伝承や夢、兵学、『老子』の問題など、先行研究に新たな知見を提供できるものもある。

なお、以下、竹簡に関わる学術用語をあらかじめ提示しておきたい。これらの用語は、竹簡研究を専門としている一部の研究者にはすでに常識となっているかもしれないが、まだ学界の共通認識となっているとは言いがたいものもある。また、新たな竹簡の発見により、最近にわかに注目されてきた特殊用語もある。更に、用語の中には、日中の研究者間で若干の揺れが見られるものもあり、注意を要する。

竹簡学用語解説

筆者の所属する中国出土文献研究会（旧戦国楚簡研究会）では、これまで竹簡用語の整理・解説に努めてきた。その成果としては、『新出土資料と中国思想史』（『中国研究集刊』第三十三号、二〇〇三年）所収の戦国楚簡研究会「「書誌情報」用語解説」（担当は福田哲之氏）、『戦国楚簡研究二〇〇五』（『中国研究集刊』第三十八号、二〇〇五年）所収の戦国楚簡研究会「「書誌情報」用語解説（二）」、および金城未来『中国新出土文献の研究』（二〇一二年度大阪大学提出博士学位請求論文）所収の附録「新出土文献用語解説」などがある。但し、出土竹簡の新たな状況を受けて増補すべき点も多々ある。以下の解説は、そうした近年の新情報をも考慮して大幅に加筆修訂し定稿としたものである。

・簡牘……竹簡と木簡との総称。竹簡は主に文献・文書として使用され、それを綴じた形が漢字の「冊」である。紙が発明された後は、その用途を紙に奪われ、徐々に駆逐された。木簡は、文書・帳簿・名刺・荷札などさまざまな用途に使用され、紙が発明された後も、しばらく紙と併用された。

・簡帛……竹簡と帛書との総称。近年発見された主要な竹簡については次項以下参照。著名な帛書としては、一九七三年、湖南省長沙で発見された馬王堆漢墓帛書がある。

・郭店楚簡……一九九三年、湖北省荊門市郭店一号墓から、盗掘の結果、出土した竹簡八〇四枚（内、文字が記されていたもの七三〇枚）。図版・釈文の正式名称は『郭店楚墓竹簡』（文物出版社）。一九九〇年代以降の新出土文献研究の扉を開いた重要な竹簡群である。

・上博楚簡……一九九四年、上海博物館が香港の古玩市場で購入した戦国時代の楚の竹簡。戦国楚系文字で筆写されていることから「楚簡」と呼ばれ、この呼称が定着した。全千二百余簡、三万五千字。郭店楚簡とともに、新出土文献の研究に新たな時代を拓くこととなった。図版・釈文の正式名称は『上海博物館蔵戦国楚竹書』（上海古籍出版社）。第一分冊から九分冊までが刊行され、これとは別に残簡（後述）を集めた別冊と楚系文字の字書『字析』が刊行される予定である。なお、名称については、「上博簡」「上海博楚簡」と略称されることもある。

・岳麓秦簡……二〇〇七年十二月、湖南大学岳麓書院が入手した秦時代の竹簡。総数二一〇〇枚。完整簡（後述）は一三〇〇枚余。その後、二〇〇八年八月に、香港の収蔵家が同様の秦簡全七十六枚の竹簡（完整簡は三十枚余り）を岳麓書院に寄贈した。そのため、総数は二一七六枚となっている。図版・釈文は、朱漢民・陳松長主編『岳麓書院蔵秦簡』（上海辞書出版社）として分冊方式で刊行中。

・清華簡……二〇〇八年、清華大学が入手した戦国時代の竹簡。総数は二三八八枚（残簡を含む）。清華大学の委託により、北京大学でC14年代測定（後述）が行われ、その結果、清華簡の年代が紀元前三〇五年±三〇年（すなわち郭店楚簡や上博楚簡と同じく、戦国時代中期頃の竹簡）であることが判明した。図版・釈文は、『清華大学蔵戦国竹簡』（中西書局）として分冊方式で刊行中。

・北大簡……二〇〇九年に北京大学が入手した秦簡と漢簡の総称。秦簡を「北大秦簡」、漢簡を「北大漢簡」とも呼ぶ。北京大学出土文献研究所によって整理が進められ、まず漢簡部分についての図版・釈文が、『北京大学蔵西漢竹書』（中西書局）として分冊方式で刊行中。漢簡の総数は三三四六枚（内、完整簡は七〇〇枚以上、完簡は一六〇〇余枚）。

・香港中文大学文物館蔵簡牘……香港中文大学文物館が数年かけて購入・収蔵した二五九枚の簡牘。その内、戦国簡が十枚、西漢の『日書』簡が一〇九枚、遺策が十一枚、東晋「松人」解除木牘が一枚など。戦国簡はすべて残簡であるが、上博楚簡との接続が指摘されている簡もある。図版・釈文は、二〇〇一年に『香港中文大学文物館蔵簡牘』（陳松長編著、香港中文大学文物館）として刊行された。

・銀雀山漢簡……一九七二年に山東省銀雀山漢墓で発見された竹簡群。約五千枚。図版・釈文は、『銀雀山漢墓竹簡』（文物出版社）として［壹］が一九八五年に刊行され、『孫子』『孫臏兵法』などが公開された。その後、刊行が中断していたが、二〇一〇年、その［貳］が刊行され、「論政論兵之類」などが公開された。

・簡長……竹簡一本の長さ。上端から下端までの長さをcm単位で示す。新出土文献では、郭店楚簡『語叢』一や『語叢』四に十五cmの短簡が見られるが、上博楚簡はおおむね三十cm台から五十cm台のものが多い。長簡としては、銀雀山漢墓竹簡「元光元年歴譜」の六十九cmがある。

・簡端……竹簡の先端と末端。その形状によって、今のところ、次の三種に分類される。

①平斉……竹簡の両端が平に切られ、方形状になっているもの。郭店楚簡『老子』乙本、丙本、『太一生水』、上博楚簡『緇衣』『性情論』をはじめ多くの竹簡に見られる。上端については「平頭」ともいう。

②梯形……竹簡の両端が角を落とした台形状になっているもの。郭店楚簡『老子』甲本、『緇衣』『魯穆公問子思』『窮達以時』『五行』『六徳』などに見られる。

③円端……簡の両端が円形状に加工されているもの。上博楚簡『孔子詩論』『魯邦大旱』などに見られる。

簡端（右から、平斉、梯形、円端の例）

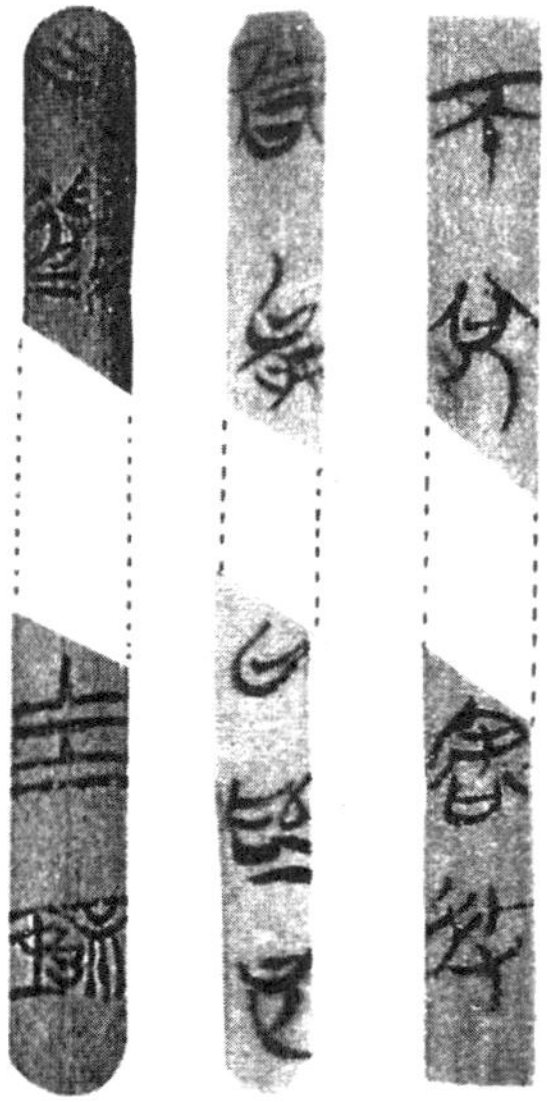

・編綫……簡を綴じる紐、およびその本数。編線とも表記される。今のところ、次の二種が代表的なものである。

①両道……竹簡の上・下二箇所を二本の紐で綴じたもの。両道編綫ともいう。郭店楚簡のほとんどの文献は、両道編綫である。

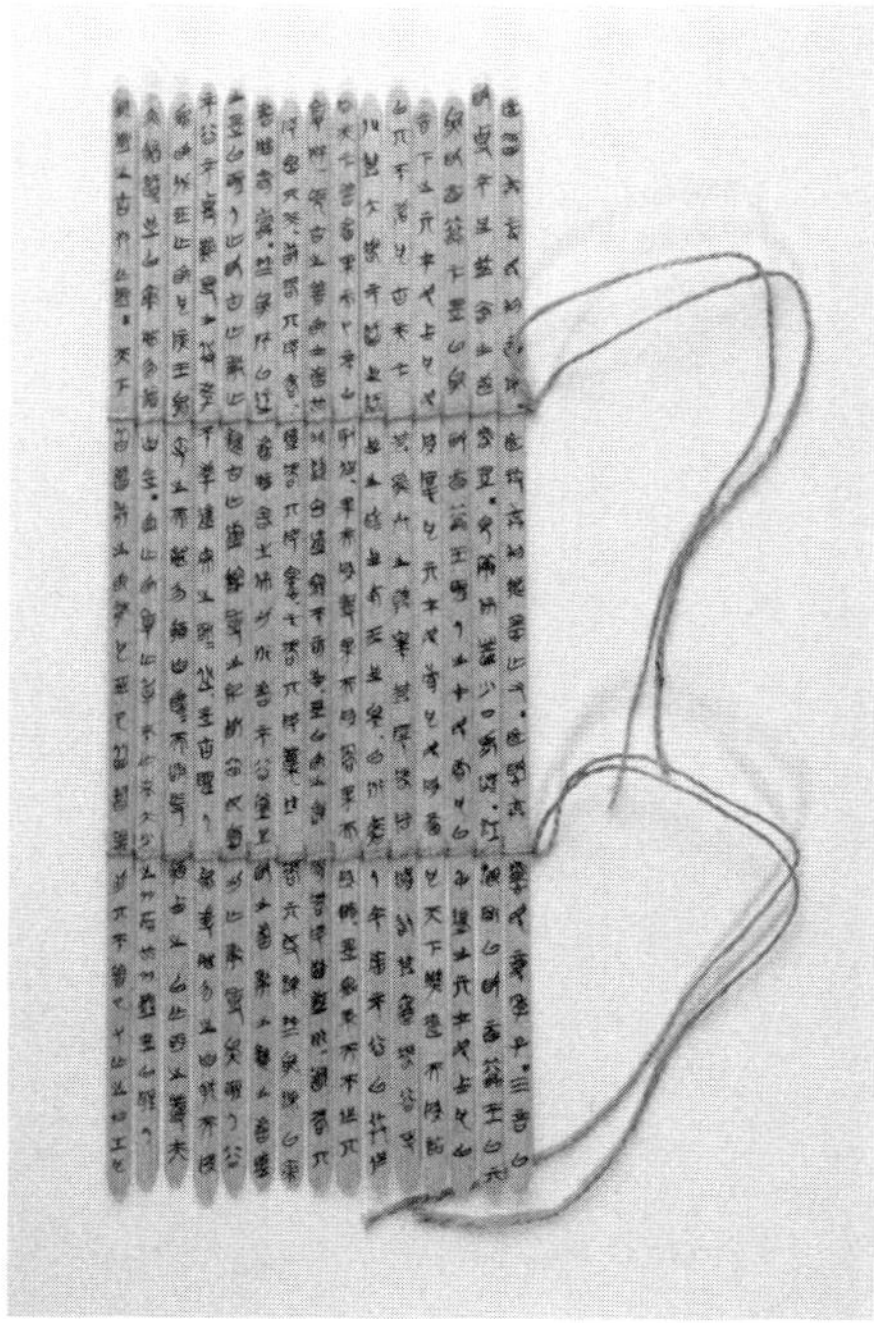
両道編綫（郭店楚簡『老子』のレプリカ）

②三道……竹簡を上・中・下の三箇所、三本の紐で綴じたもの。三道編綫ともいう。上博楚簡のほとんどの竹簡は三道編綫である。

　但し、古代の竹簡が出土する際、編綫がそのまま残存しているのは極めて稀である。編綫がどのような状態であったのかについては、竹簡の編綫痕および契口（後述）から推定できる。また、編綫と文字の関係について言えば、編綫痕と文字が重ならないものが多いが、中には、編綫痕と文字が重なっているものもある。これは、前者が、編綫で簡を綴じてから筆写したものと考えられるのに対して、後者は、文字を記した後に編綫を綴じたためと推測される。

・編距……上・下または上・中・下の綴じ紐の間のそれぞれの距離。例えば、三道編綫の場合、竹簡の上端から第一編綫までは短く、第一編綫から第二編綫、および第二編綫から第三編綫まではほぼ同距離、第三編綫から竹簡下端までは、上端から第一編綫までと同じく短か目であるというのが普通である。仮に、三道編綫の竹簡（両端は平斉）で、編距が上から順に、三cm、二十cm、二十cm、三cmのものを例として、その状況を図示すれば、次のようになる。

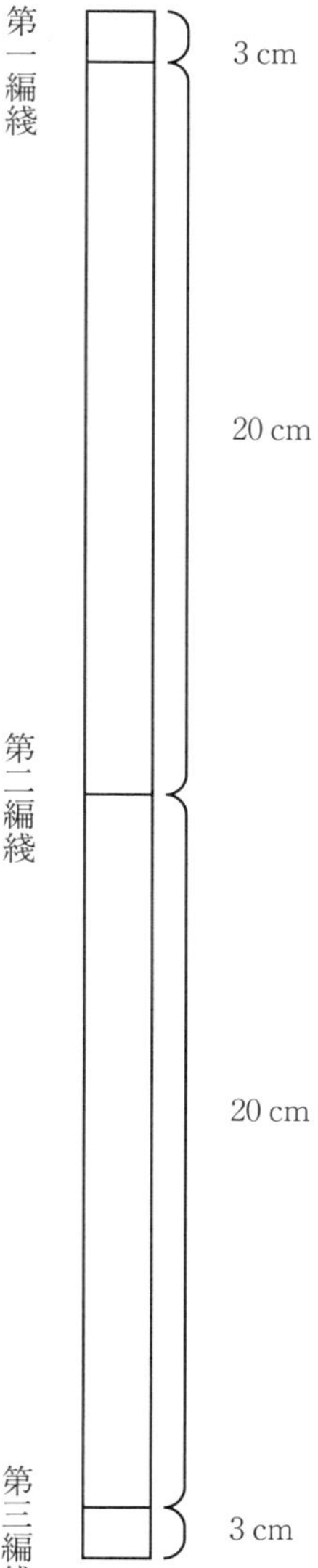

・冊書……竹簡を紐で綴じて文献の形にしたもの。但し、竹簡が冊書の形で出土する例は極めて稀であり、ほとんどは、長い年月の間に綴じ紐が朽ちて散乱した状態か、泥塊の中に押し込められた状態で出土する。また、竹簡を閉じ直す場合、本来の配列を間違えることを「錯簡」という。

・契口……竹簡を冊書とするため編綫で綴じるが、その編綫がすべってずれないよう、竹簡にくさび形につけられた切れ込み。ここに編綫を引っかけて竹簡を綴じた。竹簡の向かって右側に附けられたものを右契口、左側に附けられたものを左契口という。また、両道編綫の場合、上下の契口をそれぞれ上契口、下契口と呼び、三道編綫の場合は、上から第一契口、第二契口、第三契口と呼ぶ。契口は、もとの編綫の位置を示すとともに、竹簡の配列や接続を復元する際の有力な手がかりとなる。なお、同一竹簡に、契口が右と左に分けて刻まれることはない。

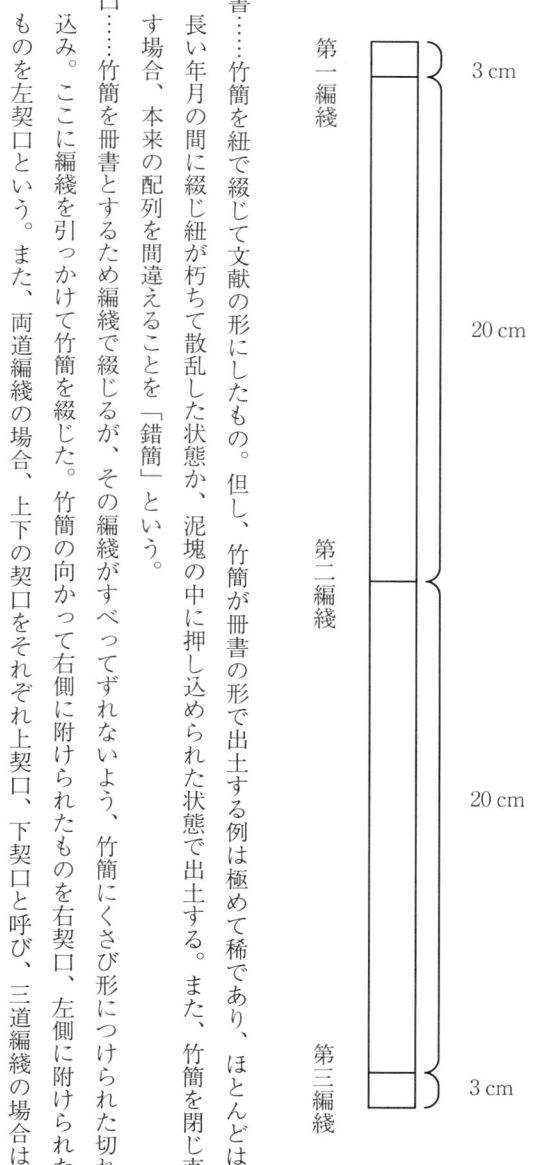

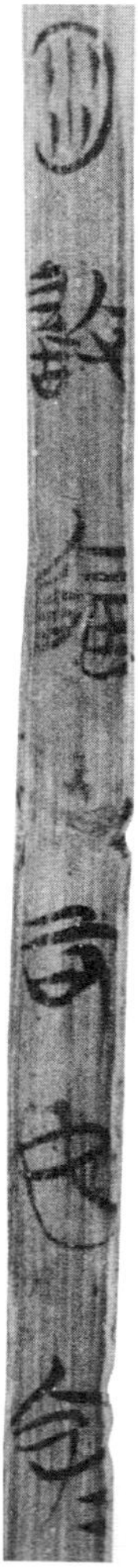

契口（上博楚簡『顔淵問於孔子』第六簡。中央に右契口と編綫痕が見える）

・完簡……缺損がなく完全な簡。

・残簡……竹簡が残欠していて一部しか残っていない簡。残欠簡あるいは断簡ともいう。

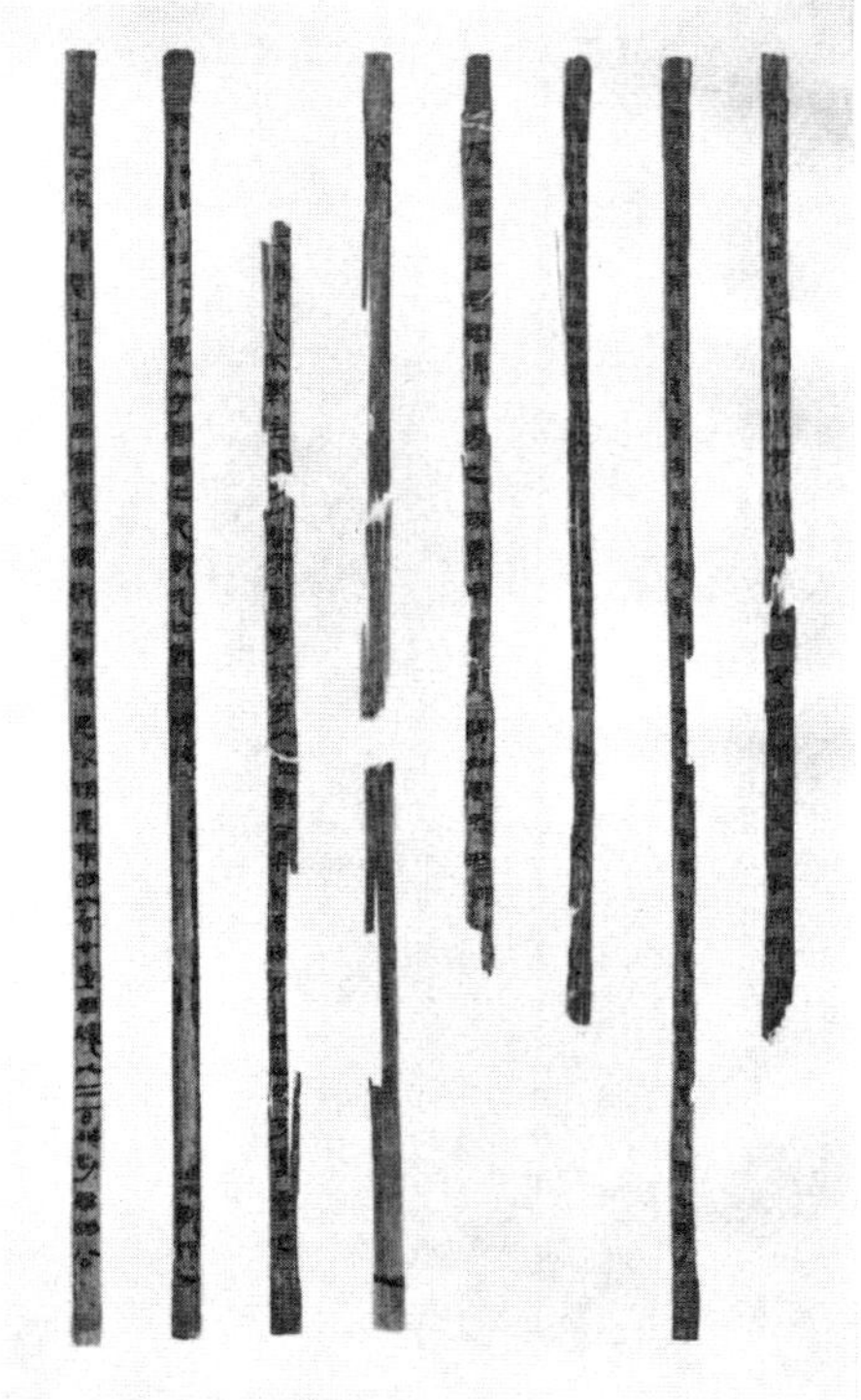

銀雀山漢簡『孫子』（残欠簡が多い）

・整簡……残簡を二つあるいは三つ以上接合することにより、ほぼ完簡として復元できた簡。中国では、これを「完整簡」と呼ぶ場合もある。なお、残簡を接合させ復元する場合には、以下のようなものが手がかりとなる。
①書体……書体の同一性。同一文献内で、稀に筆写者が交代している（一つの文献を複数の人間が筆写している）場合もあるが、通常は、一文献を一人が筆写している場合が多く、書体の同一性は大きな根拠となる。
②形状……断裂の形状が上と下で合致する。ちょうどジグソーパズルを組み合わせるように接合できる場合。
③内容……文意の連続性。いわゆる文脈からの推定。
④契口……契口の位置。冊書として見た場合に契口の位置が合致するもの。なお、右契口を持つ竹簡と左契口を持つ竹簡は同一簡としては接合しないと考えるのが妥当である。
⑤墨線や劃痕（後述）……竹簡背面に引かれた墨線や劃痕の位置。
・満写簡……上端あるいは上端に近い部分から、下端あるいは下端に近い部分まで文字がいっぱいに筆写されている簡。文字間隔の広狭は問わない。
・留白簡……上端部と下端部、もしくはその一方に文字が筆写されていない一定の空白をもつ簡。篇や章の末尾にあたる簡については、文章末尾に墨鉤・墨節（後述）などの区切り符号を付け、その後を留白とするものが多い。

満写簡と留白簡（上博楚簡『荘王既成　申公臣霊王』。右から二本目は第一簡の背面。篇題「荘王既成」の前後は留白となっている。また、最終簡は文末の後が留白となっている）

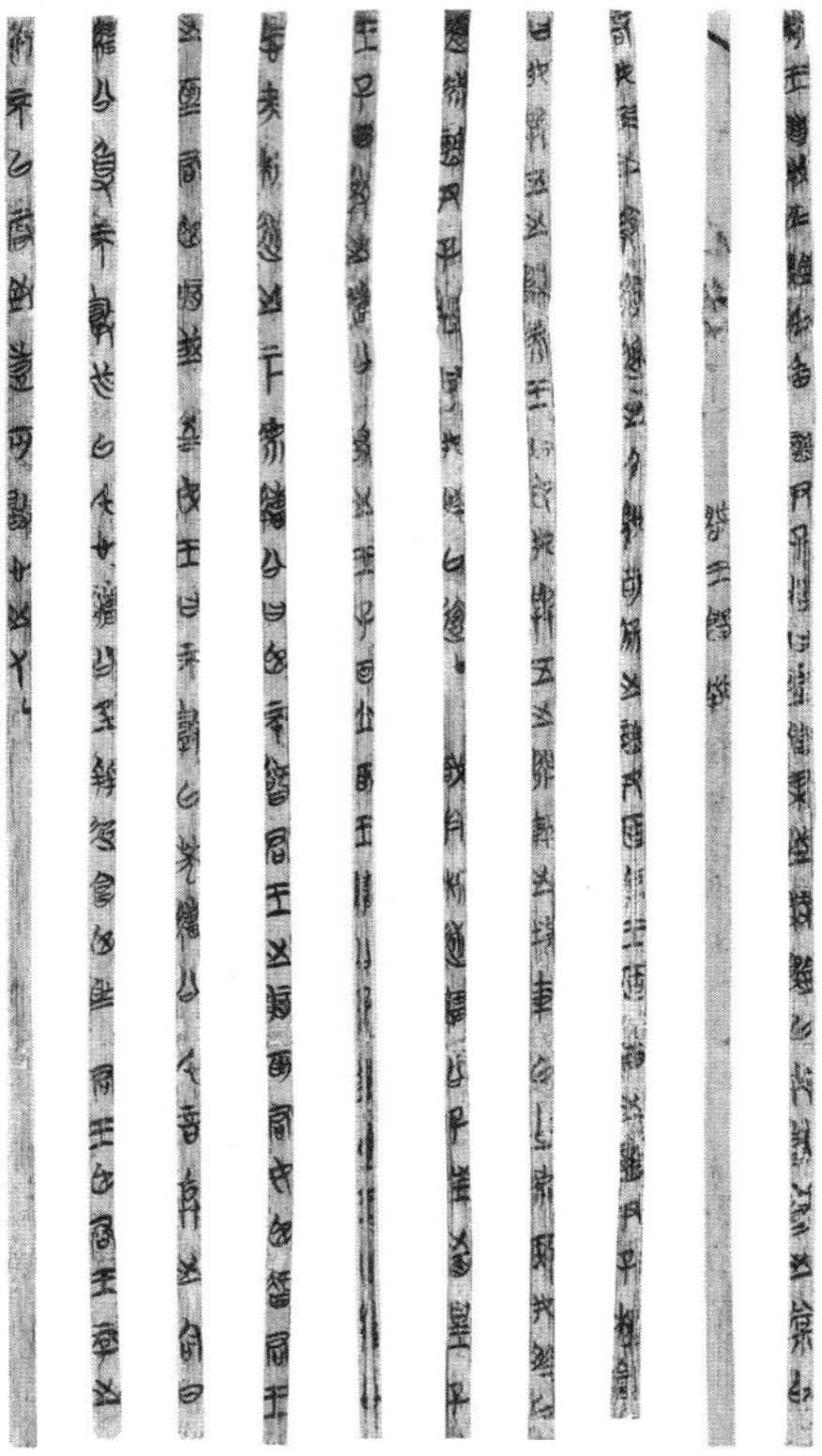

・白簡……全く文字が記されていない竹簡。文字の記してある通常の竹簡を「有字簡」という。

・分段筆写……一本の竹簡に、上下あるいは三段以上にわたって段組で筆写されているもの。例えば、岳麓秦簡では、『質日』に六段、『為吏治官黔首』に三段、『占夢書』に二段の分段筆写が見られる。通常の文献とは異なり、多くの短い事項を箇条書き風に記し、閲覧しやすいようにするための工夫であったと推測される。分段筆写された竹簡をどのような順序で読むかについては、確定的なことは言えないが、『占夢書』について言えば、まず上段を右から左に読み、次に第二段に移って再び右から左に読む、という横断式であったと推測される。

満写簡と分段筆写（岳麓秦簡『占夢書』。右、第一簡（満写簡）。左、第九簡（分段筆写））

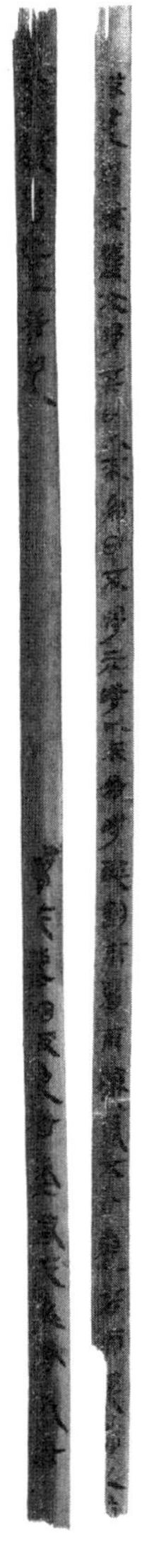

・首簡・末簡……上博楚簡『周易』に関わる用語。上博楚簡『周易』では、一卦（卦画・卦名・首符・卦辞・爻題・尾符）につき竹簡二・三本が使用されているが、その最初の簡を「首簡」、最後の簡を「末簡」という。

上博楚簡『周易』革卦の首簡（上から卦画、卦名「革」、首符、卦辞の冒頭部）

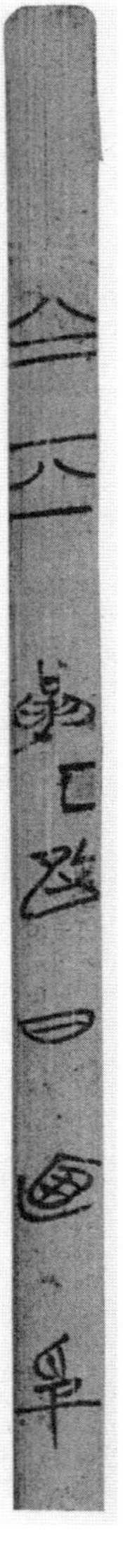

・標号……竹簡に記された記号。主なものは、次の通り。

①墨釘……小さな方形状あるいはそれに近い（円点のように見えるものもあり）の墨点。文字の右下に附され、句読点や章・篇の末尾を表す。なお、墨釘の内、さらに小さいもの（点のように見えるもの）を句読点を表すものとして「句読符」と呼ぶ場合もある。

墨釘（上博楚簡『昭王毀室』第五簡）

墨釘（上博楚簡『陳公治兵』第十一簡）

②墨鉤……釣り針のようなかぎ状の記号。文字の右下に附され、句読点や章・篇の末尾を表す。

墨鉤（上博楚簡『申公臣霊王』。文末の墨鉤の後は留白となっている）

③墨節……竹簡を横断するように引かれた墨線。篇・章の末尾を表す。墨釘や墨鉤に比べ区切りの意識がより強い箇所に附される。

墨節（上博楚簡『昭王毀室』第五簡。墨節を境に、前が『昭王毀室』、後が『昭王與龔之脽』）

墨節（上博楚簡『子羔』第十四簡）

④短横・小点……短い横画や小さな墨点。句読点や章の末尾を表す。これを「句読符」と呼ぶ場合もある。

⑤円形墨点……章や節の冒頭を示すために附された円形の点「•」。北京大学蔵西漢竹書『老子』では、各章の冒頭にこの点が附され、章の区切りが明確に示されている。また、銀雀山漢簡の「論政論兵之類」の多くの篇も、箇条書き風の文体になっており、各節の冒頭にこの符号が見える。中国ではこれを「提示符」と呼ぶ場合もある。また「分章符」という呼称もあるが、それは、章の冒頭に附される円形墨点、章末に附される墨鉤などを併せて言ったもので、必ずしも冒頭の円点だけを指すのではない。

円形墨点（北大簡『老子』下経第四十五章冒頭部）

⑥首符・尾符……上博楚簡『周易』に見える六種の符号。首符は、卦名の直後、卦辞の直前にある符号。尾符は、爻辞全体の末尾にある符号。一卦ごとの区別を表示したものと推測される。

⑦重文号……同一字を重ねる記号。踊り字。多くの場合、当該字の右下に「＝」で表示される。次の合文号と同じく、筆写の省力化のための符号である。

重文「少少」（上博楚簡『平王問鄭壽』第四簡）

⑧合文号……合文を示す記号。合文とは、表記法の一形式として、あるいは書記労力の軽減のために、異なる二字（例外的に三字の場合もある）の漢字を一字に合して表記したもの。比較的画数の多い漢字の右下部に「＝」の記号が附される。代表的な例としては、上博楚簡の「孔＝」（孔子）、「夫＝」（大夫）、「先＝」（先人）、「孫＝」（子孫）などがある。

なお、重文も合文もともに「＝」で表示され、合文か重文かは文脈によって判別したものと考えられる。

合文「孔子」（上博楚簡『顔淵問於孔子』第六簡）

⑨編号……後述の竹簡番号および編号の項参照。

・篇題……竹簡に記されたその文献や篇の名称。冊書の先頭付近の竹簡背面に記されることが多い。そこに記すのは、竹簡を巻いて保存する場合、本文を記載した面を末尾から内側にして巻くためである。そうすれば、巻いた状態の簡冊の表面（竹簡背面）に篇題が確認できるからである。いずれの場合も、篇題は、文章の最初の数文字あるいは一字をとって便宜的に命名される場合が多く、必ずしも内容を具体的に示しているわけではない。こうした記載方法は、『論語』の「学而」や「為政」などにも見られるとおり、古代文献の通例であったと推測される。なお、竹簡に篇題が確認されない場合は、整理者が内容に基づいて仮称を附す。

・墨線……竹簡背面に斜めに墨で引かれた線。錯簡を防ぐため、文字を記す前、あるいは筆写した後、竹簡の背面に斜めに引かれたと推測される。この墨線を手がかりに竹簡の連接を推定することができる。上博楚簡は、原則としてその背面が公開されていないが、『荘王既成』第一簡背面、『命』第十一簡背面、『王居』第一簡背面に、この墨線が確認される。なお、上海博物館では、各竹簡を台紙に貼り付けガラスで覆っているため、原則として竹簡背面は閲覧できない。ただ、背面に篇題のある竹簡に限り、それが確認できるよう、台紙の当該箇所をくりぬいている。右の竹簡に墨線が確認できたのは、それが偶然、該当箇所に篇題が記されていて、くりぬかれた台紙の穴から確認できたのである。従って、該当簡の前後にも墨線が引かれているのか、『荘王既成』『命』『王居』以外の文献にも墨線が引かれているのか、などについては現時点では未詳である。

篇題と墨線（上博楚簡『荘王既成』第一簡。右が表、左が背面。背面上部に墨線、中央部に篇題「荘王既成」が見える）

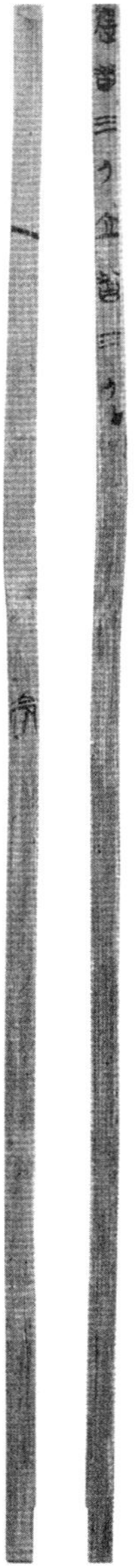

篇題と墨線（上博楚簡『命』第十一簡。右が表、左が背面。背面上部に墨線、中央部に篇題「命」が見える）

・劃痕……竹簡背面に斜めに刻まれたひっかき傷状の線。劃線ともいう。墨線同様、竹簡の誤配列を防ぐための工夫として引かれたものと推測され、竹簡を再配列する際の有力な手がかりとなる。今のところ、清華簡、上博楚簡、北京大学蔵西漢竹書（北大簡）などに見える。特に、北京大学蔵西漢竹書『老子』には、この劃痕が全簡にわたって確認され、竹簡配列の復元に大きな役割を果たした。

劃痕（北大簡『老子』背面の劃痕の様子を図示したもの。『北京大学蔵西漢竹書［貳］』による）

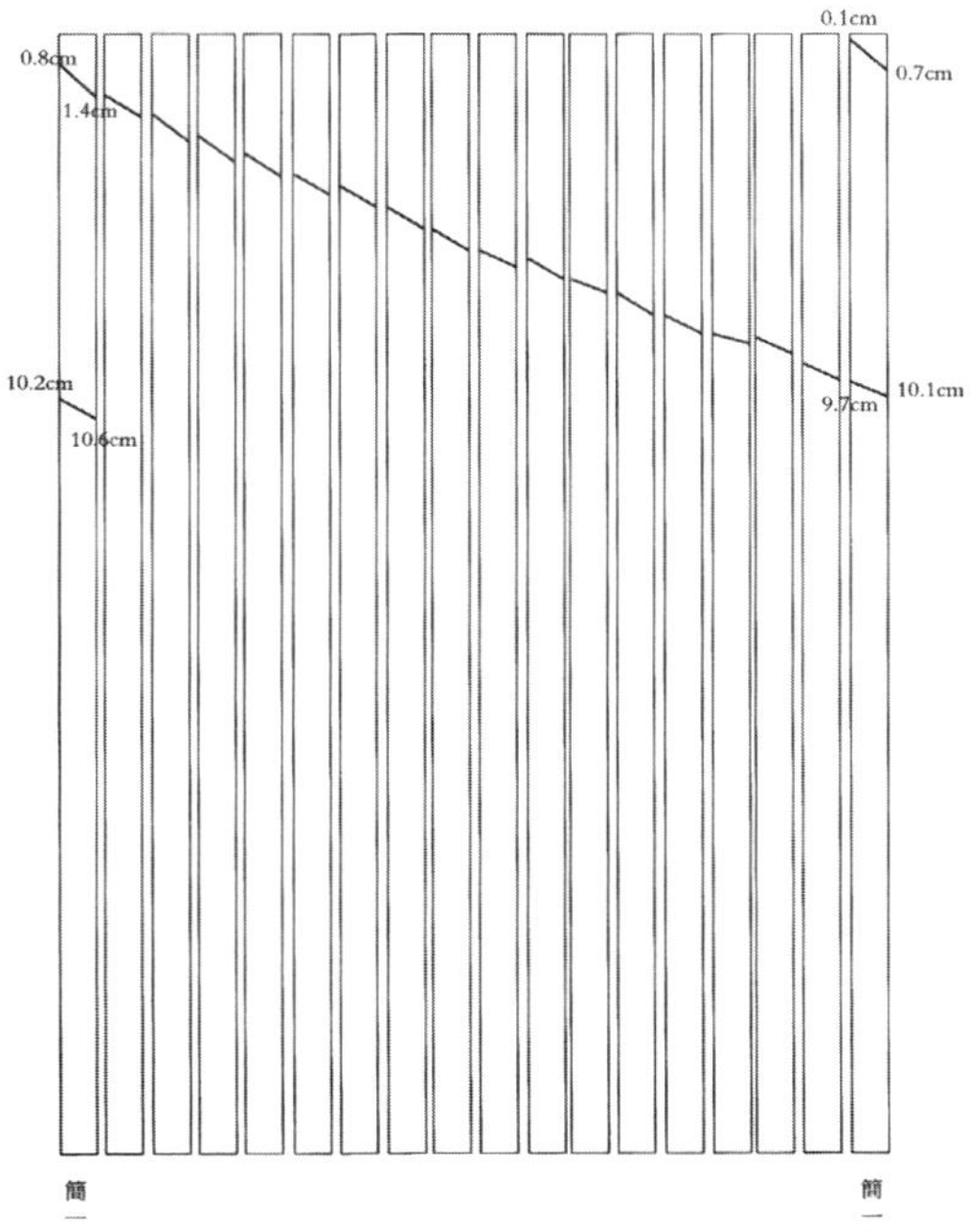

圖一

・竹簡番号……次の二つの意味がある。

①釈文を作成する際、便宜上、附された竹簡の配列番号。二つの残簡を接合して整簡とした場合は、「三ａ＋ｂ」とか「12Ａ＋2Ｂ」などと表示されることもある。おおむね原釈文の竹簡番号が尊重されるが、時には、それが間違っているとして、大幅な見直しが迫られることもある。また、岳麓秦簡のように、整理の初期段階で附した仮番号と、原釈文作成時に竹簡配列を見直して附けた番号との二種の番号を持つ場合もある。

②竹簡の配列を示すために、もともと竹簡に墨で記されていた漢数字。現在のノンブルに当たる。清華簡では、ほぼすべての文献の竹簡背面の中央部（竹節部）に漢数字が墨書されている。また、上博楚簡では、『卜書』全十簡中四本の竹簡の文字面下端右側に、小さく「一」「二」「七」「八」（他は竹簡残欠のため確認できず）の番号が見える。これを中国では「編号」と呼んでいる（次項参照）。

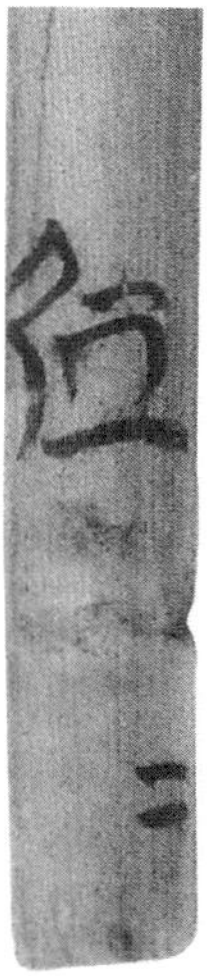

編号（上博楚簡『卜書』第二簡末尾の編号「二」）

編号（清華簡『尹至』第四簡背面の編号「四」）

編号（清華簡『尹至』第五簡背面の編号「五」）

・編号……竹簡に記された配列番号。今のところ、清華簡の背面と上博楚簡『卜書』の文字面に確認できる。一般に出土竹簡は、編綫が切れたばらばらの状態で発見されるため、竹簡をどのように再配列するかは極めて大きな問題となる。ところが、竹簡にこの番号が振られている場合は、そうした問題が生ずる可能性はほとんどなく、竹簡の配列がほぼ自動的に確定できる。なお、中国では、上博楚簡については、この番号を「簡序編号」と呼び、清華簡では「次序編号」と称している。

・紀年簡……具体的な年号を記した簡。例えば、北京大学蔵西漢竹書では、数術類の竹簡に「孝景元年」と記した簡がある。「孝景元年」は紀元前一五六年にあたることから、竹簡の年代は前漢中期、その多くは武帝時代（前一五七（在位、前一四一）〜前八七）に書写されたものと推定されている。また、岳麓秦簡『質日』（暦譜）に「秦始皇二十七年」「三十四年」「三十五年」という紀年が認められ、ここから成書年代の下限が始皇帝三十五年（前二一二）と推定されている。このように、紀年簡は、竹簡の成立・書写年代を推定する重要な手がかりとなる。こうした手がかりがない場合には、炭素14年代測定法（後述）が有力な手段となる。

・原釈文……出土文献の第一次担当者が提示した釈文。上博楚簡、清華簡などは、分冊方式でその図版と釈文が公開されているが、そこに掲載されたものを「原釈文」と呼ぶ。これに対して、各研究者がそれぞれの研究成果を踏まえ原釈文を修正して提示したものについては、単に「釈文」と呼ぶ。

・隷定……上博楚簡、清華簡などの戦国簡に記されている古文字を隷書の字体に置き換えて認定すること。通常は、それを楷書で表示して釈文とする。戦国期の古文、特に上博楚簡に記された楚系文字は、複雑な書体のため、そのままでは認識・表記できない場合が多い。そこで、便宜上、よりシンプルな隷書の字体で認識することをいう。原釈文では、形・音・義に留意しつつ、その文字を、更にわかりやすい他の通用字に置き換え、直後の（　）内に示すことがある。他の研究者の釈文では、そうした通用関係を考慮して読み込み、文字を完全に置き換えたものを「釈読」として提示する場合もある。

・炭素14年代測定法……放射性同位体である炭素14（C14）の特性（半減期）を利用した年代測定法。測定結果は、一九五〇年を定点とする国際基準によって表示される。竹簡は、その中に「紀年簡」が含まる場合を除き、筆写年代を特定する手がかりに乏しい。そこで、文字の書体、竹簡が出土した墓葬の形態や他の副葬品などからの年代推定などとともに、竹簡自体に対する炭素14測定が行われる場合がある。上博楚簡については、二二五七±六五年前という中国科学院上海原子核研究所の測定値が公開されている。一九五〇年を定点とする国際基準に従えば、前三〇八±六五年、すなわち前三七三年から前二四三年となり、これによって、上博楚簡のおおよその筆写時期が、今から約二千三百年前の戦国時代中期頃であったと推定できる。また、清華簡についても、北京大学でのC14測定により、紀元前三〇五年±三〇年という数値が公表されており、ほぼ同時代の戦国簡であったことが分かる。

【附記】

「竹簡学用語解説」に掲載した写真・図版は、筆者所有のレプリカの写真を除き、以下の諸文献による。本書第一部以降の扉・本文に関しても同様である。

・『郭店楚墓竹簡』（文物出版社）
・『銀雀山漢墓竹簡』（文物出版社）
・『上海博物館蔵戦国楚竹書』（上海古籍出版社）
・『岳麓書院蔵秦簡』（上海辞書出版社）

・『清華大学蔵戦国竹簡』（中西書局）
・『北京大学蔵西漢竹書』（上海古籍出版社）

第一部　儒家思想と古聖王の伝承

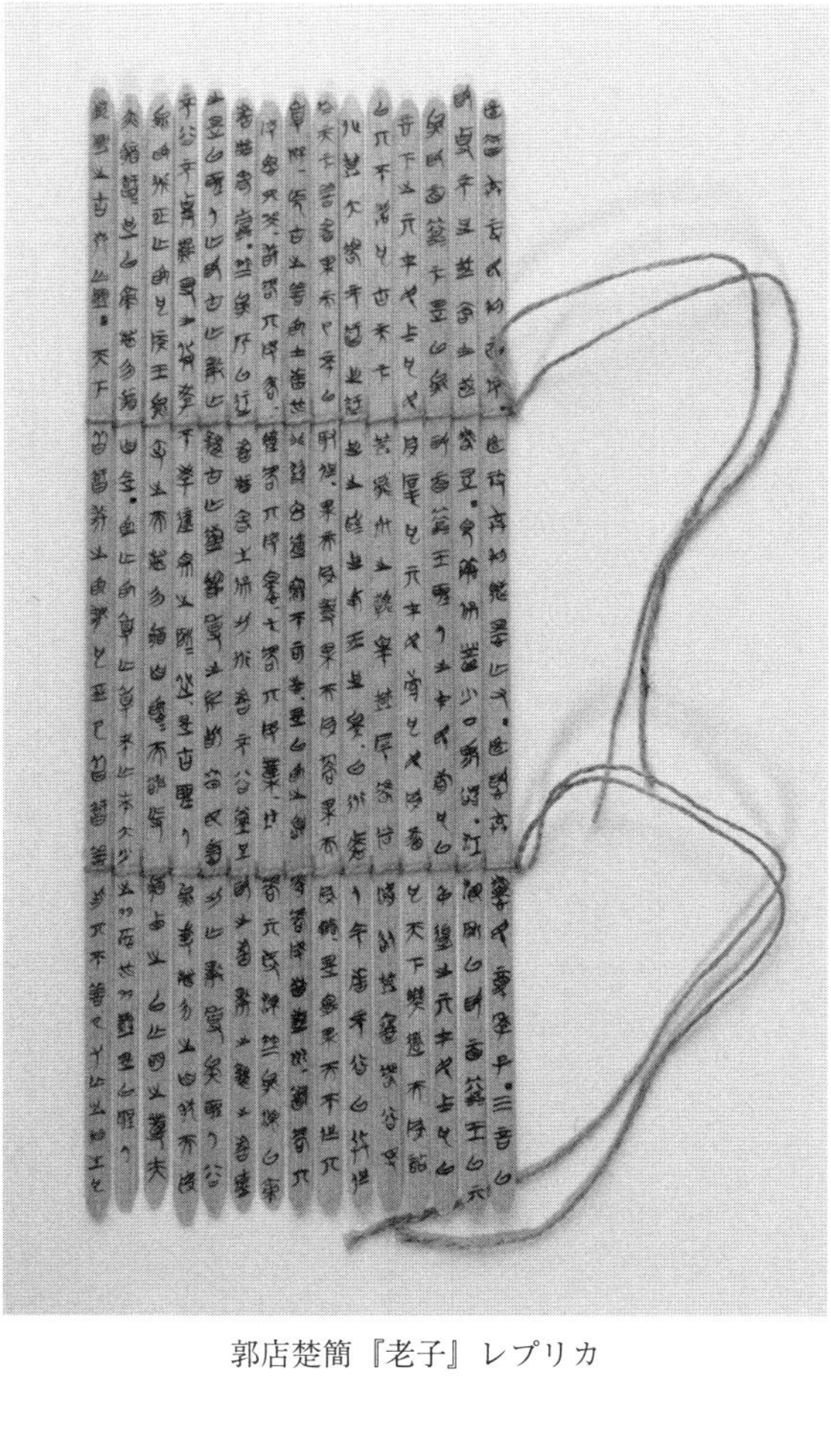

郭店楚簡『老子』レプリカ

序　章　中国新出土文献研究の歴史と展開

莫高窟と敦煌学

一九〇〇年（清・光緒二十六年）五月二十六日、敦煌の莫高窟で、道士王圓籙が五万余巻の文物を偶然に発見した。彼は、湖北の出身であったが、飢餓のために流浪した末、一八九七年に莫高窟にたどり着き、道士として暮らしていた。

文物が収められていた第十七窟「蔵経洞」は第十六窟の甬道内部（入口から向かって右側（北側）通路の壁中）にあり、東西二・七m、南北二・八m、高さ二・五mの小窟。ここに魏晋（四世紀）～宋代初期（十一世紀）までの文書五万巻が収められていたのである。

大量の文書が隠されていたことについては、いくつかの説がある。敦煌が、西夏王朝に侵入されたため、敦煌の仏教徒が襲撃に備えて大事な文書類を小窟に隠したという、いわゆる避難説の他、廃棄説、書庫改造説など。真相はなお謎に包まれているが、この文物発見は、その後、「敦煌学」という一つの巨大な学問領域を開くこととなった。

まず、イギリス国籍の探検家オーレル・スタイン（Marc Aurel Stein、斯坦因、一八六二～一九四三）。一九〇七年三月、莫高窟を訪れ、数度の交渉の結果、同年五月、王圓籙から数千点の文書や絵画を購入。一年半かけて移送し、一九〇九年一月、ロンドンに到着。大英博物館に収蔵された。なお、スタインは一九一四年にも敦煌を訪れ、二回合計で一万五千点以上の資料を持ち帰っている。

また、フランス人漢学者、探検家のポール・ペリオ（Poul Pelliot、伯希和、一八七八～一九四五）。一九〇八年二月、莫高窟に到着。語学能力に優れていたので、蔵経洞に三週間こもって、すべての文書を読み、写真を撮り、その中から価値の高いもの一万点近くを買い取った。これらの収集品はパリに移送され、写本類は、フランス国立図書館東方写本部に収められた。

その他、日本の大谷探検隊やロシアのオルデンブルク探検隊、アメリカのウォーナー探検隊も、資料を持ち帰っている。大谷探検隊は、大谷光瑞が派遣した橘瑞超と吉川小一郎が一九一二年、敦煌で数百点の資料を入手した。オルデンブルク探検隊は、一九一四年に敦煌を訪れ、一万点ほどの文書類を入手。収蔵品は現在、ロシアの科学アカデミー、エルミタージュ美術館に収蔵されている。ウォーナー探検隊は、一九二四年、石窟から二十数点の壁画を剥ぎ取り、塑像三一八点を自国に持ち帰っている。資料は現在、ハーバード大学に収蔵されている。

このように、敦煌文書は世界各地に流出した。現在、莫高窟を管理する敦煌研究院の集計によれば、敦煌文書は、世界の十一カ国、計四十四の研究機関・博物館等に収蔵されているという。こうした文物流出の発端になったのは、王圓籙が資料を私物化して売りさばいたことにあるが、一方、中国側から見れば、貴重文物が外国人によって略奪されたとも言える状況であった。

ともかく、この偶然の発見と文物流出により、「敦煌学」が切り開かれたのである。新発見の資料によって、新しい研究分野が誕生したわけである。

竹簡と中国思想史研究

一方、解放後の中国で発見された出土資料が中国古代思想史の研究分野に大きな影響を与えるようになったのは、一九七〇年代以降であろう。例えば、銀雀山漢墓竹簡、馬王堆漢墓帛書、睡虎地秦墓竹簡などが、その代表である。

一九七二年、山東省で発見された銀雀山漢墓竹簡（銀雀山漢簡）に含まれていたのは、『孫子兵法』『孫臏兵法』『尉繚子』『六韜』などの古代兵書。特に、二つの『孫子』が発見されたことは、現行本『孫子』の成立事情を解明する大きな要因となった。

また、一九七三年、湖南省長沙で発見された馬王堆漢墓帛書（馬王堆帛書）には、前漢時代の二種の『老子』写本のほか、古佚書も数多く含まれていた。加えて、『戦国策』の基礎資料と思われる『戦国縦横家書』、古代医書など、馬王堆漢墓帛書は計二十八種類、総字数十二万字にのぼる。

更に、一九七五年、湖北省の雲夢県睡虎地の秦代の墓から出土した睡虎地秦墓竹簡（雲夢秦簡）。これらは、悪名のみ高くその実態が不明であった秦帝国の法律、およびその関連文書であった。これまで謎に包まれていた秦の法治の実態やその法思想を解明する資料として注目された。

こうして、七〇年代に発見された新出土文献は、中国古代思想史の研究に大きな影響を与えた。銀雀山漢墓竹簡は、二つの『孫子』をはじめとする兵学思想研究の進展に寄与し、馬王堆漢墓帛書は、『老子』や道家思想の新研究を推し進め、睡虎地秦墓竹簡は、秦の法治や法思想の実態について重要な手がかりを与えてくれたのである。

ただ、それらにも増して、思想史研究に劇的な事態をもたらしているのが、一九九〇年代以降に発見された竹簡群である。

まず、一九九三年に発見された「郭店楚墓竹簡（郭店楚簡）」。大量の儒家系古逸文献および『老子』の三種写本などを含むもので、竹簡総数は八〇四枚。内、文字が記されていたもの七三〇枚。墓葬年代は、墓葬形態や出土器物から推測して、「戦国中期偏晩」、紀元前四世紀中葉から三世紀の初め。下限は、当地（旧郢の楚国貴族の陵墓区内）が秦の白起によって抜かれた前二七八年とするのが有力。墓主は、墓葬形態や副葬品から判断して、楚の上士。特に、出土した漆耳杯に「東宮之杯」の文字が認められることから、楚王の太子横（後の頃襄王）の師と推定される。

また、一九九四年に上海博物館が香港の古玩市場で購入した「上海博物館蔵戦国楚竹書（上博楚簡）」も、これまで知られることのなかった、およそ百種近くの古代文献を含む竹簡群であった。戦国時代の楚の竹簡で全千二百余簡、三万五千字。盗掘品であったため、出土地は明確にされていないが、炭素14（C14）年代測定により、二二五七±六五年前という中国科学院上海原子核研究所の測定値が公開されている。一九五〇年を定点とする国際基準に従えば、前三〇八±六五年、すなわち前三七三年から前二四三年となり、これによって、上博楚簡のおおよその筆写時期が、今から約二千三百年前の戦国時代中期頃であったと推定できる。内容は、儒家類を中心に、道家、兵家、楚国故事関係文献などで、現在まで、その図版と釈文が、『上海博物館蔵戦国楚竹書』（一）（二〇〇一年十一月）～（九）（二〇一二年十二月）として刊行されている。

更に戦国時代の竹簡として注目されるのは、清華大学が収蔵した竹簡群である。清華簡については公開されてからまだ日が浅いので、以下では、この情報を、筆者の現地調査を踏まえて、解説しておきたい。

清華簡の発見

二〇〇八年夏、北京オリンピックの開催を目前としていた中国で、一つの事件が起こった。七月十五日、古物商が入手していた大量の竹簡を、清華大学の卒業生である実業家が購入し、母校に寄贈した。「清華簡」と略称された竹簡群は、第一次調査の結果、二千余枚からなる戦国時代の竹簡であることが判明する。右に記した郭店楚簡が約七〇〇枚、上博楚簡が一二〇〇枚。清華簡の分量はそれらをはるかにしのぐ。

竹簡の一部はカビが生えるなど劣化が見られたため、清華大学では、ただちに専門の工作室を設けて洗浄と保護にあたった。オリンピックで世界が沸きかえる中、研究員は休日返上で作業に没頭した。

この作業が一段落した十月十四日、清華大学主催の竹簡鑑定会が行われ、中国国内の十一名の研究者が招かれた。古文字学研究の権威である裘錫圭氏をはじめ、出土文献研究に実績のある研究者たちが参加した。鑑定の結果、これらが間違いなく戦国時代の竹簡であるとの評価を得た。この段階で清華大学は、清華簡の概要をメディアに公表し、大きな反響を呼んだ。特に、『尚書』に該当するのではないかと推測される文献があること、『竹書紀年』に類似した編年体の史書があることなどが注目された。

その後、清華大学では、清華簡の撮影作業に着手。その過程で、竹簡の総数が二三八八枚（残簡を含む）であることも確認された。

十二月、清華大学の委託により、北京大学でC14年代測定が行われた。その結果、清華簡の年代が紀元前三〇五年±三〇年であることが判明し、先の鑑定結果を裏づけた。清華簡も、郭店楚簡や上博楚簡と同じく、戦国時代中期の竹簡であることが科学的に証明されたのである。

戦国時代の楚文字で竹簡に筆写されたこれらの出土文献は、ただちに世界的な注目を集めた。中国・台湾・アメリカなどで次々に国際会議が開催されるとともに、インターネット上にほぼ毎日新しい論文が掲載されるようになった。中国古代思想史研究に、また新たな局面が訪れたと言ってよい。

二〇〇九年四月二十五日、清華大学では、正式に「出土文献研究与保護中心」（以下センターと略称）を設立し、センター長を務める李学勤教授が清華簡の概要と意義を説明した。李学勤氏は、その際、『保訓』と仮称された竹簡十一枚からなる文献を紹介した。ここには、「惟王五十年」から始まる文章が見られ、在位五十年を迎えた周の文王が子の太子発（武王）に遺訓する内容であることが明らかにされた。

ただ、清華簡の取り扱いについては、やや問題視する声も同時にあがった。なぜなら、センターは清華簡の写真版を公開しないまま、釈文の一部を、言わば小出しにしたからである。その結果、釈文だけに基づく考察がインターネット上に登場し、更にその考察に対する批判が掲載されるという状況に至った。釈文の一人歩きが始まったのである。

これは、センターがいち早く内容の一部を紹介したいという善意に基づくものであったと思われるが、実物を見ることのできない内外の研究者は、センターが紹介した釈文を前提に議論せざるを得なかった。実物や写真を公開するのかしないのか。清華大学の姿勢が問われたのである。しかし、郭店楚簡の場合、発見されてから正式な公開まで五年、上博楚簡も七年後にようやく公開が始まった。それを考えれば、清華簡の一部が入手の翌年に早くも紹介されたこと自体、大いに評価しなければならないであろう。『保訓』の写真（計十一枚の竹簡）とセンターによる釈文が正式に公開されたのは、『文物』二〇〇九年第六期の誌上である。ただ、清華簡の実物が公開されないという現実に変わりはなかった。

そこで、筆者は、二〇〇九年七月、センターに連絡をとり、李学勤氏との面談、および清華簡の実見を希望する旨を伝えた。これは、筆者が代表者になって日本学術振興会に申請していた共同研究「戦国楚簡と先秦思想史の総合的研究」が平成二十一年度～平成二十五年度の科学研究・基盤研究（B）に採択されたのを受けたものである。幸いセンターからは好意的な回答があり、我々は八月三十日、北京入りした。

まず清華簡が収蔵されている部屋に招かれた。警備員が配置されている。空調がきいているためか、やや肌寒い。センターの劉国忠、趙桂芳、沈建華研究員の立ち会いの下、ふたの外された四つのトレーをのぞき込む。部屋全体で、トレーは七十。我々が実見を許されたのは第六十六～六十九番の四つのトレーであった。トレーはそれぞれ透明のガラスケースで覆われている。竹簡収蔵の様子は次の通りである。

第六十六番トレー　竹簡番号二二七二～二二九一　竹簡枚数二十
第六十七番トレー　竹簡番号二二九二～二三一八　竹簡枚数二十七
第六十八番トレー　竹簡番号二三一九～二三三五　竹簡枚数十七
第六十九番トレー　竹簡番号二三三六～二三六〇　竹簡枚数二十五

（但し、第六十九番トレーは、保存状態を示すため、竹簡背面を展示している。そのため文字は記されていない、いわゆる白簡の状態であった。）

竹簡は、一枚ずつ細長いガラス板に乗せられ、白い紐で固定されて、トレーの中に整然と配置されていた。全体は少し黒っぽいが文字は鮮明に見える。字体は、郭店楚簡や上博楚簡で見られた楚系文字に類似している。簡長は、短い残簡を除けば、おおむね三十cm台〜四十cm台。竹簡の両端は平斉で、円形や梯形のものはない。比較的見栄えのよい竹簡が並べられていたのかどうか分からないが、張家山漢簡のように湾曲した竹簡は見あたらず、保存状態は良いとの印象を受けた。トレー内の竹簡は、一種類の文献ではなかった。例えば、第六十六番トレーには「一」（陽）と「八」（陰）で構成された卦画が見えることから、『周易』関係の文献であると推測された。また、第六十八番トレーには、他の竹簡とは異なる幅広の竹簡も二本収められていた。他の竹簡の幅が一cmに満たないのに対して、これら二本は一・五cm程度もある。ここには、一本の竹簡に文字が二行にわたって記されており、しかも、文字と文字の間に赤い横線が引かれている。明らかに図表形式の竹簡である。更に、年代や国名が記された史書らしき文献も見られた。

別室に移り、李学勤氏と面会した。竹簡実見に立ち会った三氏のほか、李均明研究員も加わって、会談が始まった。そこで注目されたのは、次のような諸点である。まず、清華簡を「楚簡」と呼ばないのは、全体の精査を終えていないので、慎重を期してのことだそうである。我々が実見した竹簡は確かに楚系文字で記されていたが、七十もあるトレーの中には、そうとは断定できないものもあるのであろうか。また、そもそも近年発見された竹簡は、「楚簡」とは呼ばれているものの、他の地域、例えば斉・魯・三晋などの戦国竹簡は見つかっていない。とすれば、出土地が判明している郭店楚簡はともかくとして、清華簡を「楚簡」と称して良いのかについては、現時点では即断できないという慎重な意識も働いているのであろう。

次に、郭店楚簡・上博楚簡・清華簡の筆写時期の問題について、センターでは、科学測定（前記の同位炭素測定）、文字、内容の三点から、ほぼ同時期と考えているとのことであった。戦国中期の筆写であるとすれば、文献の成立は当然それよりさかのぼる。戦国時代、あるいは春秋時代の文献である可能性も想定される。

また、これまでの出土文献では、墓主との関係が注目されている。例えば、睡虎地秦墓竹簡は秦の法律関係文書であったため、墓主は法吏と考えられ、銀雀山漢墓竹簡は兵書が大半を占めていたので、軍事関係者が墓主であったと推測されている。この清華簡はどうであろうか。全容は公開されていないものの、センターの発表によれば、その内容は、『尚書』の一部と推測される文献、『竹書紀年』に類似する編年体の史書、『国語』に類似した楚の史書、『周易』に関係する文献、『儀礼』に類似する文献、音楽関係の文献、陰陽月令に関する文献、馬王堆漢墓帛書『相馬経』に類似する文献などである。このことから、墓主は史官である可能性も考えられるとのことである。

竹簡学の誕生

このように、郭店楚簡、上博楚簡に続く第三の戦国竹簡として、清華簡が研究対象として浮上した。新出土竹簡が思想史研究の主役に躍り出たのである。中国古代思想史の研究は、もはやこれらの新資料を無視してはとうてい成り立たないのである。相次ぐ竹簡の発見と公開は、新たな研究状況を創出している。それは、「竹簡学」の誕生と呼ぶにふさわしい。

そこで、まず、この第一部では、主として上博楚簡、清華簡を取り上げ、儒家思想と古聖王に関わる伝承について、四つの章で考察を加えてみることとしたい。

【附記】

この序章は、本書の導入であるため、できるだけ平易な記述に努めた。「莫高窟と敦煌学」の項については、多くの参考文献があるが、特に近年刊行の以下のような文献を参照した。

・劉進宝『敦煌文物流散記』（甘粛人民出版社、二〇〇九年）
・羅華慶『発現蔵経洞』（華東師範大学出版社、二〇一〇年）
・秦川編著『敦煌書法』（鳳凰出版、二〇一〇年）
・赫春文著、高田時雄監訳、山口正晃訳『よみがえる古文書―敦煌遺書』（東方書店、二〇一三年）

第一章　戦国楚簡と儒家思想―「君子」の意味―

序　言

「人知らずして慍《うら》みず、亦た君子ならずや（人不知而不慍、不亦君子乎）」。『論語』学而篇冒頭章にも見える通り、「君子」は、儒家思想における最重要語の一つである。本章では、近年公開が進められている戦国楚簡を手がかりにして、儒家思想における「君子」について考察を加えてみたい。

一、戦国楚簡における「君子」

『季康子問於孔子』『君子爲禮』『弟子問』は、『上海博物館蔵戦国楚竹書（五）』（馬承源主編、上海古籍出版社、二〇〇五年十二月）に収録された儒家系文献である。『季康子問於孔子』は、魯の季康子と孔子との問答形式により、「君子の大務」について説く文献。『君子爲禮』は冒頭簡に「君子爲禮」の四字があるのに基づく仮称であり、「君子」の言動を一つの主題としている。また『弟子問』も孔子と弟子との対話によって構成されており、その中に、「君子」についての問答が含まれている。これら三文献は、「君子」を重要な話題としている点で、大きな共通性を持つ。

まず、『季康子問於孔子』は、次のような問答によって開始される。[1]

01季康子問於孔子……、請問、君子之從事者於民之02【上、君子之大務何。孔子曰、仁之】德、此君子之大務也。康子曰、請問、君子在民03之上、執民之中、施教於百姓、而民不服焉、是君子之恥也。（季康子、孔子に問う。……、請問す、君子の事に従う者の民の上に於けるや、君子の大務とは何ぞや。孔子曰く、之を仁《いつくし》むに徳を以てす。此れ君子の大務なり。康子曰く、請問す、君子は民の上に在りて、民の中を執り、教えを百姓に施す。而るに民服さざるは、是れ君子の恥なり。）

ここで季康子は、「政治に従事する君子が民に臨む場合、その君子の最大の任務は何であろうか」と問う。これに対して孔子は、「徳によって民を慈しむのが、君子の大いなる務めです」と答える。つまり、季康子の念頭にあったのは、為政者としての「君子」であり、孔子も、徳によって民を慈愛し、民を教化するのが君子の務めであると説く。また、民に信頼されないことを「君子の恥」であると述べる。

また、次の一節にも、「君子」の条件が示される。

15A孔子曰、言則美矣。然09異於丘之所聞。丘聞之、臧文中有言曰、君子強則遺、威則民不10A道、鹵（?）則失衆、猛則無親、好刑則10B不祥、好殺則作亂。是故賢人之居邦家也、夙興夜寐、19降（?）耑以比、民之勸（?）美、弃惡毋歸。（孔子曰く、言は則ち美なり。然れども丘の聞く所と異なれり。丘之を聞く、臧文中に言有りて曰く、君子強なれば則ち遺《うしな》い、威なれば則ち民道《したが》わず、鹵《うば》わば則ち衆を失い、猛なれば則ち親しむ無く、刑を好めば則ち祥ならず、殺を好めば則ち乱を作す。是の故に賢人の邦家に居るや、夙に興き夜に寐ね、降耑して以て比ぶれば、民は之れ美を勧め、悪を弃てて帰する毋し。）

ここでは、孔子が臧文中の言を引用する形で、「君子強なれば則ち遺《うしな》い、威なれば則ち民道《したが》わず」と説いている。すなわち、強権的政治をしない点が君子の要件とされているのである。これに続いて、「鹵」「猛」「好刑」「好殺」も、民の信頼を失い国家の混乱を招く要素として強く否定されている。逆に、賛美される要件としては、「朝早く起き夜遅く寝る」という勤勉な姿勢が挙げられている。

こうした高い道徳性を有する為政者としての「君子」像は、『季康子問於孔子』の中で一貫しているようである。

・11B孔子18A辭曰、子之言也已重。丘也聞、君子05面（?）事皆得。其勸而強之、則邦有幹。（孔子辞して曰く、子の言や已《はなは》だ重し。丘や聞く、君子は面するに事皆得たり。其の勧めて之に強むれば、則ち邦に幹有り。）

・23然則邦平而民随矣。此君子從事者之所商趨（?）也。（然らば則ち邦は平かにして民は随《なご》めり。此れ君子の事に従う者の商《すす》み趨く所なり。）

前者では、「君子」が政治に勤勉に従事すると「邦」に根幹が形成される、と孔子が説いている。また、後者は、竹簡の連接が未詳であるため、誰の発言であるか確定できないが、やはり、「君子」は国の平穏と民の親睦とをもたらしうる存在であると説かれている。

次に、『君子爲禮』の冒頭部分を確認してみよう(2)。

01顏淵侍於夫子。夫子曰、回、君子爲禮、以依於仁。顏淵作而答曰、回不敏、弗能少居。夫子曰、坐、吾語汝。言之而不義、02口勿言也。視之而不義、目勿視也。聽之而不義、耳勿聽也。動而不義、身毋動焉。顏淵退、數日不出。（顔淵、夫子に侍す。夫子曰く、回よ、君子は礼を為すに、仁に依るを以てすと。顔淵作《た》ちて答えて曰く、回は不敏にして、少《しば》らくも居ること能わずと。夫子曰く、坐せ、吾は汝に語げん。之を言いて不義なれば、口言うこと勿かれ。之を視て不義なれば、目視ること勿かれ。之を聴きて不義なれば、耳聴くこと勿かれ。動きて不義なれば、身動くこと毋かれと。顔淵退きて、数日出でず。）

まず、顔回に対して、孔子が「君子は礼を為すに、仁に依るを以てす」と説き始め、その真意を理解できない顔回に、孔子がその意味を説明していくとの場面設定が明らかになる。孔子の解説は、「不義」のものごとについては、言わず、見ず、聞かず、動かず、というものであったが、顔回は理解できず、孔子のもとを退いた後、「数日出でず」という有様であった。

その後は、断簡もあり、連接未詳の部分も残るが、概ね、孔子が「君子」の様態について顔回に説くという内容であったと推測される。

04【顔】淵起逾席曰、敢問何謂也。夫子【曰】、知而【能】信、斯人欲其09B也。貴而能讓、【則】斯人欲長貴也。（顔淵起ちて席を逾えて曰く、敢て問う何の謂ぞやと。夫子曰く、知なるも能く信なれば、斯人は其の……を欲するなり。貴なるも能く讓れば、則ち斯人は其の長く貴たらんことを欲するなり。）

ここでは、孔子が顔回の問いに対して、「智恵があってもそれをひけらかすことなく逆に誠意を示せば、人々は……と願う。尊い身分であってもそれをひけらかすことなく逆に謙遜の態度を示せば、人々はその人が長く貴人であってほしいと願う」と答える。この部分も、君子の要件を解説した部分と推測される。「知」と「貴」（尊い身分）とが君子の基礎的要件とされている点は重要である。

その後続簡は次の通りである。

・05凡色毋憂、毋佻、毋作、毋揺、毋……。（凡そ色は憂うる毋かれ、佻《かるがる》しくする毋かれ、作《は》ずる毋かれ、揺らす毋かれ。）

・06凡目毋遊、定見是求。毋欽毋去、聽之晉徐、稱其衆寡。（凡そ目は遊ぶこと毋く、定見を是れ求む。欽むこと毋く去ること毋く、之を聴くに晉徐たりて、其の衆寡を称る。）

・08【其在】廷則欲齊齊、其在堂則……（其の廷に在れば則ち斉斉たらんと欲し、其の堂に在れば則ち……）

第五簡は人の容色について説く。憂鬱、軽率、羞恥、動揺の表情を示してはならないという。また、第六簡でも、「凡そ目は遊ぶこと毋く、定見を是れ求む」と、目線が定まらないことを戒める。第八簡では、朝廷での態度が整然たるべきことを説く。

ここに直接「君子」の語は見られない。しかし、『君子爲禮』冒頭簡からの文脈を重視すれば、これらもすべて、為政者としての理想的君子について説いた内容と推測される。

次に、『弟子問』はどうであろうか。『弟子問』は残簡が多く、ほとんどの竹簡について連接を確定できない。ただ、それぞれの竹簡には、比較的まとまった文言が見られる場合がある。

11宰我問君子。子[3]曰、予、汝能慎始與終、斯善矣、為君子乎[4]。汝焉能也。（宰我、君子を問う。子曰く、予、汝能く始めと終わりとを慎めば、斯れ善し。君子為るか。汝、焉んぞ能くせん。）

この第十一簡・第二十四簡では、宰我が孔子に対して「君子」とは何かを質問している。孔子の答えは、「始めと終わりとを慎むことができれば、宜しい。君子と言えよう。お前にできることではない」というものであった。宰我（名は予、字は子我）は孔門十哲の一人で、言語・弁論に優れ、斉に仕え、都の大夫となった。『論語』を初めとする伝世文献には、宰我が孔子に「君子」について質問したという記載は見られなかったが、この文献では、そうした問答が孔子と宰我の間でなされたことになっている。

なお、「始めと終わりとを慎」むという文言については、他の伝世文献『左伝』『礼記』などにもほぼ同意の文が見える。

・大叔文子聞之曰、……君子之行、思其終也、思其復也。書曰、慎始而敬終、終以不困（蔡仲之命）。詩曰、夙夜匪解、以事一人（大雅・烝民）。（大叔文子之を聞きて曰く、……君子の行いは、其の終わりを思い、其の復びするを思うなり。書に曰く、始めを慎みて終わりを敬めば、終わりに以て困らずと。詩に曰く、夙夜解《おこた》らざれば、以て一人に事うと。）（『左伝』襄公二十五年）

・子曰、事君慎始而敬終。（子曰く、君に事《つか》うるには始めを慎みて終わりを敬む。）（『礼記』表記篇）

『左伝』襄公二十五年の用例は、衛の献公の帰国を安易に承諾した甯喜を批判する大叔文子の言である。ここでは、始めと終わりを慎むのが「君子」の行いであるとされている。また『礼記』では、孔子の言として、「始めを慎みて終わりを敬む」のが「君に事」える際の要諦であると説かれている。いずれの文も、この『弟子問』との類縁性が認められる。

このように、上博楚簡『季康子問於孔子』『君子爲禮』『弟子問』における「君子」は、概ね為政者（上位者）として理解できるが、『弟子問』の一条については、『礼記』の用例を参考にすると「事君」者（君主に仕える臣下）として理解される。

つまり、一概に「君子」とは言っても、どの程度の為政者が想定されているのか、「君子」の中に君主は含まれるのかどうか、などについて慎重な分析が必要となるのである。

この点について、重要な手がかりとなるのが、『従政』（『上海博物館蔵戦国楚竹書（二）』所収）である。「従政」とは、内容に基づく仮称であるが、この文献では、「従政」者たる「君子」の様態が主題となっている。『従政』では、国政に参与しうるような優れた重臣を「君子」と定義する。また、「君子」の言動は、単なる理念として記されたものではなく、儒家集団自身にとって必要とされた「従政」の際の具体的心得として説かれている。[5] この「君子」の立場を端的に表明するのが、次の一節である。

【先】17人則啓道之、後人則奉相之、是以曰君子難得而易使也。其使人器之。小人先之、則絆敔之。【後人】18則暴毀之、是以曰小人易得而難使也、其使人必求備焉。（人に先んずれば則ち之を啓き道《みちび》き、人に後るれば則ち之を奉じ相《たす》く。是を以て曰く、君子は得難きも而して使い易きなり。其の人を使うに之を器にす。小人は之に先んずれば、則ち之を絆敔し、人に後るれば則ち之を暴毀す。是を以て曰く、小人は得易きも而して使い難きなり。其の人を使うや必ず備わるを求む。）

一見して明らかなように、「是以曰」として記されている内容は、『論語』子路篇の「子曰、君子易事而難説也。説之不以道、不説也、及其使人也、器之。小人難事而易説也。説之雖不以道、説也、及其使人也、求備焉」とほとんど同文である。

但し、『論語』では、「君子は事え易きも説ばせ難きなり」「小人は事え難きも説ばせ易きなり」とあるように、「君子」（または「小人」）とそれに使われる者との対比になっている。部下から見た場合、「君子」がお仕えしやすい上司であるとされるのは、君子が「之を器にす」、つまり決して無理難題を押しつけず、部下の器量に応じて仕事をさせるからである。また、君子を喜ばせることが難しいのは、「之を説ばすに道を以てせざれば、説ばざるなり」、つまり、君子に甘言や贈賄は通用しないからである。

これに対して、小人が仕えにくいとされるのは、小人が自分のことは棚に上げたまま部下にはひたすら無理難題を押しつけ、あるゆる能力を要求して仕事の完璧を求めるからである。また、小人を喜ばせ易いのは、不正なやり方で喜ばせることが簡単にできるからである。

このように、子路篇では、上に立つ者とその部下との関係において、主として「事（仕える）」「説（喜ばせる）」という部下の視点からその難易が対照的に説明されている。

一方、『従政』も「君子」と「小人」を対比するという構図は同じである。しかし、君子が高く評価される理由は次のようなものである。まず、君子は自分の能力や実績が他者より優れている場合、他者を見くびったり見捨てたりするようなことをせず、劣った者には道を開き、遅れを取り戻せるように指導してやる。逆に、自身が他者より劣っている場合には、その人の足を引っ張ったり、妬んだりするのではなく、その人を尊重し、支援するよう努める。君子は、人間関係においてこのような美点を持っており、それ故に（孔子も）次のように言っているのである。君子はどこにでもいるというものではなく、得難い貴重な存在である。だがその才能を見出して一旦登用すれば、上司にとっては非常に使いやすい存在となる。また、その君子が部下を使う場合にも、決して無理難題を押しつけることなく、部下の器量に応じた使い方をする、と。

一方、小人が批判される理由は次のようなものである。小人は他者に勝っていることが分かると、その優位を保つために、他者をその地位につなぎ止め、それ以上自分に近づけないようにする。逆に他人に後れを取った場合には、他人を蹴落とすために彼を誹謗中傷する。小人は、このように上下の人間関係において多くの問題を発生させ易い人物である。それ故に（孔子も）次のように言っているのである。小人を得ることはたやすいが、実際に登用してみると極めて使い辛い。また、その小人が部下を使役する際にも他人にだけは完璧を求める、と。

このように、『従政』は、まず「君子」「小人」がそれぞれ他者より優れている場合、劣っている場合、という二つの状況を仮定して、君子がいずれの場合においてもいかに良好な上下関係を築くことのできる人格者であるか、また小人がいかに社会不適合な人間であるかを説く。その上で『従政』は、「君子」「小人」を登用するという局面を想定し、登用した上司とその人物（君子）との関係、登用された人物（君子）とその君子に仕えることとなった部下との関係について、『論語』子路篇に類似する言葉を引用しつつ説明に努めるのである。すなわちここには、「君子」を見出す人物（君主）と登用されるべき「君子（従政者）」とその君子に仕える部下との三者の関係が説かれていると言える。

この『従政』の用例を参考にすると、「君子」を「従政」者として理解できるであろう。この従政者とは、具体的には、国政を左右するような重臣である。すなわち、君主その人ではないものの、統治階層にある貴族、と定義できよう。また、こうした「君子」理解は、前記の『季康子問於孔子』『君子爲禮』『弟子問』にもほぼそのまま適用できると言えよう。季康子が質問しているのは、君主のあり方ではなく、君子（従政者）の任務であり、『君子爲禮』や『弟子問』において孔子が弟子たちに教示しているのも、従政者としての君子についてであったと考えられる。

二、伝世文献における「君子」

それでは、このような「君子」理解は、他の伝世文献においても可能であろうか。まず『書経』では、次のような「君子」「小人」の対比が見える。

蕊有苗、昏迷不恭、侮慢自賢、反道敗徳、君子在野、小人在位。（虞書・大禹謨）

これは、有苗の無道ぶりを説く一節で、本来在位者である筈の「君子」が「野」にあり、逆に本来在野の人物である筈の「小人」が上「位」に就いている、という意味である。従って、ここでの「君子」は、上位者という意味で理解できる。これは、君子の本来的な意味を率直に表している用例であろう。

こうした「君子」本来の意味を示すものとしては、『墨子』の用例も挙げられる。

是故子墨子曰、「今天下之王公大人士君子、請將欲富其國家、衆其人民、治其刑政、定其社稷、當若尚同之不可不察、此之本也」。（尚同中）

この「王公大人士君子」も、為政者としての身分を表すものであろう。この記述によれば、具体的に「君子」に相当するのは、王や君主ではなく、卿大夫士であると思われる。

「君子」が上位者を表すという点では、次の『孝経』の用例も同様である。

・子曰、……不在於善、而皆在於凶德、雖得之、君子不貴也。君子則不然。言思可道、行思可樂。德義可尊、作事可法、容止可觀、進退可度、以臨其民。是以其民畏而愛之、則而象之。故能成其德教、而行其政令。詩云、淑人君子、其儀不忒。（聖治章）

・子曰、君子之教以孝也、非家至而日見之也。教以孝、所以敬天下之為人父者也。教以悌、所以敬天下之為人兄者也。教以臣、所以敬天下之為人君者也。詩云、愷悌君子、民之父母。非至德、其孰能順民如此其大者乎。（広至徳章）

前者では、君子の言動が民に大きな影響を与えると説かれる。適切な言動で「其の民に臨」めば、民は為政者を敬愛し、政令が行われるようになるという。後者も、君子が民に孝悌を教えることの重要性を説き、詩を引用する形で、「愷悌君子」を「民之父母」と表現している。いずれも、民を統治する上位者（為政者）としての「君子」の用例である。

この君子が、具体的には、国家の重臣（卿大夫クラスの人物）を表し、君主自体を指しているのではないという点については、同じ『孝経』の中の次のような例が参考となる。

子曰、君子之事上也、進思盡忠、退思補過、將順其美、匡救其惡。故上下能相親也。詩云、心乎愛矣、遐不謂矣。中心藏之、何日忘之。（事君章）

章名から推測される通り、ここでの「君子」は「上」に仕える立場の人物を指す。君主に仕える際に、忠（まごころ）を尽くし、また、誤りを正すよう努めるのが「君子」であると説く。これは、正しく従政者としての「君子」を示しているといえよう。

それでは、孔子の言説が最も多く見られる『論語』において、「君子」はどのように理解されるであろうか。この点について注目されるのは、橋本高勝『天罰から人怨へ』（一九九〇年、啓文社）の次のような見解である。すなわち、『論語』の言説については、「君主」に、「君子」たることを期待する場合と、「在野の人」に、仕官すべく「君子」たることを期待する場合とを分けて見る必要がある、と。この説は、「君子」の原義が君主であり、それが後に、在野の人格者の意味に変化した、という見解を前提とするものである。

では、『論語』の君子を、このように明快に二分することは可能であろうか。そこで、『論語』を仔細に検討してみると、むしろ、「従政者」と理解した方が良いと思われる場合が多い。以下にそうした用例を列挙してみよう。

①子謂子産。有君子之道四焉。其行己也恭、其事上也敬、其養民也惠、其使民也義。（公冶長）

②曾子曰、可以託六尺之孤、可以寄百里之命、臨大節而不可奪也。君子人與、君子人也。（泰伯）

③子路從而後。遇丈人以杖荷蓧。子路問曰、子見夫子乎。丈人曰、四體不勤、五穀不分、孰為夫子。植其杖而芸。子路拱而立。止子路宿、殺雞為黍而食之、見其二子焉。明日子路行以告。子曰、隱者也。使子路反見之。至則行矣。子路曰、不仕無義。長幼之節、不可廢也。君臣之義、如之何其廢之。欲絜其身、而亂大倫。君子之仕也、行其義也。道之不行、已知之矣。（微子）

④子夏曰、君子信而後勞其民。未信、則以為厲己也。信而後諫。未信、則以為謗己也。（子張）

⑤子張問於孔子曰、何如斯可以從政矣。子曰、尊五美、屏四悪、斯可以從政矣。子張曰、何謂五美。子曰、君子惠而不費、勞而不怨、欲而不貪、泰而不驕、威而不猛。子張曰、何謂惠而不費。子曰、因民之所利而利之。斯不亦惠而不費乎。擇可勞而勞之、又誰怨。欲仁而得仁。又焉貪。君子無衆寡、無小大、無敢慢。斯不亦泰而不驕乎。君子正其衣冠、

尊其瞻視、儼然、人望而畏之。斯不亦威而不猛乎。子張曰、何謂四悪。子曰、不教而殺、謂之虐。不戒視成、謂之暴。慢令致期、謂之賊。猶之與人也、出納之吝、謂之有司。（堯曰）

①は鄭の子産についての論評である。孔子が君子の要件を四つ挙げ、間接的ではあるが、子産を君子として顕彰する内容である。また、②は、「六尺之孤」すなわち幼少の君主を託するに足るような人物が君子であるとされている。これも、摂政の務めを果たすことのできる重臣を想定した発言であろう。③は隠者に遭遇した子路が、その隠者を論評して、そのような隠遁生活は社会性を欠いており、君子たる者が出仕しようとするのは、社会の大義を行おうとするからだ、と説く。この発言の前提にも、政治的世界で活躍する人物が君子である、との意識が存在していよう。

こうした従政者としての君子像がより明瞭なのは、④と⑤の用例である。④では、まず、君子が人々の信任を得た後で民を使役することの必要性が説かれる。更に、それに続いて、「信じられて而る後に諫む」とある。つまり、この君子は、民を治める為政者であるとともに、上司にお仕えする臣下なのである。まさに従政者としての君子が想定されていると言えよう。

また、⑤も子張が孔子に「何如《いか》なれば斯《すなわ》ち以て政に従うべきか」と問い、孔子はそれに答えて、「五美を尊び、四悪を屏《のぞ》く」という要件を挙げるが、更に具体的には、「君子は恵にして費やさず、労して怨みず、欲しても貪《むさぼ》らず」のように、その要件を、君子の様態として説明を加えていく。すなわち、この君子は「従政」者として理解されていることが分かるのである。

一方、君子を、明らかに君主として理解できる用例は、ほとんど見られない(6)。また、『論語』の君子が単なる在野の人格者を指しているかどうかは甚だ疑問である。一見そのように考えられる用例も、むしろ、右のような「従政者」として理解するのが妥当であろう。このことは、実は、他学派からの儒家批判によっても検証できる。そこで、『墨子』の用例を見てみよう。

又曰、「君子若鍾、擊之則鳴、弗擊不鳴」。應之曰、「夫仁人事上竭忠、事親得孝、務善則美、有過則諫、此為人臣之道也。今擊之則鳴、弗擊不鳴、隱知豫力、恬漠待問而後對、雖有君親之大利、弗問不言、若將有大寇亂、盜賊將作、若機辟將發也、他人不知、己獨知之、雖其君親皆在、不問不言。是夫大亂之賊也。以是為人臣不忠、為子不孝、事兄不弟、交、遇人不貞良。夫執後不言之朝物、見利使己雖恐後言、君若言而未有利焉、則高拱下視、會噎為深、曰、『唯其未之學也』。用誰急、遺行遠矣。夫一道術學業仁義者、皆大以治人、小以任官、遠施周偏、近以脩身、不義不處、非理不行、務興天下之利、曲直周旋、利則止、此君子之道也。以所聞孔某之行、則本與此相反謬也」。（非儒下）

「君子は鐘のようなもので、撃たれれば鳴り、撃たれなければ鳴らない」という儒家の言葉を捉えて、墨家は厳しい儒家批判を展開する。

そもそも上位者にお仕えして忠を尽くし、親に仕えて孝を尽くすときに、善を讃え、過失があれば諫める、というのが人臣たる者の道である。それなのに、撃たれれば鳴り、撃たれなければ鳴らないというのは、極めて消極的な態度で、余力を隠し、まごころを尽くしているとは言えない。

この墨家の言は、「君子」が「人臣」であることを前提にするものであろう。墨家は、君主や在野の人格者について語っているのではなく、朝廷にあって君主の下問を受けるような臣下を想定して儒家批判を行っているのである。この墨家の言からも、儒家の君子が従政者として理解されることが推測されよう。儒家集団は、他国の重臣として採用され、国政に参画することによって、儒家の理想を実現しようと考えたのである。君子の要件として、特に「義」が重視されるのも当然である。

・子曰、君子之於天下也、無適也、無莫也。義之與比。（里仁）
・子曰、君子喩於義、小人喩於利。（里仁）
・子曰、君子義以為質、禮以行之、孫以出之、信以成之。君子哉。（衛霊公）

・子路曰、君子尚勇乎。子曰、君子義以為上。君子有勇而無義、為亂。小人有勇而無義、為盜。（陽貨）
・子路曰、不仕無義。長幼之節、不可廢也。君臣之義、如之何其廢之。欲絜其身、而亂大倫。君子之仕也、行其義也。道之不行、已知之矣。（微子）

この「義」は、単なる正義という意味に加えて、儒家の考える理想を意味しているであろう。儒家は他国に仕官し、従政者となるに際し、その国や君に殉ずるのではなく、あくまで儒家の理想である「義」を尊重する。君子の要件として「義」が尊重されるのは、こうした儒家の在り方と密接な関係を有するであろう。

つまり、『論語』には、儒者自身が「君子」すなわち「従政者」となって国政に参与する、という意識が反映していると推測されるのである。

三、「君子」と孔子

それでは、儒家にとって、結局、「君子」とは、具体的にはどのようなイメージで捉えられていたのであろうか。そこで、改めて、『論語』の君子を分析してみよう。まず、『論語』の中には、明らかに特定の他者を想定して君子と言っている場合がある。

①子謂子賤。君子哉、若人。魯無君子者、斯焉取斯。（公冶長）
②子謂子產。有君子之道四焉。其行己也恭、其事上也敬、其養民也惠、其使民也義。（公冶長）
③曾子有疾。孟敬子問之。曾子言曰、鳥之將死、其鳴也哀。人之將死、其言也善。君子所貴乎道者三。動容貌、斯遠暴慢矣。正顏色、斯近信矣。出辭氣、斯遠鄙倍矣。籩豆之事、則有司存。（泰伯）
④司馬牛憂曰、人皆有兄弟。我獨亡。子夏曰、商聞之矣。死生有命、富貴在天。君子敬而無失、與人恭而有禮、四海之

内、皆兄弟也。君子何患乎無兄弟也。（顔淵）

⑤南宮适問於孔子曰、羿善射、奡盪舟、俱不得其死然。禹稷躬稼而有天下。夫子不答。南宮适出。子曰、君子哉、若人。尚徳哉、若人。（憲問）

⑥子曰、直哉、史魚。邦有道如矢、邦無道如矢。君子哉、蘧伯玉。邦有道則仕、邦無道則可巻而懐之。（衛霊公）

①は、弟子の子賤を「君子なるかな、若《か》くのごとき人」と孔子が評している。子賤は、孔子の弟子で、魯の単父という地の宰（長官）となり善政を布いたとされる。まさに従政者の典型と言える人物である。こうした直接的な表現は⑤⑥にも見える。⑤は南宮适に対して孔子が「君子なるかな、若くのごとき人」と評している。⑥は衛の大夫蘧伯玉について、孔子が「君子なるかな、蘧伯玉」と、その出処進退の様を評価している。

②は先述の通り、鄭の子産を顕彰する内容であった。③は重病にかかった曾子を、魯の重臣である孟敬子が見舞った際、曾子がその孟敬子に対して、貴殿のような君子は人の道において貴ぶ所の者が三つあります、と述べている。また、④は、兄弟がいないことを憂える司馬牛に対して、子夏が、君子はどうして兄弟がいないことを憂える必要があろうと述べている。③④はともに間接的ながら、孟敬子や司馬牛を君子と捉えた発言である。

このように、『論語』の中では、特定の人物を名指しして、あるいは、ある人物をイメージして「君子」と呼ぶ場合が確かにある。それは優れた弟子や他国の重臣であった。

それでは、孔子自身は、君子とは見なされていなかったのであろうか。確かに、『論語』では、次のように、孔子が自らを「君子」には及ばないと明言している箇所がある。

①子曰、文莫吾猶人也。躬行君子、則吾未之有得。（述而）

②大宰問於子貢曰、夫子聖者與。何其多能也。子貢曰、固天縦之将聖、又多能也。子聞之曰、大宰知我乎。吾少也賤。故多能鄙事。君子多乎哉、不多也。（子罕）

③子曰、先進於禮樂、野人也。後進於禮樂、君子也。如用之、則吾從先進。（先進）

④子曰、君子道者三。我無能焉。仁者不憂、知者不惑、勇者不懼。子貢曰、夫子自道也。（憲問）

①は、孔子が「躬《みずか》ら君子たるを行うは、則ち吾れ未だ之を得る有らず」と、君子としての実践が自分にはできていないと述べている。②は、「鄙事」に「多能」であることを揶揄された孔子が、自分は幼少の頃貧しかったので、多芸となったのであり、君子は決して多能である必要はないと説いている。③は、周王朝初期の頃の礼楽と後世の礼楽とを比較し、前者は素朴、後者は君子（洗練されている）であり、孔子自身は前者の素朴な在り方を尊重したいと宣言する。④は、君子の道には大切なものが三つあるが、孔子自身はそのいずれも満足にできないと述べている。[7] これらはいずれも、孔子自身が自らを君子ではないと述べているように見える。

ところが、『論語』の中には、他者が、孔子を「君子」であると想定して発言している箇所も見られる。

①儀封人請見曰、君子之至於斯也、吾未嘗不得見也。從者見之。出曰、二三子何患於喪乎。天下之無道也久矣。天將以夫子為木鐸。（八佾）

②陳司敗問。昭公知禮乎。孔子曰、知禮。孔子退。揖巫馬期而進之曰、吾聞、君子不黨。君子亦黨乎。君取於呉為同姓。謂之呉孟子。君而知禮、孰不知禮。巫馬期以告。子曰、丘也幸。苟有過、人必知之。（述而）

③在陳絕糧。從者病、莫能興。子路慍見曰、君子亦有窮乎。子曰、君子固窮。小人窮、斯濫矣。（衛霊公）

④陳亢問於伯魚曰、子亦有異聞乎。對曰、未也。嘗獨立。鯉趨而過庭。曰、學詩乎。對曰、未也。不學詩、無以言。鯉退而學詩。他日、又獨立。鯉趨而過庭。曰、學禮乎。對曰、未也。不學禮、無以立。鯉退而學禮。聞斯二者。陳亢退而喜曰、問一得三。聞詩、聞禮、又聞君子之遠其子也。（季氏）

⑤佛肸召。子欲往。子路曰、昔者由也、聞諸夫子。曰、親於其身為不善者、君子不入也。佛肸以中牟畔。子之往也、如之何。子曰、然、有是言也。不曰堅乎。磨而不磷。不曰白乎。涅而不緇。吾豈匏瓜也哉。焉能繫而不食。（陽貨）

⑥子貢曰、君子亦有惡乎。子曰、有惡。惡稱人之惡者。惡居下流而訕上者。惡勇而無禮者。惡果敢而窒者。曰、賜也、亦有惡乎。惡徼以為知者。惡不孫以為勇者。惡訐以為直者。（陽貨）

①は、衛国の儀邑の出入国管理官（封人）であった人物が、孔子一行に面会したいと思い、「君子の斯《こ》に至るや、吾未だ嘗て見ゆるを得ずんばあらず（私は君子がこの地にお見えになったときには、必ずお目にかかっているのです）」と述べた。孔子を「君子」と認めた上での発言であろう。②は、陳の司法大臣（陳司敗）が、魯の昭公を庇った孔子を評して、「君子は党せず（仲間贔屓をしない）」と聞いていますが、やはり君子（孔子）も庇うのですかと述べたものである。やや皮肉な表現ではあるが、前提には、孔子を君子とする意識があろう。③は、孔子一行が陳で七日間も食料を絶たれるという困難に陥った際、子路が「君子も亦た窮すること有るか」と詰問し、孔子が「君子固より窮す」と答えたものである。子路の口吻は、「君子」を孔子に言い換えても充分に通用するであろう。

④は、陳亢が孔子の子の伯魚に、孔子の教育について質問したものである。伯魚の答えに陳亢は喜んで、「一を問いて三を得たり。詩を聞き、礼を聞き、又君子の其の子を遠ざくるを聞けり」と述べた。この「君子」とは「其の子（伯魚）」の父である孔子に他ならない。⑤は、晋の大夫である佛肸《ひっきつ》が孔子を招聘し、孔子がそれに応じようとした際、子路がそれを不満に思い、「親《みずか》ら其の身に於て不善を為す者には、君子は入らず」と以前先生からおうかがいしました、と述べている。これは右の③同様、子路の孔子に対する不満がこのような表現を導いたものと推測される。同様に⑥も、弟子が孔子に質問する際、直接、子（先生）と言わない例であろう。子路は、「君子も亦た悪むこと有るか」と聞いているが、これは、「君子」一般に対する漠然とした質問ではなく、先生も人を憎むことがあるのですか、という問いであると理解されよう。(8)

このように、『論語』の中には、他者が、孔子を「君子」であると想定している場合も見られるが、実は、孔子自身が自らを「君子」だと示唆していると思われる用例も存在する。

①子曰、學而時習之、不亦說乎。有朋自遠方來、不亦樂乎。人不知而不慍、不亦君子乎。（学而）

②子欲居九夷。或曰、陋。如之何。子曰、君子居之、何陋之有。（子罕）

③子路曰、衛君待子而為政、子將奚先。子曰、必也正名乎。子路曰、有是哉、子之迂也。奚其正。子曰、野哉、由也。君子於其所不知、蓋闕如也。名不正、則言不順。言不順、則事不成。事不成、則禮樂不興。禮樂不興、則刑罰不中。刑罰不中、則民無所錯手足。故君子名之、必可言也。言之、必可行也。君子於其言、無所苟而已矣。（子路）

①については、阮元が孔子自身について述べた章であると説くのが参考になる。[9]「人知らずして慍みず」という「君子」の姿は孔子の人生そのものであると理解される。②は、乱世を嘆いて、いっそ夷狄の地にでも行こうかと述べた孔子が、たとえ蛮夷の地であろうとも「君子」がそこに住めば、周囲を感化するだろうから、どうして野卑なことがあろうか、と説いたものである。蛮夷の地に住むという「君子」とは、この場合、孔子自身を想定して言っているであろう。③は、孔子が、政治でまず着手すべきことは「名を正」すことであると述べ、その理由として、「君子之を名づくれば、必ず言うべし。之を行うべし。君子は其の言に於て、苟くもする所無きのみ」と「正名」が政事の最重要の基盤であることを説く。ここでも、仮定ではあるが、「正名」を実践しようとする「君子」とは孔子自身に他ならない。[10]

このように、『論語』の中には、孔子が自らを君子であると示唆している言説も見られ、前記の諸用例とも併せ考えると、当時の儒家集団や『論語』の撰者・読者にとって、君子と孔子とがほぼ重なって見えていた可能性は充分に考えられる。[11]孔子の弟子・門人たちは、こうした君子の具体的イメージを基に、自らが君子たることを目指したのであろう。

そして、こうした従政者としての君子、および具体的には孔子をイメージした君子は、後世にも継承されていくようである。

例えば、『孟子』では、「孟子曰、君子之戹（厄）於陳蔡之間、無上下之交也」と、陳蔡の間で困窮した孔子を指して君子と称している。先に指摘した『論語』衛霊公篇の用例と同様である。後の儒家にとっても、君子とは他ならぬ孔子その人を意味していたのである。[12]

結　語

本章では、戦国楚簡に頻出する「君子」の用例を検討し、併せて『論語』を初めとする伝世儒家系文献における「君子」の意味について再考を加えてきた。

儒家系文献でしばしば「君子」が重要な話題の一つとされ、それらが政治的文脈の中で語られる場合があるのは、儒家集団自身の意識・活動と密接な関係があると考えられる。「君子」とは、単に、人格者を理念型として提示したものではなく、儒家自身の切実な問題として追求された「従政者」像を示すものであった。また、その「君子」の具体的イメージとして、孔子の姿が強く意識されていた可能性を指摘できる[13]。

注

（1）『季康子問於孔子』の竹簡の連接については、福田哲之「上博楚簡『季康子問於孔子』の編聯と構成」（『戦国楚簡研究二〇〇六』〈『中国研究集刊』別冊特集第四一号〉、二〇〇六年）に詳細な分析が見られる。本章における竹簡の排列は、氏の分析に基づく。なお以下、01・02などの数字は『上海博物館蔵戦国楚竹書』の釈文が示す竹簡番号、？は同釈文が未詳とする難読字、【　】は欠字を補った箇所である。

（2）『君子爲禮』については、浅野裕一「上博楚簡『君子爲禮』と孔子素王説」（『戦国楚簡研究二〇〇六』〈『中国研究集刊』別冊特集第四一号〉、二〇〇六年）に詳しい分析が見られる。以下の訓読は、基本的に氏の解釈に依拠している。

（3）原釈文は、「宰我問君子。曰」に作るが、李天虹「《上博（五）》零識三則」（武漢大学簡帛網、二〇〇六年二月二十六日）は、この「子」の右下に僅かに見える短横「＿」が句読符号ではなく、重文号であるとし、「宰我問君子。子曰」と釈読する。本稿でもその説に従った。

（4）第十一簡と第二十四簡の接続については、陳剣「談談話《上博（五）》的竹簡分篇、拼合与篇聯問題」（簡帛網、二〇〇六年二月十九日）の説に従った。

（5）上博楚簡『従政』の詳細については、『竹簡が語る古代中国思想―上博楚簡研究―』（浅野裕一編、汲古書院、二〇〇五年）第三章・第四章の拙稿、および拙著『戰國楚簡與秦簡之思想史研究』（台湾・万巻楼、二〇〇六年）第四章・第五章参照。

（6）但し、微子篇の「周公謂魯公曰、君子不施其親、不使大臣怨乎不以、故舊無大故、則不棄也。無求備於一人（周公 魯公に謂いて曰く、君子は其の親を施てず、大臣をして以《もち》いられざるを怨ましめず、故旧 大故無ければ、則ち棄てざるなり。備わらんことを一人に求むる無かれ）」にはやや注意を要する。これは周公が、魯の君主となって赴任する子の伯禽に対して、「君子」の心構えを説いたもので、親族を忘れるな、大臣に対しては、自分は用いられていないと恨まれるようなことがあってはならない云々、と説いたものである。つまり、この用例は、「君子」を「君主」として理解できる箇所であるが、孔子や弟子たちの言説ではなく、例外と考えておくべきであろう。

（7）但し、この直後に「子貢曰、夫子自道也」とある。この解釈についてはいくつかの異説があるが、先生は自らのことを謙遜しておっしゃっているのだ（つまり、先生は君子に他ならない）という理解もある。孔子と君子との関係については後述する。

（8）朱子『論語集注』に「勇無禮、則爲亂。果而窒、則妄作。故夫子惡之」と注し、「悪」むのは「夫子」であると説く。

（9）『揅経室集』に、「人不知者、世之天子諸侯皆不知孔子、而道不行也。不慍者、不患無位也。學在孔子、位在天命。天命既無位、則世人必不知矣、此何慍之有乎。孔子五十而知天命者、此也。此章三節皆孔子一生事實、故弟子論撰之時、以此冠二十篇之首也。二十篇之終曰、不知命、無以爲君子、與此始終相應也」とある。

（10）朱子『論語集注』は、この君子を孔子と捉え、「夫子爲政、而以正名爲先」と注する。

（11）この他、郷党篇の「君子不以紺緅飾」に対して、朱子『論語集注』は、「君子、謂孔子」と注する。

（12）こうした君子の理解は、他の戦国楚簡においても検証できる。筆者は先に、郭店楚簡『六徳』に見える「君子」について検討を加えた。郭沂氏は、郭店楚簡の内の『成之聞之』について、そこに記される「君子」が子思を指すと推測したが、それは、『六徳』『成之聞之』を含む郭店楚簡儒家系文献が子思学派または思孟学派の著作だからという判断に基づく仮説であった。これに対して筆者は、伝世文献や郭店楚簡『成之聞之』『忠信之道』などとの関係にも留意して、そこで説かれている「君子」が、それらの著作者および読者にとって、他ならぬ孔子を意味していたという可能性を指摘した。詳細については、拙著『戰國楚簡與秦簡之思想史研究』（台湾・万巻楼、二〇〇六年）第三章参照。

（13）なお、念のため付言すれば、こうした君子の理解がすべての資料に該当するわけではない。伝世儒家系文献に数多く見られる君子の用例の中には、抽象的すぎて、どのようなイメージで捉えるべきか判断に苦しむものも多数ある。ただ、従来の「君子」理解が、やや道徳・人格といった側面に偏重していたのではないかとの反省をふまえ、ここでは、戦国楚簡を手がかりとして、「従政者」という性格を指摘したのである。もっとも、「従政者」は言うまでもなく道徳性を備えた人格者である。不道徳な人間でよいとされているわけではない。ただ、それ以前に、「君子」の原義である地位・身分（国政を左右できるような地位の貴族）という理解を閑却してはならないと考える。また本章では、儒家系文献において、その君子の具体像が孔子像と重なっていたのではないかという可能性を指摘した。ただ、孔子は、その素王説が象徴するように、後に、君子を越えて「聖人」へと押し上げられていく。本章では、この点の詳細について触れる余裕はないが、孔子が「聖人」化されていく基盤の一つが、すでにこうした「君子」理解にあったと考えられよう。

第二章　上博楚簡『顔淵問於孔子』と儒家系文献形成史

序　言

二〇一一年五月、『上海博物館蔵戦国楚竹書』第八分冊が刊行された。その中には、『顔淵問於孔子』（顔淵 孔子に問う）と題する儒家系古逸文献（竹簡十四枚）が含まれていた。その内容は、顔淵が、孔子に「君子が国内の政治に従事する場合にどのような道がありますか」と問うものである。文章の一部は、『論語』に類似する点もあるが、竹簡の乱れも多く、読解に困難を来している。

そこで本章では、まず、この文献の釈文を提示し、全体の意味を確認したい。次に、この文献からうかがうことのできる顔淵像や孔子集団の特色を考察する。更に、これらと伝世儒家系文献とを対比することにより、本文献の思想的特質を明らかにするとともに、先秦における儒家系文献の形成過程について若干の私見を述べることとしたい。

一、『顔淵問於孔子』概要

まず、竹簡の概要を確認する。[1]

①この竹簡は、泥塊の表層に付着していたため、損壊と散佚があり、確認できる竹簡は全十四簡である。これ以外にも、

残簡があると推測される。
②完簡である第七簡およびその他の竹簡の現状から総合的に分析して、簡長は四十六・二cm、幅〇・六cm、厚さ〇・一二cm。
③竹簡の両端は平斉で、三道編綫。
④契口は右端にあり、各竹簡は、上端から第一契口までが二・六cm、第一契口から第二契口までが二十・五cm、第二契口から第三契口までが二十・五cm、第三契口から下端までが二・六cm。
⑤文字は、第一契口から第三契口までの間に記されており、各簡三十一字前後。総字数三百十三字。内、合文七、重文六。
⑥本篇は儒家系古逸文献で篇題はなく、「顔淵問於孔子」は首句に基づく仮称である。ただ、左図のように実際には、「顔」字は首字ではなく、この上に一字分の欠損がある。また、この簡自体が首簡でない可能性も残る。

二、『顔淵問於孔子』釈読

原釈文（担当は濮茅左氏）は、全十四簡とし、1〜14に配列するが、復旦吉大古文字専業研究生聯合讀書會によって、次のような再配列案が示されている。(2)

1＋（12A＋2B）＋（2A＋11＋12B）＋5＋6＋7＋9＋10

この再配列案によっても、意味の接続しない竹簡3・4・8・13・14が残るが、第十簡までは一応文義が取れるので、以下、これに従って釈読を進める。

なお、第十簡末尾が一応本文の末尾と考えられるが、原釈文は、この下に脱文があるとし、聯合讀書會は第八簡と文意がつながるとする。

以下、「＝」は重文符号、【1】【2】などの数字は竹簡番号、A・Bは破断した竹簡の上部と下部であることを示す。また、［　］内の漢字は、竹簡欠損部を文意に基づいて補ったものである。

【原文】

□顔淵問於孔＝（孔子）曰、「敢問君子之内事也有道乎」。

孔＝（孔子）曰、「有」。

顔淵、「敢問何如」。

孔＝（孔子）曰、「敬又（宥）征（過）、而【1】［先］有司、老＝（老老）而慈幼、豫絞而收貧、祿不足則請、有余則辭。【12A】敬又（宥）征（過）、所以爲樂也。先【2B】［有］司、所以【2A】得情。老＝（老老）而慈幼、所以處仁也。豫絞而收貧、所以親【11】也。祿不足則請、有余【12B】則辭、所以明信也。蓋君子之内事也如此矣」。

顔淵曰、「君子之内事也、回既聞命矣。敢問【5】君子之内教也有道乎」。

孔＝（孔子）曰、「有」。

顔淵、「敢問何如」。

孔＝（孔子）曰、「修身以先、則民莫不從矣。前【6】以博愛、則民莫遺親矣。導之以儉、則民知足矣。前之以讓、則民不爭矣。或（又）迪而教【7】之、能＝（能能）、賤不肖而遠之、則民知禁矣。如進者勸行、退者知禁、則其於教也不遠矣」。

顔淵曰、「【9】君子之内教也、回既聞矣＝（矣已）。敢問至明（名）」。

孔＝（孔子）曰、「德成則名至矣。名至必卑身＝（身、身）治大則（則大）祿【10】。

〈残簡〉
［君子讓］而得之、小人爭而失之。【8】
示則斤、而母（毋）谷（欲）㝵（得）安（焉）。【14】
屰（素？）行而信、先尻（處）忠也、貧而安樂、先尻（處）【13】
内矣。庸言之信、庸行之敬【4】
必不在茲之内矣。顔淵西【3】

【訓読】
□顔淵 孔子に問いて曰く、「敢て問う、君子の内事に道有るか」。
孔子曰く、「有り」。

顔淵、「敢て問う、何如」。

孔子曰く、「敬みて過ちを宥して、有司を［先］にし、老を老《うやま》いて幼を慈しみ、絃を予して貧を収め、禄足らざれば則ち請い、余り有れば則ち辞す。敬みて過ちを宥すは、楽を為す所以なり。[有]司を先にするは、情を得る所以なり。老を老いて幼を慈しむは、仁に処る所以なり。絞を予して貧を収むるは、親を取る所以なり。禄足らざれば則ち請い、余り有れば則ち辞すは、信を明らかにする所以なり。蓋し君子の内事は此くの如し」。

顔淵曰く、「君子の内事は、回既に命を聞く。敢て問う、君子の内教に道有るか」。

孔子曰く、「有り」。

顔淵、「敢て問う、何如」。

孔子曰く、「身を修めて以て先んずれば、則ち民従わざる莫し。前みて以て博く愛すれば、則ち民親を遺《わす》る莫し。之を導くに倹を以てすれば、則ち民足るを知る。之を前むるに譲を以てすれば、則ち民争わず。又迪《みちび》きて之を教うるに、能を能とし、不肖を賤として之を遠ざくれば、則ち民禁を知る。如し進む者行いを勧め、退く者禁を知れば、則ち其の教に於けるや遠からず」。

顔淵曰く、「君子の内教は、回既に聞けり。敢て至名を問う」。

孔子曰く、「徳成れば則ち名至る。名至れば必ず身を卑くす。身治まれば則ち大いに禄あり」。

〈以下、連接未詳の残簡〉

[君子は譲りて]之を得、小人は争いて之を失う。

示則斤、而母（毋）谷（欲）旻（得）安（焉）。

[illegible]（素?）行而信、先尻（處）忠也、貧而安樂、先尻（處）

内矣。庸言は之れ信にし、庸行は之れ敬しむ。

必不在茲之内矣。顔淵西

【現代語訳】

顔淵が孔子にたずねた、「あえておうかがい致します。君子が国内の政治に従事する場合にとるべき道がありますか」。

孔子は言われた、「有る」。

顔淵、「あえておうかがい致します。どのようなものでしょうか」。

孔子は言われた、「謹んで過失を許し、役人に率先してやらせ、老人を敬い幼児を慈しみ、徴税を猶予して貧困者を収容し、俸禄が不足していれば請求し、余裕があれば辞退する。謹んで過失を許すのは、楽しみをなすためである。役人に率先してやらせるのは、実情を得るためである。老人を敬い幼児を慈しむのは、仁によるためである。徴税を猶予して貧困者を収容するのは、親しみを得るためである。俸禄が不足していれば請求し、余裕があれば辞退するというのは、信頼を明らかにするためである。思うに君子が国政に従事するのはこのようである」。

顔淵が言った、「君子が国政に従事する点については、すでにお言葉をうかがいました。あえておうかがい致します。君子が国内で民を教導する場合に、とるべき道はありますか」。

孔子は言われた、「有る」。

顔淵、「あえておうかがい致します。どのようなものでしょうか」。

孔子は言われた、「吾が身を修めて率先すれば、民は必ず従うであろう。積極的に民を広く愛すれば、民は親愛の情を忘れない。倹約の精神で民を教導すれば、民は満足を知る。謙譲の精神で民を進めさせれば、民は争うことがない。また民を教導するときに、能力あるものを能力あるものとして認め、不肖の者を劣っているとして遠ざければ、民は禁（何が評価され、何が評価されないのか）を知る。もし進む者が積極的に行動し、退く者が禁を知れば、その教導の目的が達せられるのも遠くはなかろう」。

顔淵が言った、「君子が国内で教導する場合についてはすでにうかがいました。あえて名を致すことについておうかがい致します」。

孔子は言われた、「徳が完成すれば自ずから名はついて来る。名が至れば、必ず身を低くする。そのようにして身が治まっていれば、大いに禄が得られるであろう」。

〈連接未詳の残簡部の現代語訳〉

〈第8簡〉
君子は譲って（そのことによってかえって）獲得し、小人は争って（そのことによってかえって）失う。

〈第4簡〉
日常の言葉にいつわりがないようにし、日常の行動を慎む。

【語注】

①内事……いくつかの意味があるが、大枠では、国内の政事の意と推測される。『穀梁伝』荘公十一年に、「公敗宋師于⊠。内事不言戰、舉其大者、其日、成敗之也」とある。特に、宮中の意としては、『周礼』春官・世婦に、「凡内事有達於外

官者、世婦掌之」。宗廟の祭り、または内神（一家の神）を祭る意としては、『礼記』曲礼下に、「踐阼臨祭祀内事曰孝王某、外事曰嗣王某」とある。但し、原釈文は一説として「入事」とし、陳偉[3]は更に「入仕」に読み、黄人二・趙思木[4]もそれを是とする。しかし、顔淵の二番目の質問が「内教」なので、ここも「内事」とする方が対応がよいと思われる。

②敬又（宥）征（過）……「征」字、原釈文は「正」に読み、聯合讀書會は待考とする。黄人二・趙思木は「苟有荒」に読むが、意味が取りづらい。蘇建洲[5]は「禍」、鄭公渡[6]は更に「過」に読み、この句を「敬宥過」とする。字形からはやや連想しにくいが、意味的にはそのようになると推測される。

③豫絞……聯合讀書會に従い、「豫絞」と読み、賦税の免除の意に取る。なお、黄人二・趙思木は、「豫絞」と認定した上で、「逸労」と読み、労働者を休息させることとする。

④内教……陳偉は、はじめの「入仕」に対応させて、「入教」と読むが、「使教化深入人心」という理解にやや無理がある。この一段は、君子がいかに国内の民を教導し教化していくべきかを説いているので、やはり「内教」と読みたい。

⑤能＝（能能）……黄人二・趙思木は、前の句に続けて「教之以能」に読むが、やはり重文符号を重視して、「能能」に読み、能力ある者を能力あるものとして適正に評価する、の意と取りたい。

⑥矣＝（矣已）……原釈文は、「矣已」と解する。聯合讀書會は、この「＝」を衍字とし、黄人二・趙思木は、「命矣」に改める。確かに、はじめの顔回の言葉「回既聞命矣」と比較すれば、ここは「命」字がなく重文符号は余分ということになるが、強いて前句に揃える必要はないと思われる。

三、顔淵像の特色

さて、この文献でまず注目したいのは、孔子に質問しているのが顔淵だという点である。もっとも、『論語』にも、孔子と顔淵との会話は認められるが、このような問答は確認できない。そこで、伝世文献における代表的な顔淵像を確認してみよう。

①子曰、「回也其庶乎、屢空。賜不受命、而貨殖焉、億則屢中」。（子曰く、「回や其れ庶《ちか》きか、屢《しばしば》空《むな》し。賜は命を受けずして貨殖す。億《おもんぱか》れば則ち屢中《あた》る」。）（『論語』先進篇）

②子曰、「賢哉回也。一簞食、一瓢飲、在陋巷、人不堪其憂、回也不改其樂」。（孔子曰く、「賢なるかな回や。一簞食、一瓢飲にして、陋巷に在り、人其の憂いに堪えざるも、回や其の楽しみを改めず」。）（『史記』仲尼弟子列伝）

③孔子謂顔回曰、「回、來。家貧、居卑、胡不仕乎」。顔回對曰、「不愿仕。回有郭外之田五十畝、足以給飦粥。郭内之田十畝、足以為絲麻。鼓琴足以自娯、所學夫子之道者、足以自樂也。回不愿仕」。（孔子顔回に謂いて曰く、「回、来たれ。家貧しく、卑しきに居る。胡《なん》ぞ仕えざるやと」。顔回対えて曰く、「仕うるを願わず。回 郭外の田五十畝有り、以て飦粥《せんしゅく》を給するに足る。郭内の田十畝、以て絲麻を為るに足る。鼓琴以て自ら娯しむに足り、夫子に学ぶ所の道は、以て自ら楽しむに足るなり。回は仕うるを願わず」。）（『荘子』譲王篇）

④顔淵問於孔子曰、「淵願貧如富、賤如貴、無勇而威、與士交通、終身無患難、亦且可乎」。孔子曰、「善哉回也。夫貧而如富、其知足而無欲也。賤而如貴、其讓而有禮也。無勇而威、其恭敬而不失於人也。終身無患難、其擇言而出之也。若回者、其至乎。雖上古聖人、亦如此而已」。（顔淵孔子に問いて曰く、「淵願わくは貧にして富み、賤にして貴く、勇無くして威あり、士と交通して、終身患難無きも、亦た且つ可ならんか」。孔子曰く、「善きかな回や。夫れ貧しくして富むが如きは、其れ足るを知りて欲無きなり。賤にして貴きが如きは、其れ譲りて礼有るなり。勇無くして威あるは、其れ恭敬にして人を失わざるなり。終身患難無きは、其れ言を択びて之を出だすなり。回の若きは、其れ至れるかな。上古の聖人と雖も、亦た此くの如きのみ」。）（『韓詩外伝』巻十）

⑤顔淵問為邦。子曰、「行夏之時、乘殷之輅、服周之冕、樂則韶舞。放鄭聲、遠佞人。鄭聲淫、佞人殆」。（顔淵邦《くに》を為《おさ》めんこ

とを問う。子曰く、「夏の時を行い、殷の輅《ろ》に乗り、周の冕を服し、楽は則ち韶舞《しょうぶ》。鄭声を放ち、佞人を遠ざく。鄭声は淫、佞人は殆し」。）（『論語』衛霊公篇）

このように、顔淵は、伝世文献の中では、通常、出仕（俸禄の受給）を願わず清貧の生活を送ったとされる。最も著名なのは、上記の資料①②の孔子の言葉であろう。資料③④も同様であるが、特に③の資料では、顔回は仕官を願わなかったと明言されている。こうした一面が、やがて、常に心を虚しくしていたという道家的な顔淵像を形成していくのであろう。(7)

では、顔淵は政治に全く関心がなかったのであろうか。この点について明確なことは分からないが、資料⑤のように、『論語』の中で、「邦を為める」方法について質問している箇所がある。とすれば、伝世文献において、顔淵は、主として、政治に背を向けて清貧の生活を送ったとされるが、わずかに、政治に関心を持って孔子に質問するという一面もあったことが分かる。

一方、この『顔淵問於孔子』に登場する顔淵は、出仕に深く関わる「内事」「内教」「至名」について次々と孔子に質問している。「敢て問う」という連続的な質問は、政治に対する顔淵の強い意識を表しているように感じられる。従って、『顔淵問於孔子』における顔淵像は、顔淵も実は政治に深い関心を抱いていたという一面を強調したものであると言えよう。顔淵は孔子よりも早く亡くなったが、その徳を偲び、彼を顕彰しようとする後学たちがいたことを推測させる。『顔淵問於孔子』の特色は、まずこの点に求められるであろう。

四、儒家と為政

次に注目したいのは、問答の内容である。「内事」「内教」「至名」とも、国内での政治活動を想定した質問であり、為政を目指した儒家集団のあり方を端的に示している。特に、俸禄の受給について説く点は、『論語』にも見える注目点である。

①子張學干祿。子曰、「多聞闕疑、愼言其餘、則寡尤。多見闕殆、愼行其餘、則寡悔。言寡尤、行寡悔、祿在其中矣」。（子張 禄を干《もと》むるを学ぶ。子曰く、「多く聞きて疑わしきを闕《か》き、慎みて其の余を言えば、則ち尤《とが》寡なし。多く見て殆きを闕き、慎みて其の余を行えば、則ち悔寡なし。言に尤寡なく、行に悔寡なければ、禄其の中に在り」。）（『論語』為政篇）

②子曰、「君子謀道不謀食。耕也、餒在其中矣。學也、祿在其中矣。君子憂道不憂貧」。（子曰く、「君子は道を謀りて食を謀らず。耕して餒《うえ》其の中に在り。学びて禄其の中に在り。君子は道を憂えて貧しきを憂えず」。）（『論語』衛霊公篇）

③公曰、「祿不可後乎」。子曰、「食為味、味為氣、氣為志、發志為言、發言定名、名以出信、信載義而行之、祿不可後也」。（公曰く、「禄は後《のち》にすべからざるか」。子曰く、「食は味を為り、味は気を為り、気は志を為る。志を発して言を為り、言を発して名を定む。名は以て信を出し、信は義を載《おこな》いて之を行う。禄は後にすべからざるなり」。）（『大戴礼記』四代篇）

④賢能失官爵、功勞失賞祿、爵祿失則士卒疾怨、兵弱不用、曰「不平」也。不平則飭司馬。（賢能 官爵を失い、功労 賞禄を失い、爵禄失えば則ち士卒疾怨し、兵弱くして用いられざるを「不平」と曰うなり。平かならざれば則ち司馬を飭《いまし》む。）（『大戴礼記』盛徳篇）

『論語』の中で、俸禄を求める方法について質問したのは、資料①に見えるように、孔子の弟子の子張であった。孔子はそのような露骨な姿勢をたしなめているが、俸禄を求めること自体を否定しているわけではない。資料③④に見えるように、儒家系の伝世文献でも、俸禄の重要性は明確に説かれている。

資料③では、その直前部分で、孔子が、「職は功績ある者に念を入れて手厚くする」と説いたのに対して、哀公が、「禄は後にすべきではないのか」と問う。これに答えて孔子は、「名は信を出し、信は義を行うためのものだから、禄は後にすべきではない」とする。また資料④でも、長幼の序、君臣の義が失われれば、有徳者も官職を失い、功労者も賞禄を失い、爵禄を失えば、士卒はそれを怨んで仕事を怠り、兵は弱体化して用をなさなくなる、と説かれている。

そして同様に、『顔淵問於孔子』においても、孔子は、俸禄が不足していれば請求し、余裕があれば辞退するというのが、信頼を示す方法だと説いている。必ずしも文言が一致しているというわけではないが、これらの資料は、儒家において爵禄が人間の信義の裏付けになるものとして重視されていたことを示しているであろう。そして、儒家自身は、そうした裏付けのもとに政治活動を推進しようとしていたのである。

儒家集団は、決して純粋な学術研究集団だったのではない。為政者となることによって自らの理想をこの世に実現しようと考えたのである。そのためには、俸禄を得る、すなわち仕官することが大前提であった。この文献は、そうした儒家集団の性格をよく表していると言えよう。

五、儒家系文献の形成

最後に、この文献で注目されるのは、部分的に『論語』『孝経』『易』『礼記』『仲弓』『荀子』などとの類似箇所が見られる点である。以下に、該当部分を掲げてみる。

①敬又（有）征（懲）、而【先】有司、老＝（老老）而慈幼

・仲弓為季氏宰、問政。子曰、「先有司、赦小過、舉賢才」。（仲弓 季氏の宰と為り、政を問う。子曰く、「有司を先にし、小過を赦し、賢才を挙げよ」。）（『論語』子路篇）

・老老慈幼、先有司、舉賢才、宥過赦罪。（老を老《うやま》い幼を慈しみ、有司を先にし、賢才を挙げ、過ちを宥し罪を赦せ。）（上博楚簡『仲弓』）

②修身以先、則民莫不従矣

・欲政之速行也者、莫若以身先之也。欲民之速服也者、莫若以道御之也。（政の速やかに行われんことを欲する者は、身を以て之に先んずるに若くは莫きなり。民の速やかに服することを欲する者は、道を以て之を御するに若くは莫きなり。）（『大戴礼記』子張問入官篇）

③前以博愛、則民莫遺親矣。

・先之以博愛、而民莫遺其親。陳之於徳義、而民興行。先之以敬讓、而民不爭。導之以禮樂、而民和睦。示之以好惡、而民知禁。（之に先んずるに博愛を以てすれば、而ち民其の親を遺ること莫し。之に陳ぶるに徳義を以てすれば、而ち民興り行う。之に先んずるに敬譲を以てすれば、而ち民争わず。之を導びくに礼楽を以てすれば、而ち民和睦す。之に示すに好悪を以てすれば、而ち民禁を知る。）（『孝経』三才章）

・公曰、「寡人雖無似也、願聞所以行三言之道、可得聞乎」。孔子對曰、「古之為政、愛人為大。所以治愛人、禮為大。所以治禮、敬為大。敬之至矣、大昏為大、大昏至矣。大昏既至、冕而親迎、親之也。親之也者、親之也。是故君子興敬為親、舍敬、是遺親也。弗愛不親、弗敬不正。愛與敬、其政之本與」。（公曰く、「寡人無似《ぶじ》なりと雖も、願くは三言を行う所以の道を聞かん、聞くを得べきか」。孔子対えて曰く、「古の政を為すは、人を愛するを大と為す。人を愛するを治むる所以は、礼を大と為す。礼を治むる所以は、敬を大と為す。敬の至りは、大昏を大と為す。大昏は至れり。大昏既に至り、冕して親迎するは、之を親しむなり。之を親しむは、之を親しましむるなり。是の故に君子は敬を興して親しむことを為す。敬を舍《す》つるは、是れ親しむるを遺るるなり。愛せ

ざれば親しまず、敬せざれば正しからず。愛と敬とは、其れ政の本か」。）（『礼記』哀公問篇）

・子曰、「夫民教之以德、齊之以禮、則民有格心。教之以政、齊之以刑、則民有遯心。故君民者子以愛之、則民親之。信以結之、則民不倍。恭以涖之、則民有孫心。（子曰く、「夫れ民は之を教うるに徳を以てし、之を斉うるに礼を以てすれば、則ち民格心有り。之を教うるに政を以てし、之を斉うるに刑を以てすれば、則ち民 遯心有り。故に民に君たる者は子のごとくして以て之を愛すれば、則ち民之に親しむ。信以て之を結べば、則ち民倍《そむ》かず。恭以て之に涖《のぞ》めば、則ち民 孫心有り。」）（『礼記』緇衣篇）

④導之以儉、則民知足矣。

・九曰以度教節、則民知足。（九に曰く度を以て節を教うれば、則ち民足るを知る。）（『周礼』地官司徒・大司徒）

⑤前之以讓、則民不爭矣。

・大司徒之職……、而施十有二教焉。一曰以祀禮教敬、則民不苟。二曰以陽禮教讓、則民不爭。三曰以陰禮教親、則民不怨。四曰以樂禮教和、則民不乖。（大司徒の職……、而して十有二の教えを施す。一に曰く祀礼を以て敬を教うれば、則ち民苟《かりそめ》にせず。二に曰く陽礼を以て譲を教うれば、則ち民争わず。三に曰く陰礼を以て親を教うれば、則ち民怨まず。四に曰く楽礼を以て和を教うれば、則ち民乖《そむ》かず。）（『周礼』地官司徒・大司徒）

⑥德成則名至矣。名至必卑身＝（身、身）治大則（則大）祿

・故曰、貴名不可以比周爭也、不可以誇誕有也、不可以埶重脅也、必將誠此然後就也。爭之則失、讓之則至。遵道則積、誇誕則虛。故君子務脩其內、而讓之於外。務積德於身、而處之以遵道。如是、則貴名起如日月、天下應之如雷霆。故曰、君子隱而顯、微而明、辭讓而勝。（故に曰く、貴名は比周を以て争うべからず、誇誕を以て有《と》るべからず、勢重を以て脅やかすべか

らず、必将《かなら》ず此れを誠にして然る後に就《な》ると。之を争えば則ち失い、之を譲れば則ち至る。遵道なれば則ち積み、誇誕なれば則ち虚し。故に君子は務めて其の内を脩めて、之を外に譲る。務めて徳を身に積みて、之に処するに遵道を以てす。是くの如くんば、則ち貴名の起ること日月の如く、天下の之に応ずること雷霆の如し。故に曰く、君子は隠るるも而して顕われ、微なるも而して明かに、辞譲するも而して勝つと。）（『荀子』儒效篇）

⑦俑（庸）言之信、俑（庸）行之敬
・庸言之信、庸行之謹。（庸言之れ信にし、庸行之れ謹む。）（『周易』乾・文言伝）
・庸言必信之、庸行必慎之。（庸言も必ず之を信にし、庸行も必ず之を慎む。）（『荀子』不苟篇）

この内、特に資料①は、『論語』子路篇や上博楚簡『仲弓』にも類似する文章であり、いずれも政治の要諦を説いたものである。但し、句の構成要素と順序が次のように微妙に異なっている。

『顔淵問於孔子』……敬宥過、而先有司、老老而慈幼
『論語』………………先有司、赦小過、舉賢才
『仲弓』………………老老慈幼、先有司、舉賢才、宥過赦罪

また、②は、為政者の側が身を修めて率先することにより、民を従わせることができると説くもので、『大戴礼記』の「政の速やかに行われんことを欲する者は、身を以て之に先んずるに若くは莫きなり」という記述に類似する。③は、積極的に民を広く愛すれば、民は親愛の情を忘れないと説くもので、『孝経』の「之に先んずるに博愛を以てすれば、而ち民其

の親を遺るること莫し」や、『礼記』哀公問篇の「君子は敬を興して親しむことを為す。……愛せざれば親しまず」や、同・緇衣篇の「民に君たる者は子のごとくして以て之を愛すれば、則ち民之に親しむ」などと類似する文言である。更に⑥は、名声を得た後、身を低くすることによって、却って大いに禄を得ることができると説くもので、一見『老子』の思想を想起させもするが、これも、前記の通り、儒家系文献である『荀子』に、「之と争えば則ち失い、之に譲れば則ち至る」と、類似する思考が見える。

こうした類似現象はどのように考えればよいであろうか。これらは、儒家系文献が形成される途上において、諸文献にまたがる様々な異伝があったことを示唆しているであろう。

例えば、資料①で言えば、『論語』は、一時期に孔子の言葉を集めて直ちに完成体に向かったのではなく、弟子たちによって保有されていた孔子の言葉が複数の文献に記録され、微妙に言葉を異にしつつ伝承されていった後、最終的に『論語』として編纂されたと考えられる。『論語』の編纂には複雑な過程があったことが推測されるのである。

また、接続未詳ではあるが、資料⑦も注目される。もし『周易』伝の成立が『顔淵問於孔子』に先行するとすれば、孔子やその弟子たちが『易』を学び、それに類似する言葉をこの文献に記録していたという可能性も考えられよう。

上博楚簡『顔淵問於孔子』と伝世儒家系文献との類似現象は、儒家系文献が相互に影響を及ぼしあいながら形成されていった様子を示唆しているのである。

結　語

以上、本章では、『上海博物館蔵戦国楚竹書』第八分冊で公開された『顔淵問於孔子』を取り上げ、その内容と思想史的意味、更には儒家系文献の形成について若干の考察を加えてきた。戦国時代において、「世の顕学は儒墨なり」（『韓非子』

顕学篇）とは言われるものの、従来は、儒家の思想的活動の具体的内容を窺い知る資料があまりにも少なかった。そうした中で、上博楚簡に含まれる儒家系古逸文献は、孔子以降の儒者たちがどのような活動を展開したのかについて貴重な手がかりを与えてくれるのである。

注

（1）以下の情報は、『上海博物館蔵戦国楚竹書』第八分冊の説明をもとに、図版・釈文などを確認した上で、筆者が整理したものである。

（2）復旦吉大古文字専業研究生聯合読書會「《上博八・顔淵問於孔子》校讀」（復旦大学出土文献与古文字研究中心ＨＰ、二〇一一年七月十七日）。

（3）陳偉「《〈顔淵問于孔子〉内事、内教二章校讀》」（簡帛網、二〇一一年七月二十二日）。

（4）黄人二・趙思木「《讀〈上海博物館藏戰國楚竹書（八）顔淵問于孔子〉書後》」（簡帛網、二〇一一年七月二十六日）。

（5）注（2）の論考に付されたネット上のコメントによる。

（6）注（2）の論考に付されたネット上のコメントによる。

（7）こうした顔淵像の変遷については、衣笠勝美「魏晋・南北朝時代の顔回像」（『新しい漢字漢文教育』第二十六号、一九九八年）、山際明利「宋儒の「屢空」説」（北海道中国哲学会『中国哲学』第二十七号、一九九八年）、柴田篤「「顔子没而聖学亡」の意味するもの」（『日本中国学会報』第五十一集、一九九一年）参照。

第三章　上博楚簡『舉治王天下』の古聖王伝承

序　言

二〇一三年初頭、『上海博物館蔵戦国楚竹書（九）』（馬承源主編、上海古籍出版社）が刊行された。奥付は「二〇一二年十二月」となっているが、実際に中国で刊行されたのは二〇一三年一月であり、日本に輸入され始めたのは、同年二月以降であった。

この第九分冊には、七つの文献が収録されているが、その内、『舉治王天下』と称する文献には、堯舜などの古聖王の伝承が記述されている。特に興味深いのは、具体的な君臣問答であり、従来の神話・伝承には見られなかったものもある。堯舜禹は、儒家や墨家において絶賛される古聖王でありながら、その伝承の詳細については不明な点が多い。

そこで、ここでは、『舉治王天下』全五篇の内、堯舜禹の伝承が見られる三篇に注目し、その釈読を行った上で、従来の伝世文献や他の新出土文献における伝承と比較して、古聖王伝承における本文献の特質と意義について考察を加えることとする。

一、『舉治王天下』の概要

まず初めに、『上海博物館蔵戦国楚竹書（九）』の図版や釈文考釈を参考にして、『舉治王天下』の概要を以下に箇条書きでまとめておきたい。

・原釈文担当者は濮茅左氏。
・本巻はもともと泥塊の中に保存されていたが、流伝の過程で残欠が生じた。
・計五篇の文章が連続して筆写されており、篇と篇との間は墨節によって区切られている。
・「古公見太公望」篇、「文王訪之於尚父舉治」篇は、古公亶父（周の文王の祖父）・文王と尚父（太公望呂尚）の「舉治」（統治の方法に関する）問答を記載している。
・「堯王天下」篇、「舜王天下」篇、「禹王天下」篇は堯・舜・禹が提起した治国・治民に関する議題を記載している。
・全三十五簡。七二八字。完簡は五枚（五簡、六簡、八簡、九簡、三十簡）。
・簡長は四十六cm、幅は六mm、厚さは一～二mm程度。
・上下の簡端は平頭。右契口。三道編綫。
・上端から第一契口までは一・四cm。第一契口から第二契口までは二十二・三～二十二・五cm。第二契口から第三契口までは二十・三～二十・五cm。第三契口から下端までは一・五cm。
・文字は竹黄面に記され、竹青面には文字はない。
・前二篇の完簡の文字数は、一簡あたり二十七～三十三字程度。後三篇の完簡の文字数は、一簡あたり三十九字程度。
・篇題の記載はなく、「舉治王天下」および各篇の名称は、内容に基づいて整理者が付した仮称である。

注意を要するのは、この五篇の配列とまとまりである。歴史の順番から言えば、堯・舜・禹・古公・文王となるはずであるが、この五篇の配列に従うと、古公・文王・堯・舜・禹となってしまう。また、「古公見太公望」篇の竹簡残欠が大きいため、明確なことは言えないが、前二篇の完簡の文字数が一簡あたり二十七～三十三字程度であるのに対して、後三篇の完簡の文字数は一簡あたり三十九字程度と、書きぶりにもやや相違がある。更に、篇と篇とを区切る墨節があると説明されているが、墨節を確認できるのは、「堯王天下」篇の前と「禹王天下」篇の前の二箇所のみである。

従って、『舉治王天下』は、筆写元のテキストが、そもそもこの五篇で完結し、かつこのような配列になっていたかどうかについては疑問も残る。あるいは筆写者が二つ以上の筆写元から、何らかの意図のもとに、このような抄写を行ったとの可能性も考えられる。とすれば、前二篇を意識した「舉治」の語と、後三篇に見える「王天下」の語とを接合させた「舉治王天下」という篇題（仮称）についても、やや疑問が残るとしなければならない。

しかし、これら五篇は、いずれも君臣問答であること、王政に関する内容であること、などの共通点もあり、現時点で、『舉治王天下』としてまとめられていることについては、一定の評価が与えられよう。また、五篇の内容には、後述のように、それほど強い連続性は認められず、一篇一篇を個別に検討することは充分に可能であると思われる。但し、「文王訪之於尚父舉治」篇については、鄔可晶「《上博（九）・舉治王天下》「文王訪之於尚父舉治」篇編連小議」（簡帛網・武漢大学簡帛研究中心、二〇一三年一月十一日）が上博楚簡『成王既邦』との編聯について意見を提出しており、今後慎重な取り扱いが必要となる。

二、「堯王天下」「舜王天下」「禹王天下」釈読

それでは、以下に「堯王天下」「舜王天下」「禹王天下」三篇の釈読（原文・書き下し文）を提示したい。【　】内の番号は、原釈文に付された竹簡番号。「■」は墨釘、「＝」は重文、「▬」は墨節の記号である。

「堯王天下」

【21】■堯王天下備方■。恒吝長明、行四……【22】訪之於子曰、「從政何先■」。禹答曰、「惟志■。」堯……【23】則物生、犢則知成。金厚不流、玉則不戡。堯以四害之紊爲未也、乃問於禹曰、「大害既制、小……【24】居時何先」。曰、「毋忘其所不能」。堯曰、「嗚呼、日月閟間、歲聿□……【25】諓之於堯〓（堯、堯）始用之嘉德……

堯　天下に王たりて方を備《ふく》す。恒に長明たらんことを吝《おし》み、行四……之を子に訪いて曰く、「従政は何をか先にせん」。禹答えて曰く、「惟だ志なり」。堯……則物生、犢則知成。金厚不流、玉則不戡。堯　四害の紊を以て未だ為さざるなり。乃ち禹に問いて曰く、「大害既に制す。小……居る時何をか先にせん」。曰く、「其の能わざる所を忘るる毋かれ」。堯曰く、「嗚呼、日月閟間、歲聿□……諓之於堯〓（堯、堯）始用之嘉德……

この篇は、「天下に王」となり四方を平定した堯が、その持続について懸念を抱き、「子」（禹）を訪れて下問するという内容である。堯は、まず「従政」の際に優先すべきものは何かと問う。これに対して禹は「志」を大切にせよと答える。その後の文章は、竹簡の残欠もあり、少し読み取りにくいが、再び堯と禹との問答が始まる。次の堯の質問は、「平居」の際（平常時）、優先すべきものは何かというものである。禹は、自分の不得意なこと（これまでうまくできなかったこと）を忘れるなと答えている。

ここで注目されるのは、何より堯と禹とが直接問答している点である。下記の「禹王天下」篇でも、禹は直接堯に仕え、答申したとされており、この点は、『舉治王天下』に共通する特色だと言える。

「舜王天下」

【26】舜王天下■、三苗不賓、舜不割其道、不擯其……【27】……曰、「齊政固在媺、請……【28】……失也。怨并之衆人也、非能合德於世者也。……【29】明則保國、知賢政治■、教美民服■。

　舜天下に王たり、三苗賓《したが》わず、舜其の道を割（害）せず、其の……を擯《す》てず、……曰く、「政を斉うるは固より美（謀）に在り、請う……失也。怨并之衆人也、能く徳を世に合する者に非ざるなり。……明なれば則ち国を保ち、賢を知れば政治まり、美を教うれば民服す。

　この篇は、竹簡の残欠が大きく、君臣問答であったのか否か、判然としない。ただ、舜が「天下に王」となった際の記述であることは分かる。そして、服従しない「三苗」に対して、舜が「其の道を割（害）せず」と温和な対応を取っていることも分かる。武力ではなく、徳によって三苗を服従させようとした点については、伝世文献、例えば、『書経』大禹謨や『韓非子』五蠹篇にも記述があることから、舜の伝承として著名なものであったことが分かる。
　但し、舜の三苗（有苗）討伐は、堯の時代だったとするもの、あるいは禹によるものだったとするものもあり[1]、伝承にやや揺れも見られる。

「禹王天下」

【29】■禹王天下、服深恒厚……【30】五年而天下正。一曰、禹事堯、天下大水。堯乃就禹曰、「乞汝其往、疏川起谷、以瀆天下」。禹疏江爲三、疏河【31】爲九、百川皆導、塞敷卆〓（九十）、央瀆三百、百糾置身鯩鮨、禹使民以二和、民乃盡力■、百川既【32】導、天下能恒。二曰、禹奉舜重德、施于四國、誨以勞民、畿而盡力。禹奮中疾志、有欲而弗【33】違、深陟固疏、有功而弗廢■。三曰、禹王天下昭、大志不私……【34】棄身■、生行勞民■、死行不祭■、前行建

功、中行固同、終行不［窮］……【35】五曰、恕而不寡、不愛其……

禹　天下に王たり、服すること深く恒なること厚し。……五年にして天下正し。一に曰く、禹　堯に事うるに、天下大水あり。堯乃ち禹に就きて曰く、「乞う汝其れ往きて、川を疏《とお》し谷を起し、以て天下に瀆《とお》せ」。禹　江を疏すこと三為り、河を疏すこと九為り、百川皆導き、塞もて敷くこと九十、瀆を決すること三百、百たび糾《ただ》して身を鯩錯に置く。禹　民を使うに二和を以てし、民乃ち力を尽くす。百川既に導かれ、天下能く恒あり。二に曰く、禹　舜を奉じて徳を重んじ、四国に施し、誨《おし》えて以て民を労《いたわ》り、畿にありて力を尽くす。禹　中を奮《あ》げ志を疾《はや》くし、欲すること有るも違わず、深く陟りて固く疏し、功有りて廃せず。三に曰く、禹　王たりて天下昭《あきら》かに、大志（之を大にして）私せず……身を棄て、生行して民を労り、死行して祭らず、前行して功を建て、中行して固く同じ、終行して窮まらず……五曰、恕而不寡、不愛其……

この篇では、まず、禹が「天下に王」となり、治世五年で天下が正しくなったとされる[2]。そして、その経緯を五点説明している。

第一は、禹の治水事業である。これは、堯の統治下で、堯の指令によって行われた事業だとされている。禹が堯に仕えていた時に大洪水があり、堯は、禹に対して、現地に赴き、川と谷を疎通させ、天下に貫通させよと命じた。禹はそれを実行し、また民も禹のために力を尽くし、すべての川が開通して、天下は平定されたという。

第二は、舜の臣下として尽力した点である。但し、舜と禹との具体的な問答は記されていない。

第三は、禹自身が王となり、天下が明らかになったことである。なお、竹簡残欠でこの後にあるはずの「四に曰く」の部分は未詳であり、「五に曰く」も冒頭部しか残されておらず詳細は分からない。

この篇で注目されるのは、禹の治水伝承である。やはり禹は治水によって功績をあげた人物として描かれている。但し、伝世文献における禹の治水伝承とはやや異なっている。まず、この治水事業は、舜ではなく堯の指令によって行われたとされている。また、堯の時、洪水を治めたとされる共工や、禹の父で治水に失敗し舜に殺されたとされる鯀は登場していない。堯の時代の洪水を堯の直接の下命によって禹が治めたとされているのである。また、先の「堯王天下」篇と同じく、ここでも、堯と禹とが直接問答しており、舜は登場していない。

ただ、この点については、竹簡の誤配列という可能性はないであろうか。竹簡の接続を誤ったために、あたかも堯と禹とが会話しているように見える、との可能性についても検討しておかなければならない。そこでまず、「堯王天下」篇を確認してみよう。

【22】訪之於子曰、「従政何先■」。禹答曰、「惟志■。」堯……

『舉治王天下』第二十二簡

このように、第二十二簡冒頭に、「之を子に訪いて曰く、「従政は何をか先にせん」」とあり、この「子」が誰であったのかは、直ちには分からない。しかし、その直後、「禹答えて曰く、「惟だ志なり」。堯……」と続くので、この「子」は禹のことであり、堯と禹との問答であることに疑いの余地はない。同一竹簡に筆写されているのであるから、竹簡の誤配列による読み間違いという可能性は考えられない。

次に「禹王天下」篇は次のようになっている。

【30】五年而天下正。一曰、禹事堯、天下大水。堯乃就禹曰、「乞汝其往、疏川起谷、以瀆天下」。禹疏江爲三、疏河

この第三十簡は、完簡であり、そもそも接続の誤りといった問題は生じ得ない。しかもここでは、「禹　堯に事うるに、天下大水あり。堯乃ち禹に就きて曰く」と、明らかに堯と禹とが君臣関係に置かれ、直接問答しているのである。先の「堯王天下」篇と同様、やはりこの点が、『舉治王天下』の大きな特色であると言えよう。

なお、『舉治王天下』の成立年代や地域性をうかがい得る直接的な材料は見られないが、年代に関しては、周知の通り、上博楚簡の炭素測定の数値が参考となる。二二五七±六五年前という中国科学院上海原子核研究所の測定値が紹介されており、一九五〇年を定点とする国際基準に従えば、前三〇八±六五年、すなわち前三七三年から前二四三年。下限は秦の将軍白起が郢を占領した前二七八年の可能性が高いことから、書写年代は前三七三年から前二七八年の間と推定される。

一方、地域性については、これまで公開された上博楚簡の中には明らかに楚の現地性のものと考えられる文献と、中原で成立したと推測されるものなどがあるが、本文献については、確定的な手がかりはない。但し、楚の地域性を特にうかがわせる材料はなく、消極的な理由ではあるが、中原の成立という可能性を考慮しておきたい。

三、伝世文献における古聖王伝承

さて、それでは、右のような『舉治王天下』の古聖王伝承は、伝世文献に記された伝承とどのような関係にあると言えるのだろうか。

そこでまず、禹の治水事業について確認してみよう。太古の治水伝承として最も著名なのは、堯の時代の大洪水に際して、堯が鯀（禹の父）に命じたが、鯀が治水に失敗した、そこで次に舜が禹に命じて治水を成功させた、というものである。『書経』堯典、舜典、禹貢、大禹謨（偽古文）、『史記』五帝本紀、夏本紀、『大戴礼記』五帝徳篇、『山海経』海内経等に記載される伝承である。念のため、『書経』の記載を二つあげておく。

> 帝曰く、「咨《ああ》四岳、湯湯たる洪水は方《あまね》く割す。蕩蕩として山を懐《つつ》み陵に襄《のぼ》り、浩浩として天を滔《みだ》し、下民は其れ咨《うれ》う。有《たれ》か能く俾乂《ひがい》する」。僉《みな》曰く、「於、鯀なるかな」。帝曰く、「吁、咈《たが》えるかな。命に方《そむ》き族を圮《やぶ》る」。岳曰く、「异なるかな。可を試みるを乃ち已むるは」。帝曰く、「往《おお》いに欽《つつし》まんかな」。九載績用成らず。（『書経』堯典）

誰を治水に当たらせたら良いかとの堯の下問に、みなは「鯀」を推薦した。そこで鯀に治水を命じたが、九年たっても実績はあがらなかった、という。

> 舜曰く、「咨《ああ》四岳。能く庸を奮って帝の載《こと》を熙《おこ》すもの有らば、百揆に宅《お》き采を亮《たす》けしめん。恵《こ》れ疇《たれ》ぞ」。僉曰く、「伯禹を司空と作せ」。帝曰く、「俞《しか》り。咨禹。汝は水土を平ぐるを、惟れ時《こ》れ懋《つと》めんかな」。（『書経』舜典）

次に、堯から禅譲を受けた舜の時代となり、舜が補佐役を求めたところ、皆は禹を推薦し、舜は禹を司空に任命し、治水事業に当たらせることにした、という。

このように、『書経』では、堯の時代の治水は、鯀が行ったが失敗し、改めて舜の時代になって、舜の命を受けた禹が治水に成功した、との伝承になっている。

ところが、『孟子』では、この治水伝承にやや揺らぎが見られる。まず、滕文公上篇の伝承を引用してみよう。

> 堯の時に当たり、天下猶未だ平らかならず。洪水横流し、天下に氾濫す。草木暢茂《ちょうも》し、禽獣繁殖し、五穀登《みの》らず、禽獣人に偪《せま》り、獣蹄鳥跡の道、中国に交わる。堯独り之を憂え、舜を挙げて治を敷かしむ。舜 益をして火を掌らしめ、益 山沢を烈《も》して之を焚《や》き、禽獣逃れ匿る。禹九河を疏し、済《せい》・漯《とう》を瀹《やく》して、諸を海に注ぎ、汝・漢を決し、淮・泗を

排して、之を江に注ぎ、然る後に中国得て食《くら》うべきなり。是の時に当たりてや、禹外に八年、三たび其の門を過ぎて而も入らず、耕さんと欲すと雖も、得んや。（『孟子』滕文公上篇）

堯の時代、天下はまだ乱れており、洪水もあった。それを憂えた堯は舜を登用して、治世に当たらせた。舜は禹に命じて治水事業を行わせた。禹は八年間治水に専念したという。ここでは、堯―舜―禹という系譜は守られており、禹が治水に当たったのは、当時、堯の臣下であった舜の命によるとされている。ただ、この記述では、治水の実施が堯の治世であったのか、それとも舜が禅譲を受けてから後のことであったのか、判然としない。

そこで次に、同じく『孟子』の滕文公下篇の記述に注目してみよう。

堯の時に当たり、水逆行し、中国に氾濫す。蛇龍之に居り、民定むる所無し。下なる者は巣を為《つく》り、上なる者は営窟を為る。書に曰く、洚水《こうずい》余《われ》を警《いまし》む、と。洚水とは、洪水なり。禹をして之を治めしむ。禹地を掘りて之を海に注ぎ、蛇龍を駆りて之を菹《しょ》に放つ。水地中由り行く。江・淮・河・漢是れなり。（『孟子』滕文公下篇）

堯の時、大洪水が起こり、中国に氾濫した。そこで堯は禹に治水を命じ、禹は大地を掘削して洪水を治めた。その流れが今の江・淮・河・漢水である、という伝承である。ここには、鯀や舜が登場しない。治水は、堯の直接の下命により、禹が行ったとされているのである。これは、右の滕文公上篇の伝承を単に省略して記述したものと考えて良いのだろうか。それとも別系統の伝承が反映されていると考えられるのであろうか。

そこで、この問題を追究する前に、改めて、古聖王の系譜が伝世文献にどのように記載されているのか検討してみよう。

結論を先に言えば、伝世文献においては、「堯舜」、「舜禹」、「堯舜禹」、「堯舜禹湯文武」、という系譜や組み合わせで語られることが圧倒的に多い。

中でも、最も多いのは「堯舜」の組み合わせである。まずは『論語』の例である。

子貢曰く、「如し博く民に施して能く衆を済う有らば、何如。仁と謂うべきか」。子曰く、「何ぞ仁を事とせん。必ずや

聖か。堯舜も其れ猶諸を病めり」。（『論語』雍也篇）

子貢の問に対して、孔子は、「堯舜」を偉大な「聖」人として顕彰する。(3)

また、堯曰篇では、堯―舜、舜―禹という君臣関係を前提とする伝承が見られる。

堯曰く、「咨爾舜。天の暦数は爾の躬に在り。允に其の中を執れ。四海困窮せば、天禄永く終えん」。舜も亦た以て禹に命ず。（『論語』堯曰篇）

この堯曰篇では、堯が舜に向かって訓示し、次に舜が禹に命じたとされていて、「堯―舜」、「舜―禹」という君臣関係が確認できる。

次に、『孟子』では、孟子が常に性善説を唱え、「堯舜」を顕彰していたとされる。

滕文公世子為りしとき、将に楚に之かんとし、宋を過りて孟子を見る。孟子性善を道い、言えば必ず堯舜を称す。（『孟子』滕文公上篇）

また、「堯―舜」、「舜―禹・皐陶」という君臣関係が示される。

堯は舜を得ざるを以て己が憂いと為し、舜は禹・皐陶を得ざるを以て己が憂いと為す。（『孟子』滕文公上篇）

更に、次の資料でも、「堯舜」が亡くなった後、天下は大いに乱れたとされており、「堯舜」が顕彰されていることが分かる。

堯舜既に没し、聖人の道衰う。暴君代わるがわる作《おこ》り、宮室を壊して以て汚池と為し、民安息する所無し。田を棄てて以て園囿と為し、民をして衣食するを得ざらしむ。邪説暴行又作る。園囿・汚地・沛沢多くして、禽獣至る。紂の身に及んで、天下又大いに乱る。（『孟子』滕文公下）

こうした聖王の顕彰は、『荀子』にも同様にうかがうことができる。

権は之を重くし、兵は之を勁《つよ》くし、名声は之を美にす。夫の堯舜なる者は天下を一にするも、是に毫末も加うる能わ

ざるなり。（『荀子』王制篇）

ここでも、「堯舜」の顕彰が見られる。この王制篇では、「堯舜」を「天下を一」にした代表者として顕彰している。

禅譲に関する議論でも、次のように見える。

世俗の説を為す者曰く、「堯舜擅（禅）譲せり」。是れ然らず。天子なる者は、埶（勢）位至尊にして、天下に敵するなく、夫れ有た誰と与に譲らん。（『荀子』正論篇）

世俗の認識では、禅譲した王の代表者が「堯舜」であるとされるが、『荀子』はその通説を否定している。ただ、当時一般の認識として「堯舜」が顕彰されていたことは分かる。

次に、堯舜は人民を教化できなかったという俗説に対して、『荀子』はそれを否定する。彼らの子供の朱・象《しょう》が感化されなかったというのは、堯舜の責任ではなく、朱・象が悪いのであるという。

世俗の説を為す者曰く、「堯舜は教化すること能わず」。是れ何ぞや。曰く、「朱・象すら化せざればなり」。是れ然らざるなり。堯舜は至って天下の善く教化する者なり。南面して天下を聴けば、生民の属は振動従服して以て之に化順せざるは莫し。（『荀子』正論篇）

性悪説に関しても、堯舜が君臣関係として登場する。

堯　舜に問いて曰く、「人の情は何如」。舜対えて曰く、「人情は甚だ美《よ》からず、又何ぞ問わん」。（『荀子』性悪篇）

ここでは、堯が舜に対して、「人の情」について質問し、舜は「甚だ美からず」と回答している。性悪説を引き出すための故事である。

また、賢師良友を得ることの大切さを説き、その代表的な実践者として「堯舜禹湯」をあげる。

賢師を得て之に事うれば、則ち聞く所の者は堯舜禹湯の道なり。（『荀子』性悪篇）

こうした「堯舜」の組み合わせは、儒家系文献以外にも同様に確認することができる。以下に、『墨子』と『韓非子』の例をあげてみよう。

故に古者、堯は舜を服沢の陽に挙げて、之に政を授け、天下平らかなり。禹は益を陰方の中に挙げて、之に政を授け、九州成る。（『墨子』尚賢上篇）

まず『墨子』の用例であるが、ここでは、「堯―舜」、「禹―益」、という君臣関係が見られる。

次に、『韓非子』の用例である。

今国を以て車と為し、勢を以て馬と為し、号令を以て轡《たづな》と為し、刑罰を以て鞭筴と為し、堯舜をして之を御せしむれば則ち天下治まり、桀紂之を御すれば則ち天下乱る。則ち賢不肖相去ること遠ければなり。（『韓非子』難勢篇）

この難勢篇では、権勢を操る主体が「堯舜」であれば天下は治まるが、「桀紂」であれば乱れると説く。

次の顕学篇では、儒墨がともに「堯舜」を顕彰したこと、またどちらが正統な学説か判別できないことを次のように指摘する。

孔子・墨子倶に堯舜を道《い》いて、取舍同じからず、皆自ら真の堯舜と謂う。堯舜復たは生きず、将た誰にか儒・墨の誠を定めしめんや。（『韓非子』顕学篇）

また、忠孝篇にも次のように見える。

皆 堯舜の道を以て是と為して之に法る。是を以て君を弑する有り、父に曲なる有り。堯舜湯武は、或いは君臣の義に反し、後世の教えを乱る者なり。堯は人の君と為るも而して其の臣を君とし、舜は人の臣と為るも而して其の君を臣とし、湯武は人の臣と為るも而して其の主を弑し、其の尸を刑す。而るに天下之を誉《ほ》む。此れ天下の今に至るまで治まらざる所以の者なり。（『韓非子』忠孝篇）

天下は「孝悌忠順」の道を尊ぶがその実態を察して正しく実行した者はいないとして、「堯舜」および「湯武」の非道のさまを指摘する。否定的な文脈ではあるが、「堯舜」が偉大な聖王であったという世間の共通認識を確認することができる。

このように、古聖王の組み合わせとしては、「堯舜」が定番であるが、これに続いて、「舜禹」の組み合わせも多く見られる。

子曰く、「巍巍乎たり、舜禹の天下を有つや、与らず」。（『論語』泰伯篇）

まず右は、孔子が「舜禹」を顕彰する資料である。彼らは天下の経営に直接関与しなかった（自動的に治まった）として賞賛している。

同様に、『孟子』にも舜禹の組み合わせが見られる。

孟子曰く、「子路は人之に告ぐるに過ち有るを以てすれば則ち喜ぶ。禹は善言を聞けば則ち拝す。大舜は焉より大なる有り。善 人と同じくし、己を舍てて人に従い、人に取りて以て善を為すを楽しむ。耕稼陶漁より以て帝と為るに至るまで、人に取るに非ざる者無し。諸を人に取りて以て善を為すは、是れ人と善を為す者なり。故に君子は人と善を為すより大なるは莫し」。（『孟子』公孫丑上篇）

ここでは、子路と禹を舜に比べ、人とともに善を為すという点で、舜を高く評価している。舜をより高く顕彰するものではあるが、禹も一定の評価を得ている。

舜禹の顕彰は、『荀子』にも次のように見える。

天下を一にし、万物を財《な》し、人民を長養し、天下を兼利し、通達の属は従い服さざること莫く、六説者も立ちどころに息め、十二子者も遷り化するは、則ち聖人の勢を得たる者にして、舜禹は是れなり。（『荀子』非十二子篇）

この非十二子篇では、「聖人の勢を得たる者」として「舜禹」を顕彰する。次も同じく「舜禹」を顕彰する文章である。

是くの如ければ、則ち舜禹も還《すなわ》ち至り、王業も還ち起こり、功は天下を壹にし、名は舜禹に配せん。（『荀子』王霸篇）

君主は親疎・貴賤を問わずに有能の人を求めるべきである。そのようにすれば、臣下も職階を気にすることなく賢人に譲り、付き従うであろう。そうなれば舜禹[4]といった聖人の功績も実現し、王者の業績も興起し、功績は天下を統一し、舜禹と並ぶ名声が得られるであろう、という内容である。聖王の代表として「舜禹」の名をあげている。

彊国篇にも、「舜禹」の組み合わせが見られる。力による政治は行き詰まり、徳による政治は行われる。秦は湯王・武王よりも威勢が強大であり、舜・禹よりも領土が広大であるが、数え切れないほどの憂患を抱えている、という『荀子』の主張である。

力術は止み、義術は行わるとは、曷の謂ぞや。曰く、秦の謂なり。湯武より威彊にして、舜禹より広大なるも、然れども憂患は勝《あ》げて校《かぞ》うべからざるなり。（『荀子』彊国篇）

次に、『韓非子』にも舜と禹の組み合わせが見られる。

昔者舜は吏をして鴻水を決せしめ、令に先んじて功有りて、舜は之を殺す。禹は諸侯を会稽の上に朝せしめ、防風の君後《おく》れ至りて、禹は之を斬る。（『韓非子』飾邪篇）

命令に先走った者、命令に遅れた者は厳正に処刑されるという主張であるが、ここに、舜と禹の処刑執行の故事があげられている。

次も同じく、舜と禹の組み合わせである。仁義は古代には役に立ったとして、舜・禹の故事をあげるが、今の時代には役に立たないとする。時代が変われば、する事も変わるという『韓非子』の主張である。

舜の時に当たり、有苗服せず、禹将に之を伐たんとす。舜曰く、「不可。上の徳厚からざるに、而も武を行うは、道に非ざるなり」と。乃ち教えを修むること三年、干戚を執りて舞い、有苗乃ち服す。（『韓非子』五蠹篇）

こうして、堯─舜、舜─禹という組み合わせは数多く見られるが、更に、「堯舜禹」「堯舜禹湯文武」という聖王の系譜が明記されるものもある。

舜 天下を禅《ゆず》りて之を禹に伝うるや、禹は祭器を作為す。墨《くろ》く其の外を漆にして、朱《あか》く其の内を画《えが》き、縵帛《まんぱく》を茵《しとね》と為し、蔣席は頗縁《はえん》し、觴酌に采（彩）有りて、樽俎《そんそ》に飾り有り。此れ彌々侈なり。而して国の服さざる者は三十三。（『韓非子』十過篇）

まず、『韓非子』の用例である。批判的な文脈であるが、ここには、堯、舜、禹という聖王の系譜が見られる。堯は質素倹約に努め、服さざる国はなかったが、堯が舜に天下を譲ると舜は食器に装飾を施し、ために諸侯は贅沢になってきたと考えて、服従しない国が十三も出た。舜が天下を禹に譲ると、禹は新しく祭器を作り、益々贅沢になった。そこで服従しない国が三十三にも及んだという。堯、舜、禹の順に世界が劣化していったという主張である。

次は、『孟子』のいわゆる五百年周期説の中に見える聖人の系譜である。

孟子曰く、「堯舜由《よ》り湯に至るまで、五百有余歳。禹・皋陶の若きは、則ち見て之を知り、湯の若きは、則ち聞きて之を知る。湯由り文王に至るまで、五百有余歳。伊尹・萊朱の若きは則ち見て之を知り、文王の若きは、則ち聞きて之を知る。文王由り孔子に至るまで、五百有余歳。太公望・散宜生の若きは、則ち見て之を知り、孔子の若きは、則ち聞きて之を知る。孔子由り而来、今に至るまで、百有余歳。聖人の世を去ること、此くの若く其れ未だ遠からざるなり。聖人の居に近きこと、此くの若く其れ甚しきなり。然り而して有ること無しとすれば、則ち亦た有ること無からん」。（『孟子』尽心下篇）

ここでは、堯、舜、禹、湯、文、武、孔子という聖人の系譜とその時間的な間隔を説く。[5]

『荀子』も同様の聖王の系譜を念頭に置き、「両帝四王」[6]の軍事活動について次のような主張を展開する。

是を以て堯は驩兜を伐ち、舜は有苗を伐ち、禹は共工を伐ち、湯は有夏を伐ち、文王は崇を伐ち、武王は紂を伐つ。此の両帝四王は、皆仁義の兵を以て、天下に行うなり。（『荀子』議兵篇）

「仁義の兵」を天下に行った代表例として、堯、舜、禹、湯、文、武の挙兵をあげる。

一方、道家系の文献では、更に黄帝が加わり、黄帝、堯、舜、禹、湯、文、武という聖王の系譜が語られる。

世の高しとする所は、黄帝に若くは莫きも、黄帝すら尚お徳を全うする能わずして、涿鹿の野に戦い、流血百里なり。堯は不慈、舜は不孝、禹は偏枯、湯は其の主を放ち、武王は紂を伐ち、文王は羑里に拘わる。此の六子は、世の高しとする所なり。之を孰論するに、皆利を以て其の真を惑わして、強いて其の情性に反く。其の行乃ち甚だ羞ずべきなり。(『荘子』盜跖篇)

このように、『荘子』では、先秦の儒家系文献に見られない黄帝が筆頭となっている点に特色がある。次の天下篇にも同様に、黄帝、堯、舜、禹、湯、文、武という聖王の系譜が見られる。

黄帝に咸池有り、堯に大章有り、舜に大韶有り、禹に大夏有り、湯に大濩有り、文王に辟雍の楽有り、武王周公は武を作れり。古の喪礼は、貴賤に儀有り、上下に等有り。天子は棺槨七重、諸侯は五重、大夫は三重、士は再重。今墨子独り生きて歌わず、死して服せず、桐棺三寸にして槨无く、以て法式と為す。(『荘子』天下篇)

以上、伝世文献における古聖王の記載を確認してみたが、「堯舜」「舜禹」「堯舜禹」「堯舜禹湯文武」という聖王の系譜が前提となった記述が圧倒的に多いことが分かる[7]。では、やはり、『舉治王天下』のように、堯と禹とが直接の君臣関係に置かれ、問答をするという伝承は見られないのであろうか。そこで次に、近年発見された他の新出土文献について検討を進めてみよう。

四、新出土文献における古聖王伝承

まず郭店楚簡を取り上げる。一九九三年、湖北省荊門市郭店一号墓から出土し、一九九八年に『郭店楚墓竹簡』としてその全容が公開された郭店楚簡の中には、古聖王伝承に関わる資料がいくつか見られる。

天有り人有り、天人に分有り。天人の分を察すれば、行う所を知る。其の人有るも其の世亡《な》ければ、賢と雖も行われず、苟も其の世有れば、何の難きか之れ有らんや。舜は歴山に耕し、河の滸に陶拍するも、立ちて天子と為るは、堯に遇えばなり。（郭店楚簡『窮達以時』）

まず、この『窮達以時』は、『荀子』に先行する「天人の分」の思考が見られるものとして注目されているが、ここでは、舜が庶人から天子になれたのは、堯に遇ったからであると説かれている。人の窮達は「時」によるというのがその主旨であるが、ここには堯舜が君臣関係にあるものとして記述されている。

また、同じく郭店楚簡の『唐虞之道』では、聖王の禅譲が主題となっている。ここでは、堯から舜への禅譲は明記され高く評価される一方、舜から禹への禅譲には触れられず、禹についてはその治水事業が取り上げられるのみである。これは、禅譲を唯一の王位継承方法と考える『唐虞之道』独特の思考による。禅譲され、また禅譲した唯一の古聖王として舜を顕彰する一方、禅譲されながら、実子の啓に王位を世襲した禹には言及したくないという意図が働いているのである。

唐虞の道は、禅《ゆず》りて伝えず。堯舜の王たるや、天下を利して利とせざるなり。禅りて伝えざるは、聖の盛んなるなり。（郭店楚簡『唐虞之道』）

次も同じく、『唐虞之道』であるが、ここでも、「愛親尊賢」という点で、「堯舜」が顕彰されている。

堯舜の行いは、親を愛し賢を尊ぶなり。（郭店楚簡『唐虞之道』）

もっとも、『唐虞之道』も禹を顕彰しないわけではない。次の箇所では、舜の次に禹の治水事業を顕彰している。しかし、やはり舜から禹への禅譲については明確な言及がない。また、堯と禹との直接的関係も説かれていない。

親を愛し賢を尊ぶは、虞舜其の人なり。禹は水を治め、益は火を治め、后稷は土を治め、民を養うに足らしむるなり。（郭店楚簡『唐虞之道』）

そして、君臣関係が明記されるのは、やはり堯と舜である。以下の部分では、堯が舜を登用した理由を説明している。

古者、堯の舜を挙ぐるや、舜の孝なるを聞き、其の能く天下を養うを知ればなり。（郭店楚簡『唐虞之道』）

次に、郭店楚簡『緇衣』を取り上げよう。内容は、現行本『礼記』緇衣篇とほぼ同様であり、禹が登場する。(8) それによれば、禹の治世は三年で完成したが、それは、もともと民に仁があったからではないという。ここでは、禹は単独で登場し、堯や舜との関係には触れられない。

子曰く、禹立つこと三年にして、百姓仁を以て道びかるるも、豈に必ずしも仁を尽くさんや。（郭店楚簡『緇衣』）

次に、清華簡『良臣』を取り上げる。清華大学蔵戦国竹簡（略称「清華簡」）は、二〇一〇年に『清華大学蔵戦国竹簡（壹）』として公開が始まったが、『良臣』はその第三分冊（二〇一二年十二月刊行）に収録された文献である。

堯の相は舜、舜に禹有り、禹に伯夷有り、益有り、史皇有り、咎囚有り。（清華簡『良臣』）

『良臣』は、黄帝から説き始め、春秋時代の諸侯に至るまで、その「良臣」を列挙するという興味深い文献であるが、ここでは、堯の宰相が舜、舜の臣下が禹、と明記されている。

また、銀雀山漢墓竹簡にも関係資料が見られる。銀雀山漢墓竹簡は一九七二年に発見された後、一九八五年に『銀雀山漢墓竹簡（壹）』が刊行されたが、続編の公開が滞っていた。そして、二〇一〇年に『銀雀山漢墓竹簡（貳）』が刊行され、その中に「論政論兵之類」としてまとめられた五十篇の古逸文献が含まれていた。その一篇に「選卒」がある。

……禹は選卒万人を以て三苗に勝つ。湯は選卒七千人を以て桀を逐い、之が天下を奪う。武王は選卒虎賁三千人を以て牧の野に□、紂を殺し、之が天下を奪う。（『銀雀山漢墓竹簡（貳）』所収論政論兵之類「選卒」）

竹簡に残欠があり、禹の前にも類似の文があったかどうか未詳であるが、禹、湯、文、武の軍事行動が「選卒」（選抜した精鋭兵）による勝利であったことを説いている。

同じく『銀雀山漢墓竹簡（貳）』所収「論政論兵之類」の中に「君臣問答」がある。内容は、（一）堯與善巻・許由、（二）舜與牟成犳、（三）禹、の三節として整理されているが、竹簡の残欠が甚だしく釈読が困難である。但し、堯と善巻・許由との問答、舜と牟成犳との問答が記されていることは分かる。禹は誰との問答であるか不明である。

最後に、上博楚簡を取り上げる。まず、本章で注目している第九分冊所収『舉治王天下』は五篇からなる文献であるが、その内の「文王訪之於尚父舉治」篇にも古聖王の名が見える。竹簡の接続に未詳の部分があるが、文王と太公望（尚父）の問答に中に、「舜」「四帝二王」「黄帝」「堯」「湯」の名が見える。王の系譜については未詳であり、「禹」の名は見えない。

同じく上博楚簡の第九分冊に収録されている『史蒥問於夫子』も注目される。竹簡の断裂が大きく、読み取りにくい部分が多いが、次のように「禹湯」の統治を規範とすべきことが説かれている。

必危其邦家、則能貴於禹湯（必ず其の邦家を危うくすれば、則ち能く禹湯を貴べ）。（上博楚簡『史蒥問於夫子』第三簡）

次に、第二分冊所収の『容成氏』は、古代帝王「容成氏」から周の文王・武王に至るまでの王者の系譜を記しつつ、その王位継承のさまを論ずる文献である。ここでは、禅譲のみを王朝交代の理想として掲げていて、右の郭店楚簡『唐虞之道』と類似するが、『容成氏』は、堯舜禹だけではなく、容成氏から武王に至る中国の歴史全体を扱おうとする点に特色がある。そこに記述される堯舜禹自体の系譜は伝世文献とも合致する。堯は老衰により、舜に禅譲し、王位に就いた舜は、四人の賢人を登用する。その一人である禹は、司工に任ぜられ、治水事業を命じられる。その治水のさまは、『書経』禹貢に記述されるものとは異なるが、舜の下命によって禹が治水を敢行し、中国全土を治めたという大局には相違がない。そして、その業績と禹が賢人であることにより、舜が三顧の礼によって禹に禅譲したとされる。[9]

また、同第二分冊所収の『子羔』にも、子羔と孔子の問答の中に、「堯舜」と「三王」（禹・契・后稷）に関する記述が見える。「堯舜」部分では、禅譲に関する議論が見え、「三王」部分では、その父が卑しい身分であったにも関わらず天子となったことが話題とされている。前半の「堯舜」部分と後半の「三王」部分には強い連続性はないとされているが、ゆるやかな堯舜禹の系譜は確認できると言えよう。[10]

このように、郭店楚簡、上博楚簡、清華簡、銀雀山漢墓竹簡等に記された古聖王の記述を検討してきたが、いずれも、先に確認した伝世文献における聖王の系譜と基本的には矛盾しないことが分かる。「堯舜」あるいは「堯舜禹」という古聖王の系譜がこれらの文献にもうかがえることが確認されたのである。

それでは、堯と禹の問答を記す上博楚簡『舉治王天下』は、やはり異色の伝承と考えられるのだろうか。

五、堯と禹

そこで、改めて伝世文献の中に、『舉治王天下』の伝承と類似するものはないか、精査してみよう。すると、右の諸伝承と異なり、堯と禹とが君臣関係に置かれ、あるいは組み合わされて顕彰される場合があることに気づかされるのである。まず『荘子』の例を検討してみる。

昔者、堯は叢・快（膾）・胥敖を攻め、禹は有扈《ゆうこ》を攻む。国は虚厲と為り、身は刑戮と為る。其の兵を用いて止まず、其の実を求めて已むこと无ければなり。是れ皆名実を求むる者なり。（『荘子』人間世篇）

この人間世篇では、聖王による挙兵の例として、堯と禹とが組み合わされており、舜の名は見えない。但し、ほぼ同文を引く斉物論篇では、「昔者、堯は舜に問いて曰く、我は宗膾骨敖を伐たんと欲す。南面して釈然たらず。其の故何ぞや。舜曰く、……」と堯舜の問答となっていて、禹は登場しない。同一文献の中の同様の故事において堯禹か堯舜かに揺れが生じているのであるが、ともかく堯禹の組み合わせが見られる用例である。

次は『荀子』の記述で、「堯禹」として顕彰するものである。

以て身を修め自ら強《つと》むれば、則ち名は堯禹に配し、通に時《お》るに宜しく窮に処るにも利《よろ》し。礼は信に是れなり。（『荀子』修身篇）

ここでは、礼によって身を修め努力すれば、堯や禹にも並ぶことができ、窮達いずれにも対応できると説く。[11]

次も同じく「堯禹」として顕彰するものである。堯禹も、先天的に備わっていた者ではなく、旧態を改め作為的努力を尽くした後に完成した者であると説いている。[12]

堯禹なる者も、生まれながらにして具《そな》わる者に非ず。夫れ変故に起こり、脩為に成り、尽くすを待ちて而る後に備わる者なり。（『荀子』栄辱篇）

また、次も同じく「堯禹」として顕彰するものである。「学」によって人は向上し、「堯禹」にも並ぶことができると説く。

我賤よりして貴く、愚よりして智に、貧よりして富まんことを欲す。可ならんか。曰く、其れ唯だ学か。彼の学なる者は、之を行えば、曰ち士なり、焉を敦慕《つと》むれば、君子なり、之を知れば、聖人なり。上は聖人と為り、下は士君子と為るに、孰れか我を禁ぜんや。郷《さき》には混然たる涂《みち》の人なるに、俄かにして堯禹に並ぶ。豈に賤しきより貴きにあらざらんや。（『荀子』儒效篇）

同様に、「堯禹」を組み合わせて顕彰する例としては、更に次の用例が見られる。

此に物有り。居るときは則ち周静にして下きを致《きわ》め、動くときは則ち高きを綦《きわ》めて以て鉅（大）なり。円なる者は規に中り、方なる者は矩に中り、大なること天地にも参《なら》び、徳は堯禹より厚く、毫毛より精微にして、大寓（宇）に充盈す。（『荀子』賦篇）

天下の治まらざるは、孫卿の時に遇わざればなり。徳は堯禹の若くなるに、世 之を知るもの少なし。（『荀子』堯問篇）

前者は、「雲」の賦の中で、雲の徳の厚さを「堯禹」に喩えるものであり、後者は荀子の徳の厚さを「堯禹」に喩えるものである。

このように『荀子』では、「堯禹」の顕彰が比較的多く見られるのであるが、先に検討した通り、「堯舜」や「堯舜禹湯」といった組み合わせで語られることも多く、決して統一されているわけではない。そうした意味で、次の王覇篇の記述も注目される。

故に国を治むるに道有り、人主に職有り。……是くの若ければ則ち天下を一にして、名は堯禹にも配せん。（『荀子』王覇篇）

国を治める道（細々とした政務は小吏役人に任せること）と人主の職（有能な宰相を任用して群臣小役人たちを正道につかせること）を全うすれば、その名声は「堯禹」にも並ぶと説くものであるが、先に取り上げた同篇の「如是、則舜禹還至、王業還起、功壹天下、名配舜禹」では、類似の言い回しでありながら、当該箇所が「舜禹」となっている。これも、同一文献の中でやや揺れのある例である。

更に、次の性悪篇では、同一章の中に「堯舜」と「堯禹」とが混在している。

凡そ人の性なる者は、堯舜（禹）の桀跖に与《お》けるも、其の性は一なり。君子の小人に与けるも、其の性は一なり。今将に礼儀積偽を以て人の性と為さんか。然らば則ち有《ま》た曷《なん》ぞ堯禹を貴ばん。曷ぞ君子を貴ばん。（『荀子』性悪篇）

「堯舜の桀跖に与けるも」の部分には問題が指摘されており、金谷治『荀子』は、諸本には「堯舜」とあるが、下文よりすれば、「堯禹」の誤写であるとして、改めている。いずれにしても、同一章の中で、堯舜なのか堯禹なのか、少し揺れのある例である。

儒家系以外の文献では、先に『荘子』をあげたが、それ以外にも、堯禹の組み合わせは次のように見える。まずは、『鶡冠子』の用例で、聖王の討伐の例として、堯と禹とをあげる。ここに舜は出てこない。

堯は有唐を伐ち、禹は有苗を服す。（『鶡冠子』世兵篇）

同じく、舜が登場せず、堯と禹とが組み合わせられるものとして、『韓非子』の用例がある。

堯の天下に王たるや、茅茨《ぼうじ》翦《き》らず、采椽《さいてん》斲《けず》らず、糲粢《れいし》の食、藜藿《れいかく》の羹にして、冬日は麑裘《げいきゅう》、夏日は葛衣、監門の服養と雖も、此より虧けず。禹の天下に王たるや、身ずから耒臿《らいそう》を執りて以て民の先と為り、股《もも》に胈《はつ》無く、脛に毛を生ぜ

ず、臣虜の労と雖も此より苦しからず。(『韓非子』五蠹篇)

ここでは、天子の位を譲ったというのは、せいぜい門番の暮らしをやめ下僕や奴隷の労働から逃れたというまでで、天下を人に与えたからといって賞賛するまでのことはないと説く。「天下に王」となりながら、質素な暮らしをしていた者の代表として堯と禹をあげる。

また、成立年代は未詳であるが、次の『世本』にも、堯が禹に直接下命している例が見える。

堯　禹をして宮室を作らしむ。(『世本』(孫馮翼集本)作篇)

更に、時代は下るが、『史記』にも「堯禹」の例が見える。

故に申子「天下を有つも而して恣睢せず、之を命づけて天下を以て桎梏と為すと曰う」と曰う者は、他無し。督責する能わずして、顧みて其の身を以て天下の民に労すること、堯禹然の若し。故に之を「桎梏」と謂うなり。(『史記』李斯列伝)

ここでは、天下のために身を尽くして労働した聖王として「堯禹」をあげる。

また、次の太史公言では、事業を成功させられなかった堯が、禹を得てはじめて天下が安寧になったと説く。

太史公曰く、……堯　賢と雖も、事業を興して成らず、禹を得て九州寧らかなり。(『史記』匈奴列伝)

以上、伝世文献において「堯禹」の用例に注目してきたが、数は少ないながらも、確かにそうした用例は存在するのである。しかし、堯舜禹湯文武という聖王の系譜の印象が強すぎて、これまでその意味については充分に検討されてこなかった。また、舜がいるのになぜ舜を外して、堯禹という表現が成立するのかについても説得力のある説明がなかったように思われる。

こうした状況の中で、『擧治王天下』の発見は、古聖王伝承の研究に重要な示唆を与えるものと言えよう。『擧治王天下』

では、堯と禹とが直接君臣関係に置かれ、しかも堯と禹とが具体的な問答を交わしているのである。右の伝世文献で、「堯禹」と記述する場合にも、両者の具体的な会話を記すものはなかった。しかし、仮に『舉治王天下』のような伝承が当時一定の認知を得ていたとすれば、「堯禹」という表現を使うことにも、それほどの違和感がなかったのではないかと推測されるのである。

また、『舉治王天下』がこのような伝承を記す背景として、禹の治水事業の鮮烈な印象があったと考えられる。もともとは神話かもしれないが、禹は天下の洪水を治め、中国の地理的基礎を確定したとされる。その禹が堯の直接の臣下とされたのも、故なきことではない。一方、舜も偉大な聖王として伝えられており、現に『舉治王天下』にも「舜王天下」篇が存在している。しかし、微賤な身から堯に見いだされて天子の位に就いた舜には、親孝行で有徳な王という性格はあっても、諸伝承からは、禹ほどの絶大な業績があったようには見受けられない。こうしたことも、堯と禹とを直接結びつける大きな要因になったと推測される。

結　語

伝世文献や近年出土の多くの出土文献においては、「堯舜禹湯文武」という聖王の系譜、あるいは「堯舜」、「舜禹」という君臣関係を前提とする記述が圧倒的に多く見られた。ただ、その一方で、舜を介在させずに、堯と禹とが君臣関係に置かれたり、組み合わされたりする場合もあった。

仮に、「堯舜」「堯舜禹」「堯舜禹湯文武」という系譜を基にした記述を「堯舜」型の伝承と呼び、堯と禹とを直接組み合わせる伝承を「堯禹」型伝承と呼ぶことにすれば、本章で検討した状況は、どのように整理されるであろうか。それは、古代において、「堯舜」型の伝承が有力でありながらも、同時に「堯禹」型の伝承も併存していたという可能性である。(13)

そして、『舉治王天下』は、「堯禹」型の伝承が存在していたことを君臣問答によって具体的に示す貴重な資料であると思われる。恐らく、「堯舜禹」あるいは「堯舜禹湯文武」という聖王の系譜が整備される中で、「堯舜」型の伝承が有力になったと推測されるが、「堯禹」型伝承の痕跡として、伝世文献にも「堯禹」の顕彰や堯と禹との組み合わせ（つまり舜が出てこないもの）が見られたり、同一文献あるいは同一章の中で「堯舜」型と「堯禹」型の伝承が混在したりするのではないかと推測される。

これまでの神話研究でも指摘されるとおり、中国の古伝承は、かなりの合理化と整理を経て出来上がったものであり、「堯舜禹」あるいは「堯舜禹湯文武」という聖王の系譜が整備される以前には、より多様な型の伝承が併存していた可能性が想定される。(14)『舉治王天下』もそうした古伝承の存在を示すという意味で、極めて貴重な資料であると考えられる。

注

（1）前者の例としては、『荀子』成相篇があり、後者の例としては、『銀雀山漢墓竹簡（貳）』所収「論政論兵之類」の選卒篇がある。それぞれ詳細については、後述する。

（2）後述のように、郭店楚簡『緇衣』および『礼記』緇衣篇では「三年」とされている。

（3）文脈は多少異なるが、堯舜に関する同様の言い回しが、憲問篇にも次のように見える。「子路 君子を問う。子曰く、「己を修めて以て敬す」。曰く、「斯の如きのみか」。曰く、「己を修めて以て人を安んず」。曰く、「斯の如きのみか」。曰く、「己を修めて以て百姓を安んず。己を修めて以て百姓を安んずるは、堯舜も其れ猶諸を病めり」」。

（4）諸本はここを「禹舜」に作るが、時代順に合わない。金谷治『荀子』（岩波文庫）は、直後に「舜禹」とあるので、ここは誤倒であろうとする。

（5）『孟子』に見える禹の治水事業との関係で注目されるのは、ここで「堯舜」の世のことを「禹・皋陶」は「見て之を知」っていたとする点である。

（6）諸本、ここを「四帝兩王」に作るが、金谷治『荀子』は、劉師培の説に従い、「両帝四王」に改める。なお、上博楚簡『舉治王天下』の「文王訪之於尚父舉治」篇には、「四帝二王」の呼称が見えるので、「四帝兩王」という表現についても一概には否定できないと思われるが、残念ながらその内訳については未詳である。

（7）このように古聖王を組み合わせて顕彰する以外にも、もちろん、単独で、あるいは王と（王以外の）他の人物とを組み合わせて顕彰するものも見られる。禹を単独で顕彰するものとしては、『論語』泰伯篇の「子曰く、「禹は吾間然とすること無し。飲食を菲くして、孝を鬼神に致し、衣服を悪しくして、美を黻冕に致し、宮室を卑くして、力を溝洫に尽くす。禹は吾間然とすること無し」」がその代表であろう。

（8）現行本『礼記』緇衣篇は、「子曰、禹立三年、百姓以仁遂焉、豈必盡仁」に作る。

（9）『容成氏』の詳細については、曹峰・李承律『上海博物館蔵戦国楚竹書『昔者君老』『容成氏』（上）譯注』（上海博楚簡研究会編、二〇〇五年）、浅野裕一「『容成氏』における禅譲と放伐」（『竹簡が語る古代中国思想─上博楚簡研究─』（汲古書院、二〇〇五年）参照。

（10）この点の詳細については、福田哲之「上海博物館蔵戦国楚竹書『子羔』の再検討」（『中国研究集刊』第三十三号、二〇〇三年）参照。

（11）諸本では、「自強、則名」を「自名則」に作り、「強」字がない。金谷治『荀子』は、『韓詩外伝』一の引用に「自強則名」とあるのを指摘して改める。

（12）以下の「脩為」の語、諸本は「脩脩之為」に作るが、金谷治『荀子』は、兪樾の説（下文に「脩為」の語があり、また直前の「變故」と対応しているから）に従い、「脩之」の二字を削る。

（13）但し、ここに言う「堯禹」型とは、決して、堯が禹に禅譲した、などということを意味するのではない。王位の継承関係とは別に、あくまで、堯と禹とが連称され、あるいは直接問答をかわす伝承という意味で仮に使用している。また、堯舜禹の年齢差がそれほどなく、堯の治世下において舜も禹も同時に臣下として存在していたと意識されていたのであれば、「堯舜」型も「堯禹」型も、矛盾はせず、大局においては大きな違いはないとも言える。この点については、すでに注（5）においてその可能性を指摘しているが、更に、『説苑』君道篇は、「當堯之時、舜爲司徒、契爲司馬、禹爲司空」と、堯の治世下に舜と禹とが臣下として存在していたことを明記しており、注目される。

（14）なお、従来の神話研究において、堯・舜・禹に関する考察は、その原初的形態の追究が主体となっている。禹についても、その原初的形態（例えば水神）や治水事業の意味および鯀との関係に注目が集まっており、堯と禹との関係について検討した研究は見られない。詳細については、森三樹三郎『支那古代神話』（大雅堂、一九四四年）、御手洗勝『古代中国の神々』（創文社、一九八四年）、白川静『神話と経典』（『白川静著作集』第六巻、平凡社、一九九九年。初出は一九七六年）、袁珂『中国古代神話』（みすず書房、伊藤敬一ほか訳、一九七一年新版）など参照。

第四章　太姒の夢と文王の訓戒—清華簡「程寤」—

序言

二〇〇八年七月、清華大学が大量の竹簡を入手した。「清華簡」と略称された竹簡群は、第一次調査の結果、二千余枚からなる戦国時代の竹簡であることが判明する。近年公開され世界の注目を集めている竹簡の内、郭店楚墓竹簡（郭店楚簡）が約七〇〇枚、上海博物館蔵戦国楚竹書（上博楚簡）が一二〇〇枚。清華簡の分量はそれらをはるかにしのぐ。

竹簡の一部はカビが生えるなど劣化が見られたため、清華大学では、ただちに専門の工作室を設けて洗浄と保護にあたった。その作業が一段落した十月十四日、清華大学主催の竹簡鑑定会が行われ、中国国内の十一名の研究者が招かれた。古文字学研究の権威である裘錫圭氏をはじめ、出土文献研究に実績のある研究者たちが参加した。鑑定の結果、これらが間違いなく戦国時代の竹簡であるとの評価を得た。この段階で清華大学は、李学勤氏が清華簡の概要をメディアに公表し、大きな反響を呼んだ。特に、『尚書』『逸周書』に該当すると推測される文献があること、『竹書紀年』に類似した編年体の史書があることなどが注目された。

その後、清華大学では、清華簡の撮影作業に着手。その過程で、竹簡の総数が二三八八枚（残簡を含む）であることも確認された。

十二月、清華大学の委託により、北京大学でC14年代測定が行われた。その結果、清華簡の年代が紀元前三〇五年±三〇年であることが判明し、先の鑑定結果を裏づけた。清華簡も、郭店楚簡や上博楚簡と同じく、戦国時代中期の竹簡であることが科学的に証明されたのである[1]。

そして、二〇一〇年十二月、『清華大学蔵戦国竹簡［壹］』（清華大学出土文献研究中心与保護中心編、李学勤主編、中西書局）が刊行された。日本に輸入され、筆者がそれを入手したのは、二〇一一年一月二十六日であった。収録されたのは、『尹至』『尹誥』『程寤』『保訓』『耆夜』『周武王有疾周公所自以代王之志（金縢）』『皇門』『祭公之顧命（祭公）』『楚居』の九文献。

本章では、この内の「程寤」を取り上げ、その全体を釈読するとともに、その主題や思想史的意義、伝世文献との関係などについて初歩的な考察を加えてみたい。

一、「程寤」釈読

まず、書誌情報を記す。

「程寤」は、竹簡九枚。三道編綫。簡長四五㎝。篇題はなく、「程寤」とは、内容に基づいて編者が付けた仮題である[2]。清華簡の中には、竹簡背面中央に漢数字を記すものがあり、配列番号であると考えられるが、残念ながら、「程寤」には、この番号は記されていない。原釈文の担当者は清華大学の劉国忠氏である。

内容は、これまで『芸文類聚』『太平御覧』などに断片的に引かれていた『逸周書』程寤篇（古逸書）と思われる。詳細については後述するが、おおよそ次のようなものである。

周の文王の妻太姒が、商の朝廷の庭に棘が生え、太子発（後の周武王）が周の王庭の梓を取ってその間に植え、その梓がたちまち松柏棫柞に化したという夢を見た。それを受けて文王が、周の受命を察知するものの、まだ殷の力が強くて自身の存命中には殷を打倒できないことに思いを致し、後に天子となるべき発（武王）に対して、慎重に王朝交代の機を窺えと訓戒する、という内容であると考えられる。

なお、竹簡の配列については、背面に竹簡番号が記されていないため、原釈文は、文脈から推測して1~9の仮番号をつけて配列している。[3] 但し、すでに復旦大学出土文献与古文字研究中心研究生読書会（以下、復旦読書会と略称する）から、「1+2+3+4+5+7+6+8+9」に再編すべきだとの修正意見が提出されている。[4] ここでは、復旦読書会の意見を妥当として釈読した。

以下、原文、訓読、現代語訳、語注の順に記す。原文は、原釈文を基礎に、復旦読書会ほかの意見を参照して、最終的には筆者が確定したものである。【1】~【9】は竹簡番号。（ ）内の文字は原釈文で隷定された文字を読み換えたもの。①②などの丸数字は、筆者の付けた語注の番号である。

〈原文〉

隹（惟）王元祀貞（正）月既生魄①、大（太）姒夢見商廷隹②（生）棘③、廼小子發取周廷梓樹④于厥間、化爲松⑤柏棫⑥柞。【1】寤驚、告王。王弗敢占、詔太子發、俾靈⑦名凶祓。祝忻祓王、巫率祓太姒、宗丁祓太子發、敝（幣）告【2】宗方⑧（祊）社稷、祈于六末山川、攻于商⑨神望⑩承（烝）⑪、占于明堂。王及太子發並拜吉夢、受商命⑫【3】于皇⑬上帝。興、曰、「發、汝敬聽吉夢。朋棘𣪊（棄）⑭梓、松柏副、棫覆柞作、化爲雘⑮。嗚呼、何警非朋、何戒非【4】商、何用非樹、樹因欲、不違材。如天降疾、旨味既用、不可藥、時不遠。惟商慼在周、周慼在商。【5】擇用周、果拜不忍、綏用多福。惟梓敝不義。芃于商、俾行量亡乏。明明在向（尚）、惟容納棘、意（抑）【7】欲惟柏夢。徒⑯庶言、泄（肆）引（矧）又（有）、勿亡秋。明武畏、如棫柞亡根（榦）。嗚呼、敬哉。朕聞周⑰（至）長不貳、務【6】亡勿用、不忎⑱、思卑頄（柔）和川（順）、眚（生）民不災、褱（懷）允。嗚呼、何監非時、何務非和、何畏非文、何【8】保非道、何愛非身、何力非人、人謀彊、不可以藏。後戒、後戒、人用汝謀、愛⑲日不足」。【9】

〈訓読〉

惟れ王の元祀正月既生魄《きせいはく》、太姒 夢に商廷に棘生じ、廼《すなわ》ち小子発 周廷の梓を取りて厥《そ》の間に樹え、化して松柏棫柞《よくさく》と為るを見る。

寤めて驚き、王に告ぐ。王敢て占わず、太子発に詔げて、霊名をして凶祓せしむ。祝忻 王を祓い、巫率 太姒を祓い、宗丁 太子発を祓う。宗祊社稷に幣告し、六末山川に祈り、商神を攻《おさ》め、望、蒸し、明堂に占う。王及び太子発 並びて吉夢を拝し、商命を皇上帝より受く。

興きて曰く、「発よ、汝敬《つつし》みて吉夢に聴《したが》え。朋棘 梓松に棄てられ、梓松柏副《そ》い、棫覆い柞作《おこ》り、化して臒《かく》と為る。嗚呼、何をか警しむ、朋に非ずや。何をか戒しむ、商に非ずや。何をか用いる、樹に非ずや。樹は欲するところに因りて、材を違えず。如し天 疾を降すも、旨味既に用いらるれば、薬すべからず、時遠からず。惟れ商の慼《うれ》いは周に在り、周の慼いは商に在り。択びて周に用い、果拝して忍びず、綏《やす》んじ用いれば福多し。惟れ梓は不義を敝《やぶ》る。商に芃《さか》んなれば、行量をして乏《おか》す亡《な》からしむ。明明として尚《かみ》に在り、惟れ棘を容納するや、抑《そもそも》惟の柏夢を欲するや。徒庶言う、肆に長有せんとすれば、秋《みのり》亡きこと勿からしむと。武畏を明らかにするは、棫柞に幹亡きが如し。嗚呼、敬しまんや。朕聞く、至長にして貳《か》わらざるは、亡に務めて用いる勿ければ、簀《そこな》わず、卑柔和順を思えば、生民に災あらず、允《まこと》を懐《おも》うと。嗚呼、何をか監みる、時に非ずや。何をか務む、和に非ずや。何をか畏る、文に非ずや。何をか保つ、道に非ずや。何をか愛す、身に非ずや。何をか力《つと》む、人に非ずや。人謀彊《つと》むれば、以て蔵《かく》すべからず。後に戒め、後に戒めよ、人 汝が謀を用いれば、日の足らざるを愛《おし》め」。

〈現代語訳〉

（周の文）王（即位）の元年正月既生魄に、（文王の妻）太姒が、商の朝廷の庭一面に棘が生え、そこで太子の発（後の武帝）

が周の宮殿の庭の梓（の苗）を取ってその中央に植えたところ、たちまち松柏棫柞の木となった、という夢を見た。（太姒は）目覚めて驚き、王に告げた。王はすぐには夢占いをせず、太子の発に告げて、霊名に凶祓（不吉を払う儀式を）させた。祝忻が王を祓い、巫率が太姒を祓い、宗丁が太子発を祓った。宗廟社稷に幣告し（穀物を備えて祈り）、六末山川（天地四方と山川の神）に祈り、商神（殷の神）を祭祀し、望・烝の儀式を執り行い、明堂に占って吉夢の占断を得た。王と太子発は並んでその吉夢を拝し、（衰亡しかけている商に取って代わるよう）皇々たる上帝より命を受けた。

（文王は）立ち上がって言った、「発よ、慎んで吉夢に従いなさい。群生した棘が梓や松に棄てられ、梓松柏が寄り添い（成長し）、棫や柞が繁茂して丹塗り（の立派な材）になる。徒党に警戒しなければならぬ。商を戒めにしなければならぬ。樹（適切な人材）を用いなければならぬ。樹（人材）は用途を第一にすべきで、材を違えてはならぬ（適材適所が必要だ）。もし天が災いを降しているのに、美食をつくしているようであれば、手の施しようがなく、遠からず滅ぶだろう。商の憂いは周にあり、周の憂いは商にある。（商の憂いを）選んで周のために用い、（不要な人材は）我慢せずに果敢に除去し、（有用な人材を）安らかに用いれば福が多くなろう。そもそも梓は不義を破るものである。それが商に盛んに繁れば、人々の行動を誤らせることがなくなるであろう。（上帝は）堂々と上に在り、この棘を容認しているであろうか。それとも、この（松）柏の夢を願っているだろうか。庶民は言っている、肆中に長く物品を留めようとすれば、しっかりと実りを収穫しなければならない（周の長久を願うのなら、長期的展望による策略が必要だ）と。武力による恐怖をひけらかすのは、棫柞に幹がないようなものだ。ああ慎めよ。私は聞いている、永遠不変であるものは、滅亡の危機に対処して（不適切な人材を）用いることがないから、（人民を）そこなわず、穏和と従順を思うから、人民に災害はなく、（人民は）誠を思うようになると。時を鑑みなければならぬ。和に努めなければならぬ。文徳に畏れ慎まなければならぬ。道を保たなければならぬ。身を愛さなければならぬ。人に尽くさなければならぬ。人間の謀《はかりごと》は努めれば必ず現れるのだから、後々（周が殷を打倒して武王が天子となる時）まで充分に戒めよ。人はお前の計謀に従っていくのだから、時の不足を惜しまなければならぬ」。

〈語注〉

①既生魄……陰暦で月の二週目。既生霸に同じ。『書経』武成篇に「既生魄、庶邦冢君曁百工、受命于周」。王國維『観堂集林』芸林一・生霸死霸考に「余覧古器物銘、而得古之所以名日者凡四、……。二曰既生霸、謂自八、九日以降至十四、五日也」。

②隹（生）棘……原釈文が「隹」と隷定する文字、ここでは字形と伝世文献当該箇所の記述を重視して「生」に読む。

③棘……いばら。「荊棘」と熟し、困難や紛糾、小人や讒賊の比喩として使われる。『後漢書』馮異伝に「為吾披荊棘、當關中」。『楚辞』東方朔・七諫・怨思に「行明白而曰黒兮、荊棘聚而成林」。ここでは、上帝が殷に見切りを付け、殷の滅亡が迫っていることの象徴として使われている。

④梓……あずさ。良質な木材とされ、有用な人材の比喩として使われる。『書経』梓材篇に「若作梓材、既勤樸斲、惟其塗丹雘（梓材を作るに、既に樸斲《ぼくたく》を勤め、惟れ其れ丹雘《たんかく》を塗《おわ》るが若し）」。ここでは、母の夢の中で、発（後の武王）が群生する棘の中央に植えた木とされている。王権の象徴と推測される。

⑤松柏……まつとかしわ。長寿や堅い節操の比喩として使われる。『詩経』小雅・天保（臣下が君を祝福する詩）に「如松柏之茂、無不爾或承（松柏の茂れるが如く、爾《きみ》に承くる或《あ》らざるは無し）」。ここでは、発の植えた梓の苗が成長して変化した木とされているので、周王朝樹立の象徴として理解される。

⑥棫柞……棫（ヨク、くぬぎ）と柞（サク、たらのき）。「棫」は『爾雅』釈木に「棫、白桜」。郭璞注に「桜、小木叢生、有刺、實如耳璫、紫赤可啖」。「柞」は『説文』に「柞、柞木也」。「棫樸」は『詩経』大雅・文王之什の篇名。文王がよく臣下を登用するのを詠じたもの。賢人の多いことのたとえとしても使われる。ただ、「柞棫」の例は、『詩経』大雅・文王之什・緜に古公亶父（太王）の建国の様をうたい、「柞棫拔矣、行道兌矣。混夷駾矣、維其喙矣（柞棫抜たり、行道兌たり。混夷駾たり、維れ其れ喙《かい》たり）」とあり、また、皇矣に「帝省其山、柞棫斯拔、松柏斯兌。帝作邦作對、自大伯王季（帝

其の山を省《み》るに、柞棫斯に抜たり、松柏斯に兌たり。帝 邦を作《おこ》し對を作すに、大伯王季よりす)」とあって、『詩経』では、柞棫は茎や葉に刺のある木々で、抜かれるべきものとして登場することもある。しかし、ここでは、「松柏棫柞」はともに、発の植えた梓の苗が成長して変化した大木とされているので、やはり、周王朝樹立の象徴として理解される。

⑦霊名、祝忻、巫率、宗丁……いずれも祭祀官の官職名または人名であると推測されるが、詳細についてはよく分からない。

⑧宗祊……宗祀、宗廟。『左伝』襄公二十四年に「保姓受氏、以守宗祊」。

⑨商神……商（殷）の守護神。ここで文王が商神を祭祀するのは、当時まだ商の権勢が周を圧倒していたからだと思われる。文王は周の受命を確信しつつも、なお商神を尊重しているのである。

⑩望……周の山川をのぞんで柴をたき煙をあげて山川の神をまつる。またその祭り。「望祭」「望于山川」（『書経』舜典）。『太平御覧』巻第八十四・皇王部九・周文王引く『帝王世紀』によれば、この時、文王は「程」の地に棄てられていたという。そこから遠き山川をのぞんで神を祭ったという意味であろう。

⑪蒸……冬の大祭。収穫した物を盛大に供えることから。

⑫商命……商（殷）に嘗て降されていた天命。ここでは、それを文王が拝命したとあるので、商の命運が事実上尽きたことを示唆している。

⑬皇上帝……原釈文は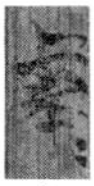を合文と見て「皇上帝」と釈読する。ここでもそれに従っておくが、後述の関係資料では、「皇天上帝」に作るものが多い。

⑭棄……原釈文は「㱿」に釈読し、『説文』を引いて「棄」の意とする。他に、隷定字の「戈」字を重視して「伐」に読む可能性もあろう。

⑮臒……丹塗りの立派な材。『書経』梓材篇に「若作梓材、既勤樸斲、惟其塗丹雘」。

⑯徒庶言、泄（肆）引（矧）又（有）、勿亡秋……難解な箇所である。ここでは、王寧「読清華簡《程寤》偶記一則」（復旦大学出土文献与古文字研究中心HP、二〇一一年一月二十八日）が「徒庶言、『泄（肆）矧（長）有、勿亡秋』」と釈読し、「文王引用庶民的俗語説、要想市肆上貨物長久充裕、就不能没有穫」と訳すのに従う。

⑰周（至）長不貳……原釈文は、『詩経』鹿鳴の伝に「周」を「長」と訓ずる例を指摘し、「至長不貳」と釈読する。

⑱忑……恭（そこなう、いむ、にくむ）の古字。

⑲愛日不足……『書経』周書・泰誓中に「我聞、吉人為善、惟日不足。凶人為不善、亦惟日不足」。

二、「程寤」の主題と思想史的意義

それでは、この文献の主題や思想史的意義はどのように考えられるであろうか。

まず、太姒の見たとされる夢自体については、後述のように、これまでも『潜夫論』や類書の断片的引用などによって知られてはいた。ただその記述は極めて簡略であった。これに対して、清華簡「程寤」では、この夢に周の文王がどのように対処したのか、また、発（後の武王）にどのような訓戒を述べたのかが詳細に記されている。

また、従来の資料でも、商庭に棘が蔓延ったこと、発（後の武王）がその間（中央）に植えた梓が松柏棫柞となったこと自体は記されていたが、その意味について解説したものはなかった。「程寤」では、その後の文王の言葉から、それぞれの樹木（植物）が次のような比喩になっていると理解される。

棘……商の末期的症状。王権が衰微し命運が尽きかけている様。

梓……商に代わって伸びゆく周の勢力。発が後に商を打倒し、天子となることの象徴。

松柏棫柞……商を圧倒して成長する周の未来。周王朝確立の象徴。

この夢を文王は、直ちには吉夢とは考えず、各種のお祓いや祭祀をしてから明堂において改めて夢占いに供している。これまでの資料では、このプロセスを説明するものはほとんどなかった。これは、夢の内容があまりにも重大であったために記す必要があったと思われるが、後の資料では、夢自体に注目が集まり、省略されたと推測される。

そして、その夢に対する占断の結果は「吉夢」であった。文王の元年に、商庭に棘が生え、発の植えた梓が棘を圧倒して大木に成長するというのは、殷の衰亡と周の受命を象徴するもので、周にとっては基本的には吉夢である。また、文王は発言の中でも、「如し天 疾を降すも、旨味既に用いらるれば、薬すべからず、時遠からず」とか、「明明として尚に在り、惟れ棘を容納するや」のように、商の衰退滅亡の可能性に言及している。

これが「程寤」の一つの主題であろう。従来の資料でも明らかなように、この夢は周の受命の象徴として捉えられるのである。

ただ、従来の資料には全く見られなかった文王の訓戒は、どのような意味を持つのであろうか。文王は、太姒の夢の内容の主体が発（武王）であることに思いを致した。この夢を見たのは太姒であり、文王自身ではない。また、夢の中に登場して重要な役割を果たすのは梓を植えた発なのである。すなわち、この夢は周の受命を象徴する吉夢ではあったが、文王自身の存命中には王朝交代が成し遂げられず、後の発によって周王朝が樹立されることを象徴していた。そのことに文王は気づいたのである。

事実、文王は、殷の末期に「西伯」として人望を集め勢力を拡大したが、讒言にあって羑里に幽閉され、その後、殷の紂王に多くの貢ぎ物を贈ってようやく幽囚を解かれるなど、苦汁の日々を送ったのち亡くなった。[5] 文王の存命中には、遂に王朝交代は果たせなかったのである。

ただ、「商の慼《うれ》いは周に在り、周の慼いは商に在り」と文王が言っているように、商の最大の憂いは周の勢力であった。周は商の権勢の前に雌伏を余儀なくされていたが、その商を打倒すべき最有力候補は、他ならぬ周だったのである。そこで文王は、発に対して、人材の選択を誤ってはならないこと、身を慎んで人民のために尽力しなければならないこと、殷打倒の「謀」（計画）が露見しないように慎重に事を進めること、などについて長々と訓戒したのである。[6] この点は、従来の資料からは全く窺い知られることのなかった内容である。

従って、この文献は、後の周王朝の為政者が、自らの受命（殷周革命）の正当性を主張するために制作したものと、まずは推測される。と同時に、文王の遠謀深慮を顕彰するために記したものと考えられる。文王は受命して王号を称しながら、その後、捕らえられて羑里に幽閉され、自らは殷王朝の打倒を果たせず、その意志を子の発に密かに訓戒したのであった。この訓戒の部分こそ、これまで伝えられてこなかった「程寤」の最大の特質なのである。[7]

更に、後世の儒家から見た場合、この文献は、やはり二つの意味で、大きな意義を有していたことになろう。一つは、儒家の理想とする周王朝が夢を媒介とする形でまさしく受命していたことを明らかにするという点である。

『書経』武成篇には殷周革命の記事が見える。牧野の戦における武王の軍事行動はすさまじかったと記されている。戦死者が膨大な数にのぼり、流血に盾が浮かんだというのである。こうした過激な武力行使は、周王朝を讃える儒家から見れば、一種のトラウマともなりかねない。そこで『孟子』は、紂王のような「不仁」者を有徳な武王が討つのに、なぜそのような過激な戦闘となろうかと反論し、「盡信書、則不如無書（尽く書を信ぜば、則ち書無きに如かず）」（尽心下篇）と述べて、歴史記述をすべて信用してはならないと弁解した。

従って、夢を媒介とする受命がすでにあったというのは、後世の儒家にとって、極めて都合のよい伝承となったであろう。武王による軍事的勝利は一つの結果に過ぎず、事実上の王朝交代はすでに文王の時に約束されていたことになるからである。

また、「堯舜禹湯文武」と連称される歴代聖王の中でも高く評価される文王が、自らは王朝交代を実現できないことを悟りながらも、来たるべき時に備えて発（武王）に密かに訓戒していた。こうした伝承は、文王の人徳と知謀を高く評価するものとして儒家に受け止められたであろう。

三、「程寤」の行方

しかし、「程寤」の内容は、その後、失われ、正しく伝えられてこなかった。そこで次に関係文献資料との比較を通して、「程寤」がその後どのように伝えられていったのかを整理し、また、そこから逆に、清華簡「程寤」の意義を改めて検討してみることにしよう。

まず、主な関係資料を、①～⑫まで列挙しておく。

①『潜夫論』夢列篇

且凡人道見瑞而修徳者、福必成、見瑞而縱恣者、福轉為禍。見妖而驕侮者、禍必成、見妖而戒懼者、禍轉為福。是故太姒有吉夢、文王不敢康吉、祀於群神、然後占於明堂、並拜吉夢。修省戒懼、聞喜若憂。故能成吉以有天下。

②『博物志』巻八

大姒夢見商之庭產棘、乃小子發取周庭梓樹、樹之闕間、梓化為松柏棫柞。覺驚、以告文王。文王曰、愼勿言。冬日之陽、夏日之陰、不召而萬物自來。天道尚左、日月西移、地道尚右、水潦東流。天不享于殷、自發之生於今十年、夷羊在牧、水潦東流、天下飛蝗滿野、命之在周、其信然乎。

③『芸文類聚』第七十九巻・霊異部下・夢

周書曰、大姒夢見商之庭產棘、太子發取周庭之梓樹於闕、梓化為松柏棫柞。寐覺、以告文王。文王乃召太子發、占之于明堂。王及太子發、並拜吉夢、受商之大命于皇天上帝。

④『芸文類聚』第八十八巻・木部上・松

周太似夢周梓化為松。

⑤『白氏六帖』夢

樹梓　周書、太姒夢見商之庭產棘、小子發取周庭之樹、梓化為松栢棫柞。驚寤、告文王。文王召太子、占之於明堂。王乃與太子發並拜吉夢、受商之大命於皇天。

⑥『太平御覧』巻第八十四・皇王部九・周文王

帝王世紀曰、文王昌龍顏虎肩、身長十尺、胷有四乳、晏朝不食、以延四方之士。文王合六州之諸侯以朝紂、紂以崇侯之讒而怒、諸侯請送文王、棄于程。十年正月、文王自商至程。太姒夢見商庭生棘、太子發取周庭之梓樹之于闕間、梓化為松栢柞棫。覺而驚、以告文王。文王不敢占、召太子發、命祝以幣告于宗廟群、神然後占之于明堂。及發並拜吉夢、遂作程寤。

⑦『太平御覽』巻第三百九十七・人事部三十八・吉夢上

周書曰、文王去商在程、正月既生魄、大姒夢見商之庭產棘、小子發取周庭之梓樹乎闕間、梓化為松柏棫柞。寤驚、以告文王。王及太子發並拜吉夢、受商之大命于皇天上帝。

⑧『太平御覽』巻第五百三十三・礼儀部十二・明堂

又程寤曰、文王在翟、太姒夢見商之庭產棘、小子發取周庭之梓樹於闕間、化為松柏棫柞。驚以告文王。文王曰召發于明堂、拜告（吉）夢受商之大命。

⑨『冊府元亀』巻二十一・帝王部・徵応

周文王父季曆之十年、飛龍盈於殷之牧野、此蓋聖人在下位將起之符也。及爲西伯、作邑于豐。文王之妃曰太姒、夢商庭生棘、太子發植梓樹於闕間、化爲松柏柞棫、以告文王。文王幣告羣臣、與發並拜吉夢。

⑩『冊府元亀』巻八百九十二・總録部・夢徴

周文王去商在程。正月既生魄、太姒夢見商之庭産棘、小子發取周庭之梓樹於門間、梓化爲松柏棫柞。寤驚、以告文王。文王及太子發並拜吉夢、受商之大命於皇天上帝。

⑪『詩経』大雅・文王之什・皇矣「居岐之陽」正義

周書稱、文王在程、作程寤・程典。

⑫『爾雅翼』巻十二

周之興、大姒夢見商之庭産棘、小子發取周庭梓樹、植之于闕間、梓化為松柏柞棫。覺驚、以告文王。文王曰、「勿言。冬日之陽、夏日之陰、不召而物自來」。以為宗周興王之道。

これらの資料は大同小異であるとも言えるが、それぞれ微妙な相違点があるので、以下では、いくつかの項目に分けて、その異同を整理しておきたい。

（一）樹木の変化について

まず、太姒の夢に登場する発が植えた梓であるが、この梓がどのように変化したのかという観点から、整理してみると次のようになる。

・梓↓（化）↓松柏（栢）棫柞　②⑤⑦⑧⑨⑩
・梓↓（化）↓松柏（栢）柞棫　⑥⑫
・梓↓（化）↓松　④
・具体的な樹木には言及せず　①

基本構造はほぼ同じであり、ほとんどの資料は梓が松柏（栢）棫柞に化したと記している。ただ、④の『芸文類聚』は「松」部に収録されたため、「柏棫柞」が夾雑物として意図的に排除されたと考えられる。類書特有の例外的な収録としておくべきであろう。(8) また、①の『潜夫論』は、樹木の名に言及しないが、これは、『潜夫論』の主旨が別のところにあったことを示唆していよう。この点については後述する。

(二)　夢見の後の展開について

次に、太姒がこの夢を見た後、文王がどのような行動をとったのか、という点から整理してみると次のようになる。

・太姒の夢↓（占わず）↓幣告など↓明堂に占う↓吉夢を拝し大命を受ける　⑥
・太姒の夢↓祭祀↓明堂に占う↓吉夢を拝す↓修徳に努めた結果天下を得た　①
・太姒の夢↓明堂に占う↓吉夢を拝し大命を受ける　③⑤⑧
・太姒の夢↓幣告↓吉夢を拝す（受命のことは記さず）⑨

・太姒の夢→吉夢を拝し大命を受ける　⑦⑩⑫

清華簡「程寤」に最も近いのは、⑥の『太平御覧』所引『帝王世紀』である。それ以外のものは、この型を基本にした簡略型であると考えられる。一方、やや異なるのは、やはり①の『潜夫論』である。ここに発（武王）は登場しない。吉夢を得た文王が修徳に努めた結果、天下を得た旨が記される。

（三）文王の言葉について

こうして吉夢を得た文王は、清華簡「程寤」では、発に対して訓戒を述べたことになっているが、他の資料ではどうであろうか。

・程寤の文言（文王の訓戒）なし　①③④⑤⑦⑧⑨⑩
・程寤を作ったことのみ記す（内容は記さず）　⑥⑪
・文王の発言が一部あるが、この清華簡「程寤」とは異なる　②⑫

このように、従来の資料からは、文王の発言の詳しい内容は全く知られることがなかった。②の『博物志』と⑫の『爾雅翼』では、「慎勿言（慎んで言うこと勿かれ）……」「勿言（言うこと勿かれ）……」という文王の言葉が記される。これは、文王が周の受命という夢の重大性に鑑みて、こうした夢を見たこと自体と王朝交代実現までの計謀とを厳重に秘匿せよと述べたものであろう。「程寤」における文王の訓戒の主旨に類似するが、やや簡略な発言となっている。従って、文王の訓戒の全容を知ることができるというのが、何にも増して、清華簡「程寤」の重要な意義なのである。(9)

結語

本章では、清華簡「程寤」について、その全体の釈読を行い、基礎的な考察を試みた。

程寤とは、殷の末期、程の地に追放されていた周の文王が、即位の元年、妻太姒の見た夢に鑑み、太子の発（後の武王）に訓戒するという内容である。

文王がこの夢を重く受けとめ、厳重な祭祀を経た後、占断に供した上で、長々と発（武王）に訓戒を述べたのは、文王自身ではなく、発が梓を植えて、それが大木に成長したという内容に注目したからであろう。この夢を文王は、殷の命運が尽きかけているものの、自身の存命中に王権の交代はまだなく、後の発によって周王朝が樹立されることの象徴と理解したのである。

そこで、殷の過ちを繰り返さないように、身を慎んで人民のために尽くし、慎重に計謀を進行させて殷を打倒して、周の王権を確立するよう発に訓戒したわけである。こうした文王の深謀遠慮のさまが、夢を媒介とする周の受命とともに、本文献の重要な主題となっている。

しかし、後の資料では、この「程寤」の大枠（太姒の夢の部分のみ）が伝えられるようになったため、後半の主題が分からなくなった。その結果、各種類書のように、この夢の部分だけを単に「吉夢」の例として記したり、『潜夫論』のように、吉夢を見ても身を慎まないと本当の福は得られないという道徳論として語ったりするようになってしまった。こうして「程寤」の真の主題は伝わらなくなったのである。

その他、主題からはやや外れるかもしれないが、この「程寤」には、思想史研究の視点から重要な特色がいくつも見いだせる。

まず、母（太姒）の見た夢を媒介として新王朝の受命が語られるのは、孔子生誕の伝承などと類似する。時代は下るが、

『聖蹟図』にまとめられた孔子生誕の伝承によれば、孔子は、そもそも母顔徴在が尼丘に祈って授かった子だとされている。また、孔子が生まれる前、麒麟がやってきて口から玉書を吐き、そこには「水精の子が、衰えた周を継いで素王となる（水精子繼衰周而素王）」と記されていた。そして、その十一ヶ月後に、孔子が生まれたのである。また、魯の襄公二十二年十一月、孔子が生まれる夕べ、二匹の龍が屋敷の上をめぐり、五人の老人（五星の精）が庭に降りてきた。そして、孔子を生んだ顔徴在の部屋には、天上の音楽が響いてきて、「天が感応して聖なる子を生む（天感生聖子）」という声が聞こえてきた。孔子には、通常の人とは異なる徴《しるし》が四十九箇所もあり、胸には「製作定世」という文字が記されていたという。このように孔子は不思議な出生譚をもって生まれたとされる。従って、後の儒家には、この「程寤」が周王朝の正当性を主張する伝承として捉えられたと同時に、孔子の生誕受命説話と重なって見えていた可能性も考えられる。

また、受命や王権の確立を樹木によって語るという宗教性も注目される。『史記』殷本紀によれば、殷の政道が衰えて、帝太戊が立ったとき、奇怪な現象が生じた。それは、桑と穀とがからみあって朝廷の庭に生じ、その日の夕方には両手で抱えるほどの大きさになったという事件である。そこで、帝太戊は恐れて宰相の伊陟にそのわけを問い、伊陟の諫言に従って徳を修めたところ、その怪木は枯れてなくなったという。(10) このように、樹木は王権の成長や衰微を象徴しているのである。清華簡「程寤」において、棘、梓、松柏棫柞などが重要な役割を果たしていることが改めて確認できるであろう。

更に、こうした内容を持つ「程寤」が『逸周書』の一篇であったとすれば、『逸周書』の成立や文献的性格を考える上で重要な手がかりとなろう。今回発見された清華簡は、前記のように、郭店楚簡・上博楚簡と同じく、戦国時代中期の竹簡（写本）であることが確認されている。とすれば、文献の成立自体は当然それより前、恐らくは戦国時代の前期以前ということになろう。このことは、『逸周書』の成立を直ちに戦国前期以前とする論拠にはならないとしても、その素材自体の成立は相当早かったことを示唆していると思われる。また、『逸周書』は一人一時期の著作ではなく、雑然とした編纂物だと評されることもあるが、仮にそうであったとしても、そこには一定の編集の意図があった可能性も考えられる。すなわち

「程寤」のように、周の受命という大事件や、文王の権謀術数と言ってもいいような智謀を顕彰する書であったという点も指摘できるであろう。

　このように、清華簡「程寤」は、これまで知られることのなかった重大な事実をいくつも我々に突きつけたのである。

注

（1）筆者を含む研究グループ「中国出土文献研究会」は、二〇〇九年九月、清華大学を訪問し、清華簡を実見する機会に恵まれた。その詳細については、本書第一部の序章参照。

（2）本文献が「程寤」と称される理由については、後述の『太平御覧』巻第八十四・皇王部九・周文王所引『帝王世紀』に詳しい。

（3）『清華大学蔵戦国竹簡［壹］』所収の文献の内、『尹至』『尹誥』『耆夜』『金縢』『皇門』『祭公』には、竹簡背面に漢数字の番号が記されている。これは竹簡の誤脱・錯簡を防ぐための配列番号であると思われる。現在、「次序編号」と称されている。

（4）「清華簡《程寤》簡序調整一則」（復旦大学出土文献与古文字研究中心HP、二〇一一年一月五日）

（5）『史記』周本紀に、「西伯曰文王、遵后稷・公劉之業、則古公・公季之法、篤仁、敬老、慈少。禮下賢者、日中不暇食以待士、士以此多歸之。伯夷・叔齊在孤竹、聞西伯善養老、盍往歸之。太顛・閎夭・散宜生・鬻子・辛甲大夫之徒皆往歸之。崇侯虎譖西伯於殷紂曰、「西伯積善累德、諸侯皆嚮之、將不利於帝」。帝紂乃囚西伯於羑里。閎夭之徒患之。乃求有莘氏美女、驪戎之文馬、有熊九駟、他奇怪物、因殷嬖臣費仲而獻之紂。紂大說、曰、「此一物足以釋西伯、況其多乎」。乃赦西伯、賜之弓矢斧鉞、使西伯得征伐。曰、「譖西伯者、崇侯虎也」。西伯乃獻洛西之地、以請紂去炮格之刑。紂許之。……西伯崩、太子發立、是為武王」。

（6）これを受けるかのように、武王の軍事行動は慎重に行われている。『史記』周本紀に「是時、諸侯不期而會盟津者八百諸侯。諸侯皆曰、「紂可伐矣」。武王曰、「女未知天命、未可也」。乃還師歸」と、一旦は挙兵を断念している。

（7）劉国柱『走近清華簡』（高等教育出版社、二〇一一年）は、古代における夢と占夢の重要性を強調し、この夢が文王の即位元年時点における受命を意味していると説く。しかしながら、これに続く文王の訓戒部分については詳しい分析を行っていない。また、『書経』酒誥の内容を指摘し、殷滅亡の原因が過度の飲酒にあったとするが、この「程寤」で文王が訓戒しているのは、飲酒ではない。もっとも、「何をか戒しむ、商に非ずや」という言葉の中にそれが示唆されていたとも取れる。しかし、文王が太子発に訓戒したのは、殷の前轍を踏むなという以上に、殷討伐の陰謀を察知されないように慎重に事を運べということであった。

（8）類書に文章が引用される際、その部門・項目に関係がない語句が夾雑物として排除されるという現象については、拙著『故事成語の誕生と変容』（角川叢書、二〇一〇年）参照。

（9）但し、伝世文献の記述②⑫の文王の発言部分が清華簡と若干異なる点は、「程寤」の伝承過程が今少し複雑だった可能性をも示唆していよう。つまり、「程寤」の伝承は、先秦時代には複数あり、必ずしも清華簡「程寤」のような内容だけが唯一のものとして存在していたわけではないという可能性である。しかしいずれにしても、清華簡「程寤」に見えるような文王の詳細な訓戒は、その後失われてしまったのである。

（10）「帝太戊立伊陟為相。亳有祥桑穀共生於朝、一暮大拱。帝太戊懼、問伊陟。伊陟曰、「臣聞妖不勝徳、帝之政其有闕與。帝其修徳」。太戊従之、而祥桑枯死而去」（『史記』殷本紀）。

第二部　王者の記録と教戒——楚王故事研究——

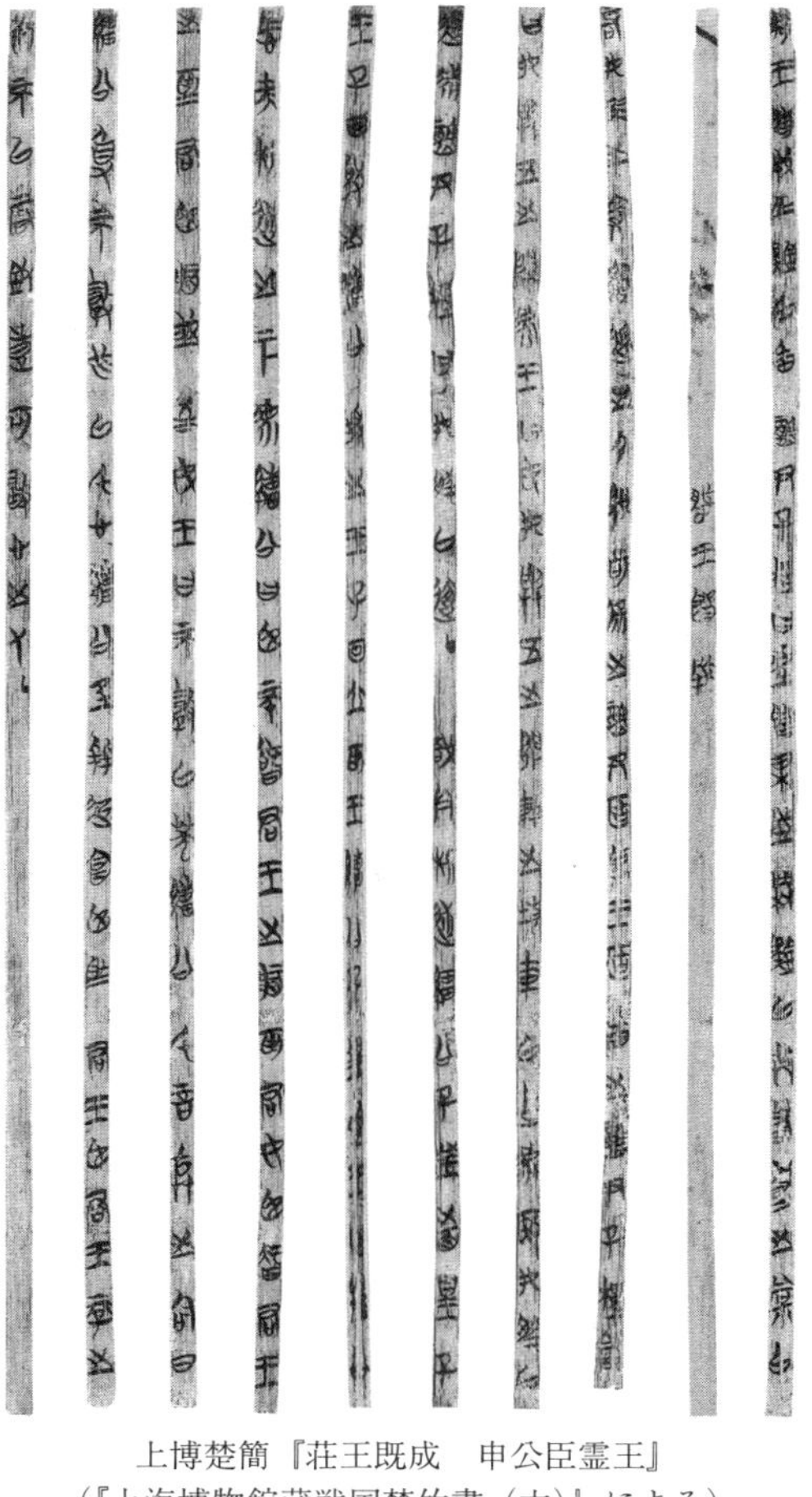

上博楚簡『荘王既成　申公臣霊王』
（『上海博物館蔵戦国楚竹書（六）』による）

序　章　上博楚簡と楚王の故事

諸子百家が登場する以前、古代中国にはどのような文献があったのか。孔子を師とする儒家集団は、教科書として『詩』『書』を学んでいたという。儒家の論敵であった墨家も、この点だけは同様であった。

『詩』は、周王朝の採詩官が諸国をまわって集めた各国の「風」の詩、および王朝の祭礼の際に歌われた「雅」、そして先祖の徳を讃える「頌」、の三部からなる。『書』も、古代聖王堯舜をはじめとする王の言葉が記されている。諸子百家の時代には、これらが貴族の必読書となっていた。

また、春秋各国の史官は、その国の歴史を『春秋』としてまとめていた。これらはのちに、『易』『礼』『楽』とともに、儒家の経典となった。いずれも、その編纂に孔子が関与したという伝説が加えられていったためである。

では、諸子百家の時代以前、これらの他には、文献はなかったのであろうか。この問いに答えてくれるのが、近年の出土文献である。『詩』『書』以外にも、さまざまな形で古代文献が存在したことを新資料は語っている。特に、上博楚簡の中には、春秋時代の楚国の書が多数含まれていた。これらは、当時の楚の歴史を説話の形式で記述することによって、王や王子のあるべき姿を説いている。そこで、以下では、楚の歴代の王や太子の内、荘王、霊王、王子木（平王の太子）、昭王に関わる文献を順次取り上げ、検討を加えてみることとしたい。

なお、この内、第一章、第二章、第四章は、それぞれ「上博楚簡『荘王既成』の「予言」」「太子の「知」―上博楚簡『平王與王子木』―」「上博楚簡『平王問鄭壽』における諫言と予言」と題して、『竹簡が語る古代中国思想（二）―上博楚簡研究―』（浅野裕一編、汲古書院・汲古選書、二〇〇八年九月）に掲載し、第五章は「父母の合葬―『昭王毀室』―」と題して、『上博楚簡研究』（湯浅邦弘編著、汲古書院、二〇〇七年五月）に掲載し、第六章は、同名のタイトルで『竹簡が語る古代中国思想

(三)　―上博楚簡研究―』（浅野裕一編、汲古書院・汲古選書、二〇一〇年三月）に掲載している。
ただ、その後の研究の進展により、一部修正を加える必要が出てきた箇所もあり、また、これらを「王者の記録と教戒―楚王故事研究―」というまとまりとして一括掲載することには一定の意味があろうと考えた。無論、論旨を大幅に変更した箇所はないが、ここに、それぞれ若干の修訂を加えた上で、再編提示する次第である。

第一章　『荘王既成』の「予言」

序　言

『上海博物館蔵戦国楚竹書』第六分冊（馬承源主編、上海古籍出版社、二〇〇七年七月）には、春秋期における楚国の王や太子に関わる文献が複数収録されている。本章では、その内の『荘王既成』を取り上げ、全体を解読した上で、文献の基本的性格と著作意図とについて考察を加えてみたい。

初めに、『上海博物館蔵戦国楚竹書』第六分冊の説明に従い、『荘王既成』の竹簡形制を掲げておく。『荘王既成』は、『申公臣霊王』と同冊で計九簡。第四簡の墨鉤を境に、前が『荘王既成』、後が『申公臣霊王』である（第二部の扉参照）。

簡長は三三・一～三三・八cm。幅は〇・六cm。厚さは〇・一二cm。すべて完簡。簡端は平斉。両道編綫。右契口。簡頭から上契口までは八・九～九・五cm。上契口から下契口までは一五cm。下契口から簡末までは九・二～九・三cm。満写簡で、上下に留白はない。

字数は、第三簡までは各二十六字。第四簡墨釘までは十一字で、計九十三字。第一簡背面に、篇題と思われる「荘王既成」の四字がある。

一、『荘王既成』釈読

まず、『荘王既成』の原文、書き下し文、現代語訳を掲げる。なお、ここに言う原文とは、『上海博物館蔵戦国楚竹書』第六分冊の原釈文（担当は陳佩芬氏）を基に、諸氏の見解を参考にしつつ、最終的に筆者が確定したものである。文字の認定・釈読に問題があるものについては、後の語注で解説を加える。また、01・02などの数字は竹簡番号、「ㇾ」は墨鉤を表す。

01荘王既成無射、以問沈尹子桱曰、「吾既果成無射、以供春秋嘗、以02待四鄰之賓、吾後之人、幾何保之」。沈尹固辭、王固問之、沈尹子桱答03曰、「四與五之間乎」。王曰、「如四與五之間、載之傳車以上乎。抑四舸以04逾乎」。沈尹子桱曰、「四舸以逾」ㇾ。

荘王既に無射《ぶえき》を成し、以て沈尹《しんいん》子桱《しけい》に問いて曰く、「吾れ既に果《よ》く無射を成し、以て春秋の嘗に供し、以て四隣の賓を待す。吾が後の人、幾何《いくばく》か之を保たん」。沈尹固く辞するも、王固く之を問えば、沈尹子桱答えて曰く、「四と五との間ならんか」。王曰く、「如し四と五との間ならば、之を伝車に載せて以て上《のぼ》さんか。抑も四舸以て逾《くだ》さんか」。沈尹子桱曰く、「四舸以て逾さん」。

楚の荘王は十二律の一つである無射の大鐘を鋳造し、沈尹の子桱に問うて言った。「私はすでに無射を完成させ、その大鐘を祖先の祭りに供し、またその大鐘で周辺諸国からの賓客をもてなした。では、私の後の楚王は、この鐘をいつまで保つことができるであろうか」。沈尹は答えを固辞したが、王が強く問うたので、次のように答えた。「四代目と五代目の間くらいでしょうか」。王は、「もし四代目と五代目の間くらいだとすれば、それは、無射を駅車によって中原の国に持ち去られることを意味するのか。それとも、四艘仕立ての大船によって長江下流の国に持ち去られることを意味するのか」。沈尹子桱は言った。「四艘仕立ての大船によって長江下流の国に持ち去られるでしょう」。

語注を加えておこう(1)。

「荘王」は、春秋時代の楚王。在位は前六一三～前五九一年。「三年不蜚不鳴」（『史記』楚世家）の後、諸国を次々に平定、周の定王に鼎の軽重を問い、春秋の五覇となった。謚で記されていることから、この文献の筆写時期は、荘王の没後であることが分かる。

「無射」について、原釈文は「無矢（敵）」と読む。恐らく、篇題が「荘王既成」の四字であることに鑑み、「荘王既に成り、敵する無し」と解釈したのであろう。しかし、そう読むと、直前の「成」の目的語がなくなり、また、後文の「載」が何を載せるのかが分からなくなる。篇題は必ずしも句の区切りを示すものではない。例えば、本篇と同じく『上海博物館蔵戦国楚竹書』第六分冊に収録されている『慎子曰恭倹』は、確かに、第三簡背面に「慎子曰恭倹」とあるが、これは便宜上冒頭の五字をとったもので、文意としては、以下に続いている。「曰」の指す内容は「恭倹」の二字だけではない。

これに対して、陳偉は、「無鐸」と読んだ上で、「鐸」は「射」の通仮字であり、曾侯乙編鐘銘文中にも、「無射」を「無鐸」「無睪」と記す例があると指摘する。ここは、陳偉説に従い、無射《ぶえき》という大鐘（音階の十二律の一つ）を鋳たことを指すと考えておきたい。なお、陳偉氏が指摘するとおり、無射は周の景王が鋳たという故事（『左伝』昭公二十一年、『国語』周語下）で著名である。

「沈尹子桱」の「沈」字、原釈文の隷定は盬であるが、同時に、原釈文は、『呂氏春秋』に記載される「沈尹莖」と推測する。確かに、『呂氏春秋』不苟論賛能篇には、荘王を覇者に押し上げた功労者として沈尹莖を高く評価する言葉が記され

ている。(2)

「果成」について、原釈文は「果城（成）」と隷定した上で、「果」字については、『孟子』梁恵王篇に「君走、以不果來也」、その趙岐注に「果、能也」とあるのを指摘する。

「春秋之嘗」の「嘗」は、その年新しくとれた穀物を祖先の霊に供える祭り。「嘗烝」（『礼記』王制篇）は、天子や諸侯が祖先の霊をまつるために行う祭り。秋に行うのが嘗、冬に行うのが烝。「供春秋之嘗」とは、完成した無射の鐘を、祖先の霊をまつるための祭礼に使用した、との意であると考えられる。

「待四鄰之賓」、原釈文は「侍四鄰之賞」と釈読する。恐らく、四方の隣国からの賞（賛）を奉る、の意に取ったものと思われるが、やや意味が通りにくい。ここでは、「待」は何有祖・李学勤・沈培に従い、「賓」は蘇建洲に従って読み、周辺諸国からの賓客を歓待するための宴席に無射を披露したとの意であると考えたい。上句とともに、「以～～」「以～～」という対構造になっているので、荘王が無射の完成を喜び、さっそく使用したことを二句に分けて述べていると思われる。

「吾後之人」の「吾」字は文意により補った。もともとは竹簡が不鮮明のため判読できない字である。陳偉は「吾」、凡国棟は「朕」に読む。いずれにしても、荘王以後の人（王）の意であろう。

「幾何保之」について、原釈文は、「豈可保之」に釈読するが、ここを反語に読むと、以下の答えが不自然となる。ここは、陳偉が「幾何」と疑問に読むのが良いであろう。

「四與五之間」は、本篇の主題に関わる文言である。原釈文は、『周易』習坎䷜の文意を援用するが、意味が取れない。ここは、荘王以後、四～五代で現状の隆盛を保持できなくなり、完成した大鐘（無射）を手放すことになるとの予言を述べた箇所であると推測される。ちなみに、荘王以後の歴代楚王は次の通りである。なお、陳偉、董珊、凡国棟なども、「四、五」を楚王の世代数と取っている。

〈王名〉	〈在位年〉
荘王	前六一三～五九一
共王（荘王の子）	前五九〇～五六〇
康王（共王の子）	前五五九～五四五
郟敖（康王の子）	前五四四～五四一
霊王（公子囲、康王の弟）	前五四〇～五二九
訾敖（公子比、康王の弟）	前五二九
平王（棄疾、康王の弟）	前五二八～五一六
昭王（平王の子）	前五一五～四八九
恵王（昭王の子）	前四八八～四三二
簡王（恵王の子）	前四三一～四〇八

「載之傳車以上乎」は、四、五代後に大鐘（無射）を奪われるとすれば、それは、伝車（駅車）によって持ち去られるのか、つまり楚は中原の国によって滅亡の危機に晒されるのか、の意であると思われる。

「抑」字、原釈文は「殹」に隷定した上で、「也」と読み替え、「繄《えい》」（語助詞）の意に解するが、句の冒頭にこの字がくるのはやや唐突である。ここでは、凡国陳が「噫」または「抑」とするのに従った。前句と後句とを繋ぐ助辞。それとも、の意であろう。

「四舸以逾乎」、原釈文は「四朕（軻）以逾乎」と釈読するが、原釈文の注釈では「朕」は「舸」の古文であるとし、『方言』に「南楚江湘、凡船大者謂之舸」とあるのを指摘する。四、五代後に無射を奪われるとすれば、それは、大船によって持ち去られるのか、つまり長江流域の国によって滅亡の危機に晒されるのか、の意であろう。

これは、楚昭王十年（前五〇六）の呉師入郢に関わる予言である。楚は、昭王十年に、呉王闔閭の軍隊によって都の郢を抜かれ、遷都を余儀なくされている。陳偉は、『淮南子』泰族訓に「闔閭伐楚、五戰入郢、燒高府之粟、破九龍之鐘、鞭荊平王之墓、舍昭王之宮」とあるのを指摘する。

また、「逾」字について、原釈文は、『說文』に「進」とあり、『尚書』に「越」の意があることを指摘するが、陳偉は他の簡帛および『国語』呉語に「下」と訓ずる例があるとし、「順水而下」の意であると説く。前句の「載之傳車以上乎」の「上」字との対応を考慮すれば、「下」の意とするのが良いであろう。

二、「無射」と予言

次に、本篇の主題と著作意図について考察してみよう。本篇を理解するための重要な比較材料として注目されるのは、『国語』周語下に見える景王の故事である。

周の景王（在位は前五四四～前五二〇）は、在位二十一年（前五二四年）に「大銭」（大型貨幣）を鋳造しようとした。王の卿士の単穆公は、民の財貨を奪って災害を増やすことになりますと諫めたが、王は聴かず、大銭の鋳造に踏み切った[3]。そして景王は、その二年後、今度は、十二律の一つである無射の大鐘を鋳造しようとした[4]。これに対して、単穆公は、「三年の中にして、民を離すの器二有り。国其れ危うきかな」と再び諫めた。二年前の「大銭」の一件に続いて、民心の離反を招くような行為は、国家の危機につながるというのである[5]。

そこで景王は、楽官の伶州鳩に問うたが、伶州鳩は、音楽理論の上からも弊害があるとして無射の鋳造に難色を示した[6]。しかし景王は、結局、無射を鋳た。二十四年に鐘は完成して、鐘声は一旦調和したが、伶州鳩の「今三年の中に、害金再び興る。一の廃れんことを懼る」との予言通り、二十五年、王は崩御して、鐘声は調和しなくなった。[7]

なお、『左伝』昭公二十一年では、この伶州鳩の言は、より明快な王の死の予言となっている。

> 二十一年、春、天王將鑄無射。泠州鳩曰、王其以心疾死乎。夫樂、天子之職也。夫音、樂之輿也。而鐘、音之器也。天子省風以作樂、器以鐘之、輿以行之。小者不窕、大者不槬、則和於物、物和則嘉成。故和聲入於耳而藏於心、心億則樂。窕則不咸、槬則不容、心是以感、感實生疾。今鐘槬矣。王心弗堪、其能久乎。（二十一年、春、天王将に無射を鋳んとす。泠州鳩曰く、王其れ心疾を以て死せんか。夫れ楽は、天子の職なり。夫れ音は、楽の輿なり。而して鐘は、音の器なり。天子風を省みて以て楽を作り、器以て之を鐘《あつ》め、輿以て之を行う。小なる者は窕ならず、大なる者は槬ならず、則ち物に和し、物和すれば則ち嘉成る。故に和声耳に入りて心に蔵し、心億せば則ち楽しむ。窕なれば則ち咸《み》たず、槬なれば則ち容れず、心是を以て感じ、感ずれば実に疾を生ず。今鐘槬なり。王の心堪えず、其れ能く久しかんや。）

昭公二十一年（前五二一）、伶州鳩は、無射を鋳造した景王が心臓の病で死去すると予言する。それは、調和した音楽が耳から入って心臓に届き、心臓が安んじれば楽しくなるのに対し、無射のような響きすぎる粗大な音は心臓を動揺させ、動揺が病気を引き起こすからであるという。果たして、景王は、その翌年、心臓病でなくなったとされる。

さて、この景王の故事で、無射の鋳造は二つの点から不吉であったとされている。一つは、財政の圧迫である。大鐘の鋳造には莫大な経費が必要となり、国家の経済を圧迫する。二十一年の「大銭」の鋳造に続いて、無射の大鐘を鋳ることは、経済を破綻させ、民心を離反させる失策だとされているのである。

今ひとつは、音楽理論上の問題である。景王は、「将に無射を鋳て、之が大林を為らんとす」、すなわち、無射の大鐘を鋳て、更にその覆いとして大林の大鐘を作ろうとした。[8] 単穆公や伶州鳩の説明によれば、無射は陽声の細音、大林は陰声の大音であり、これでは両者が相犯して聞こえなくなるという。[9]

伶州鳩は結論として、「今、細は其の主に過ぎて正を妨げ、物を用いること度に過ぎて財を妨げ、正害《そこな》われ財匱しく楽を妨ぐ」と諫言する。[10]この言が端的に示すとおり、無射の鋳造は「財」と「楽」との両面から否定されるべき愚行だったのである。

それでは、この故事を念頭に置いて、『荘王既成』を振り返ってみよう。荘王は無射を鋳造し、沈尹子桱に、「吾れ既に果く無射を成し、以て春秋の嘗に供し、四隣の賓を待す。吾が後の人、幾何か之を保たん」と聞いている。質問の意味自体は明快であるが、ここは、話の作りとして、やや強引であるようにも思われる。なぜなら、荘王は無射を鋳て、さっそくそれを祭祀や宴席に使いながら、一方で、それがいつまで保持できるのかと質問しているからである。得意の心情と一抹の不安とが交錯した言動となっている。これは、次の沈尹子桱の言を導くためにどうしても必要な仕掛けだったのであろうが、やや不自然な印象も残る。

ともあれ、この下問に対して、沈尹子桱は答えを一旦固辞する。不吉な回答となることが分かっていたからである。しかし王は答えを強要する。そこで仕方なく子桱は答える。「四と五との間ならんか」と。すなわち、荘王以後、四～五代で現状の隆盛を保持できなくなり、完成した大鐘（無射）を手放すことになろうとの予言である。荘王以後、四～五代と言えば、ちょうど楚が危機を迎える平王・昭王の代を指す。[11]昭王十年（前五〇六）、呉王闔閭の侵攻により、国都の郢が陥落したのは、その最たる出来事であろう。伍子胥によって平王の墓が暴かれたのも、この時のことである。

この言に対する王の反応は、不思議なことに、拒絶や反撥ではなく、その予言の詳細説明を促す役目を果たしている。すなわち、四、五代後に大鐘（無射）を奪われるとすれば、それは、伝車（駅車）によって持ち去られるのか、つまり楚は中原の国によって滅亡の危機に晒されるのか、それとも、大船によって持ち去られるのか、つまり長江流域の国によって滅亡の危機に晒されるのか、という質問である。『荘王既成』は、これに対する沈尹子桱の答え、すなわち、「四舸以て逾さん」という言葉で終結している。

このように、『荘王既成』では、荘王による無射の鋳造と沈尹の不吉な予言とが対応関係にある。無射の鋳造がなぜ不吉なのかの説明は全くなされていないが、この背景には、当然、『国語』周語や『左伝』昭公二十一年に解説されたような意識が存在するのであろう。つまり、「財」と「楽」との両面から、無射の鋳造は不吉なのである。沈尹子桱はそのことが分かっていたから答えを固辞した、とされているのである。

三、『荘王既成』の成立

それでは、この文献はいつ、どのような目的で著作されたのであろうか。『荘王既成』は、これに続く『申公臣霊王』と同冊の竹簡に記されていた。従って、その文献的性格については、両者を総合的に検討する必要があるが、少なくとも、楚の王に関する故事を墨鉤で区切って連続的に筆写したもの、とは言えるであろう。詳細については次章で検討することとし、ここではとりあえず、『荘王既成』に限定して、考察を進めてみたい。

まず、『荘王既成』の成立の上限は、荘王の在位年である紀元前六一三～五九一年である。一方、下限は、上博楚簡の筆写時期とされる戦国時代中期（紀元前三百年頃）である。では、『荘王既成』の成立は、この間のどの辺りに該当するであろうか。この問題は、沈尹子桱の予言をどのように捉えるかにかかっているであろう。つまり、こうした予言が実際に荘王の時代になされたと考えるか、それとも、後世、楚が滅亡の危機に瀕したのを受けて作られたと考えるかである。

まず、初めの荘王の問い「吾が後の人、幾何か之を保たん」までは、荘王期の実録として考えることも、一応は可能であろう。しかし次の「之を伝車に載せて以て上さんか。抑も四舸以て逾さんか」という荘王の問いはどうであろうか。これは、中原の国と長江流域の国との二つの脅威を前提にした発言である。

確かに、当時、中原の覇者であった晋は、楚にとって大きな脅威であった。荘王の時代には、邲の大戦（前五九七年）を経験している。[12] しかし、長江流域の呉の軍事的脅威が顕在化するのは、「呉始伐楚」（『左伝』成公七年）とある前五八四年以降である。これは、楚の荘王期ではなく、次の共王以降の時代に当たる。もちろん、隣接する大国は、その存在自体が潜在的脅威となるわけであるが、この荘王期において、晋と呉とを並列して、その脅威を語らねばならぬ必然性は、まだ稀薄であったと言えよう。楚が呉の脅威に晒されるのは、後の昭王の時代である。

そうした時代の雰囲気を伝える説話が『説苑』権謀篇に収録されている。

晉人已勝智氏、歸而繕甲砥兵。楚王恐、召梁公弘曰、「晉人已勝智氏矣。歸而繕甲兵。其以我爲事乎」。梁公曰、「不患、害其在呉乎。夫呉君恤民而同其勞、使其民重上之令、而人輕其死以從上使。如虜之戰、臣登山以望之、見其用百姓之信必也。勿已乎。其備之若何」。不聽、明年、闔廬襲郢。（晋人已に智氏に勝ち、帰りて甲を繕《つくろ》い兵を砥く。楚王恐れ、梁公弘を召して曰く、「晋人已に智氏に勝つ。帰りて甲兵を繕う。其れ我を以て事を為さんか」。梁公曰く、「患えざれ、害は其れ呉に在り。夫れ呉君は民を恤みて其の労を同じくし、其の民をして上の令を重んぜしめ、而して人も其の死を軽んじて以て上使に従う。如虜の戦、臣山に登りて以て之を望み、其の百姓の信を用いること必なるを見る。已む勿かれ。其の之に備うること若何」。聴かず、明年、闔廬郢を襲う。）

ここでは、楚の昭王が、晋の侵攻を恐れているのに対して、臣下の梁公弘は、むしろ脅威となるのは呉であり、呉に対してこそ防備を進める必要があるでしょうと進言している。[13] この説話では、結局昭王は、梁公弘の進言を受け入れず、その翌年、呉王闔閭による郢の襲撃を招いたとされている。このように、楚にとって、晋と呉との脅威がほぼ並列的に語られるのは、昭王期であったことが分かる。

では、昭王期以降の成立の可能性は、どの辺りまで想定されるであろうか。楚は昭王十年とその翌々年、二度にわたって国都郢を呉に奪われるが、すぐに奪還している。それは、呉が越との抗争に入り、対楚戦への余裕を失ったからである。その後、呉は越との長期戦を経て、前四七三年に滅亡し、楚に併呑される。一方、晋も、前四五三年に有力貴族韓・魏・趙の三氏に実権を掌握され、三分裂の状態となる。戦国時代に入ると、いわゆる七雄割拠の形勢となり、楚の最大の軍事的脅威は西方の秦となる。

とすれば、晋と呉とを二つの脅威として並列的に語り得る時期としては、楚の昭王期から次の恵王（在位は前四八八～四三二年）の初期が最も相応しいと言えよう。もちろん、更に後世になってから、当時を回顧してこうした話を記述することは可能であるものの、執筆動機としては弱く、文献成立の必然性はかなり低いと言わざるを得ない。

やはり、『荘王既成』は、昭王期の国難を受けて、昭王の時代またはその直後に著作された可能性が高いと言えよう。この文献は、その時期の読者にとってこそ、最も切実な意味を持っていたと考えられる。

なお、ここで文章に着目すれば、沈尹子桱の答えは、「四と五との間ならんか」という一見曖昧な言い回しになっている。しかしこれは、この話が実際の予言を基にしているかのように偽装するものであろう。ずばり、昭王の時代です、という答えでは、あまりに露骨な作り話になってしまう。また、「之を伝車に載せて以て上さんか。抑も四軔以て逾さんか」という荘王の質問や、「四舸以て逾さん」という沈尹子桱の答えも、呉王闔閭の侵攻による国都陥落を端的に指摘するのではなく、意味深長な発言となっている。ここにも、著作者の意図が感じられよう。あまりに端的な予言では、話自体が捏造ではないかと読者を白けさせる恐れがある。そこで著作者は、こうした意味深長な予言を語らせることにより、この話に奥行きを与えようとしているのである。

このように考察を進めれば、本文献の著作意図も、自ずから明らかになるのではなかろうか。昭王期の国都陥落という危機は、約百年前の荘王の時代にすでに予言されていた。こうした説話の構造は、昭王期の国難が、昭王自身の失政によってのみもたらされたものではなく、それを遡る五代前の楚王の時代にその淵源があると示唆していることになる。春秋の五霸の地位に躍り出た荘王は、無射の鋳造を敢行した。それは、「財」と「楽」の両面から否定されるべき行為であった。無射の鋳造は、荘王の失政と驕慢を象徴する出来事だったのである。とすれば、国家の危機は、その絶頂期においてこそ、その萌芽を内包していると、この文献は語っているのではなかろうか。危難は百年という歳月をかけて静かに忍び寄ってきていたのだ、と説いているのである。

こうした予言構造を持つ説話は、『左伝』や『国語』にも頻出する。五代先（約百年後）を見越したような予言はそう多くはないが、例えば、『国語』周語中には、魯の大夫の滅亡を予言する単子の言葉が次のように見える。

定王八年、使劉康公聘于魯、發幣于大夫。季文子、孟獻子皆儉、叔孫宣子、東門子家皆侈。歸、王問魯大夫孰賢。對曰、「季、孟其長處魯乎。叔孫、東門其亡乎。若家不亡、身必不免」。……王曰、「幾何」。對曰、「東門之位不若叔孫、而泰侈焉。不可以事二君。叔孫之位不若季孟、而亦泰侈焉。不可以事三君。若皆蚤世猶可。若登年以載其毒、必亡」。

（定王八年、劉康公をして魯に聘せしめ、幣を大夫に発す。季文子・孟獻子皆倹、叔孫宣子・東門子家皆侈る。帰りて、王、魯大夫孰れか賢なると問う。対えて曰く、「季・孟は其れ長く魯に処らんか。叔孫・東門は其れ亡びんか。若し家亡ばずんば、身必ず免れず」。……王曰く、「幾何ぞ」。対えて曰く、「東門の位は叔孫に若かずして、泰侈なり。以て二君に事うべからず。叔孫の位は季孟に若かずして、亦た泰侈なり。以て三君に事うべからず。若し皆蚤世せば猶お可なり。若し年を登せて以て其の毒を載《おこな》えば、必ず亡びん」。）

周の定王の八年、周は劉康公を使者として魯に派遣した。その際、魯の季文子と孟献子は質素であったが、叔孫宣子と東門子家とは贅沢な様子であった。この報告を聞いた定王は、魯の大夫の内、誰が賢者かと単子に尋ねた。単子は、季文子と孟献子は長く魯に止まるであろうが、叔孫宣子と東門子家は亡びるであろうと予言する。そして、「幾何ぞ（どれくらいで亡ぶのか）」という王の問いに対して、単子は、東門子は二代の君に仕えることはできず、叔孫は三代の君に仕えることはできないでしょうと予言する。

ここでは、二代または三代先の亡びが予言されている。『荘王既成』は、こうした予言の時間幅を更に長期に設定したものであると言えよう。(14)

そして、かかる予言は、これからの楚国を担っていく王や太子にこそ、大いなる教戒としての意味を持つ。財政や音律を無視した無射の鋳造は、大失政の一例である。たとえ、そうした行為が今すぐ悲劇となって現れないとしても、いつか必ず国家を危急に陥れる。このような戒めとして、この文献の内容は楚の為政者に強く迫ってきたであろう。

結　語

本篇の主題について、原釈文を担当した陳佩芬氏は、覇主の地位をいかに保持するか、であると説く。いつまで保持できるのかと質問したのが荘王であり、それに『易』の言葉で答えたのが沈尹子桱である、との理解である。しかしながら、『周易』習坎から導かれるという答えは、その彖伝に説く「習坎、重険也」、すなわち重なり合う険難というものであって、王の問いに対する明快な答えとはならない。その次の問答も、「載」せる物が不明となるため、文意が通りづらい。

やはり本篇は、荘王の大鐘鋳造と、それを受けた沈尹子桱の予言とに最大の眼目があると考えられよう。沈尹の予言は、楚昭王期の国都陥落を踏んだ亡びの予言であった。楚の王や太子にとって、それは、大いなる教戒の言となったはずである。

注

（1）なお、以下に引く諸氏の見解は、すべてインターネット上に次のように公開されているものである。
・陳偉「読《上博六》条記」
・凡国棟「読《上博楚竹書六》記」
・何有祖「読《上博六》札記」
・董珊「読《上博六》雑記」
・蘇建洲「初読《上博（六）》」
・沈培「《上博》字詞浅釈」
以下では繁瑣を避けるため、氏名と要点のみを掲げる。それぞれの詳細については、「簡帛網（武漢大學簡帛研究中心）」（http://www.bsm.org.cn/index.php）、「簡帛研究」（http://www.jianbo.org/）参照。

（2）孫叔敖・沈尹莖相與友。叔敖遊於郢三年、聲問不知、修行不聞。沈尹莖謂孫叔敖曰、「説義以聽、方術信行、能令人主上至於王、下至於霸、我不若子也。耦世接俗、説義調均、以適主心、子不若我也。子何以不歸耕乎。吾將爲子游」。沈尹莖遊於郢五年、荊王欲以爲令尹、沈尹莖辭曰、「期思之鄙人有孫叔敖者、聖人也。王必用之、臣不若也」。荊王於是使人以王輿迎叔敖以爲令尹、十二年而莊王霸、此沈尹莖之力也。功無大乎進賢。（『呂氏春秋』不苟論賛能篇）

（3）景王二十一年、將鑄大錢。單穆公曰、「不可。……且絶民用以實王府、猶塞川原而爲潢汚也、其竭也無日矣。若民離而財匱、災至而備亡、王其若之何。吾周官之于災備也、其所怠棄者多矣、而又奪之資、以益其災、是去其藏而翳其人也。王其圖之」。王弗聽、卒鑄大錢。（『国語』周語下）

（4）二十三年、王將鑄無射、而爲之大林。（『国語』周語下）

（5）出令不信、刑政放紛、動不順時、民無據依、不知所力、各有離心。上失其民、作則不濟、求則不獲、其何以能樂、三年之中、而有離民之器二焉、國其危哉。（『国語』周語下）

（6）今細過其主妨于正、用物過度妨于財、正害財匱妨于樂、細抑大陵、不容于耳、非和也。聽聲越遠、非平也。妨正匱財、聲不和平、非宗官之所司也。（『国語』周語下）

（7）二十四年、鍾成、伶人告和。王謂伶州鳩曰、「鍾果和矣」。對曰、「未可知也」。王曰、「何故」。對曰、「上作器、民備樂之、則爲和。今財亡民罷、莫不怨恨、臣不知其和也。且民所曹好、鮮其不濟也。其所曹惡、鮮其不廢也。故諺曰、『衆心成城、衆口鑠金』。三年之中、而害金再興焉、懼一之廢也」。王曰、「爾老耄矣。何知」。二十五年、王崩、鍾不和。（『国語』周語下）

（8）韋昭の注に「景王二十三年、魯昭二十年也。賈侍中云、無射、鍾名、律中無射也。大林、無射之覆也。作無射、爲大林以覆之、其律中林鍾也」と説く。但し、この一文には異説もある。

（9）単穆公は「且夫鍾不過以動聲、若無射有林、耳弗及也。夫鍾聲以爲耳也、耳所不及、非鍾聲也」と諫言し、また、伶州鳩は「物得其常曰樂極、極之所集曰聲、聲應相保曰和、細大不逾曰平。……今細過其主妨于正、用物過度妨于財、正害財匱妨于樂、細抑大陵、不容于耳、非和也。聽聲越遠、非平也」と説いた。『国語』韋昭注も、「若無射復有大林以覆之。無射、陽聲之細者也。林鍾、陰聲之大者也。細抑大陵、故耳不能聽及也」と説く。

（10）今細過其主妨于正、用物過度妨于財、正害財匱妨于樂。……若夫匱財用、罷民力、以逞淫心、聽之不和、比之不度、無益于教、而離民怒神、非臣之所聞也。（『国語』周語下）

（11）荘王以下の王は、共王、康王（共王の子）、郟敖（康王の子）、霊王（公子囲、康王の弟）、訾敖（公子比、康王の弟）、平王（棄疾、康王の弟）、昭王（平王の子）となるが、この内、郟敖は公子囲に弑殺されて短命で終わり、訾敖も霊王の後即位したもののすぐに自殺したため、「王」とは称されない。このため、共王から起算して、四代目が平王、五代目が昭王となる。

（12）また、『説苑』君道篇には、晋と楚とが敵国であると指摘する大夫の言が次のように記されている。「楚荘王好獵、大夫諫曰、晉楚敵國也。楚不謀晉、晉必謀楚。今王無乃耽於樂乎」。

（13）もっとも、この説話については、すでに『説苑纂註』が指摘するとおり、晋が智伯を殺した年（前四五三）と呉王闔閭による楚都郢侵攻（前五〇六）との間に時代錯誤がある。ただ、昭王期の楚にとって、晋と呉とが軍事的脅威と感じられていたことを伝える一つの資料にはなりうるであろう。

（14）なお、凡国棟氏は、国家の興亡と世代数とをからめた表現として、『論語』季氏篇の「孔子曰、天下有道、則禮樂征伐自天子出。天下無道、則禮樂征伐自諸侯出。自諸侯出、蓋十世希不失矣。自大夫出、五世希不失矣。陪臣執國命、三世希不失矣。天下有道、則政不在大夫。天下有道、則庶人不議」、同じく季氏篇の「孔子曰、祿之去公室、五世矣。政逮於大夫、四世矣。故夫三桓之子孫、微矣」などを指摘する。ただこれらは、国家の衰退を表す定型的な言い回しであって、『国語』や『左伝』に見られるような具体的事象に対する個別的な予言とは、やや性格を異にしているように思われる。

第二章　『申公臣霊王』―霊王の「簒奪」―

序　言

『上海博物館蔵戦国楚竹書』第六分冊（馬承源主編、上海古籍出版社、二〇〇七年七月）に収録された『申公臣霊王』は、『荘王既成』と同冊をなす文献である。

前章では、この内の『荘王既成』を分析した。ここでは、引き続き、後半の『申公臣霊王』を取り上げ、全体を解読した上で、文献の基本的性格と著作意図とについて考察を加えてみたい。

初めに、『上海博物館蔵戦国楚竹書』第六分冊の説明に従い、『申公臣霊王』の竹簡形制を掲げておく。『申公臣霊王』は『荘王既成』と同冊で計九簡。第四簡の墨鉤を境に、前が『荘王既成』、後が『申公臣霊王』である（第二部の扉参照）。

簡長は三三・一～三三・八cm。幅は〇・六cm。厚さは〇・一二cm。すべて完簡。簡端は平斉。両道編綫。右契口。簡頭から上契口までは八・九～九・五cm。上契口から下契口までは一五cm。下契口から簡末までは九・二～九・三cm。第九簡を除き、満写簡で、上下に留白はない。

字数は十一字～二十五字（重文一を含む）で、計百十七字。最終簡（第九簡）途中に墨鉤があり、以下留白となっていることから、これが末尾簡であることが分かる。

篇題は、原釈文作成の担当者陳佩芬氏が内容に基づいて付けた仮称である。

一、『申公臣霊王』釈読

まず、『申公臣霊王』の原文、書き下し文、現代語訳を掲げる。なお、ここに言う原文とは、『上海博物館蔵戦国楚竹書』第六分冊の原釈文（担当は陳佩芬氏）を基に、諸氏の見解を参考にしつつ、最終的に筆者が確定したものである。文字の認定・釈読に問題があるものについては、後の語注で解説を加える。また、04・05などの数字は竹簡番号、「ㇾ」は墨鉤を表す。

04禦於析述、陳公子皇首皇子。王子囲奪之、陳公争之。05王子囲立爲王。陳公子皇見王、王曰、「陳公06忘夫析述之下乎」。陳公曰、「臣不知君王之將爲君、如臣知君王07之爲王、臣將有致焉」。王曰、「不穀以笑、陳公、是言棄之。今日08陳公事不穀、必以是心」。陳公跪拜、起答、「臣爲君王臣、君王免之09死、不以振斧質、何敢心之有」ㇾ。

析述に禦《ふせ》がれ、陳公子皇、皇子を首《くだ》す。王子囲、之を奪わんとし、陳公、之を争う。王子囲立ちて王と為る。陳公子皇王に見ゆ。王曰く、「陳公、夫の析述の下を忘るるか」。陳公曰く、「臣君王の将に君為らんとするを知らず。如し臣君王の王為るを知れば、臣将に致す有らん」。王曰く、「不穀、以て笑わん。陳公、是の言、之を棄てよ。今日より、陳公不穀に事え、必ず是の心を以てせよ」。陳公跪拝し、起ちて答う、「臣、君王の臣と為り、君王之が死を免じ、以て斧質を振わざれば、何の敢心か之れ有らん」。

析述（棘遂）の地で皇子（鄭の皇頡《こうけつ》）に阻まれたので、陳公子皇（穿封戌《せんほうじゅつ》）は（戦闘の末に）皇子を捕らえた。王子囲（後の霊王）が、捕虜である皇子を横取りしようとし、陳公子皇は王子囲と捕虜を争った（末に王子囲が捕虜（皇子）を奪った。）（後に）王子囲は即位して楚王（霊王）となった。陳公子皇が王に謁見した。王は言った。「陳公よ、お前はあの析述の一件を忘れたのか」。陳公は言った。「私は王様が君主になられるとは考えてもおりませんでした。もし王様が王となられることを私が知っていたとしたら、私は、力の限りを尽くし（て王の簒奪を阻止し）たでしょう」。王は言った。「私は笑って忘れよう。そなたも、この言を忘れてくれ。今より、そなたは私に臣下として仕え、必ずまことの心で私に仕えよ」。陳公は、跪いて礼をし、立ち上がって言った。「私は、王様の臣下でございます。王が私の死を免除して下さり、私に刑罰をお与えにならないのであれば、どうして反抗の心など懐きましょうや」。

語注を加えておこう(1)。

「禦於析述」の冒頭字、原釈文は「吾」、何有祖は「禁」、陳偉は「禦」に読む。「析述」について、原釈文は楚の邑とし、『左伝』僖公二十五年に「秦人過析」、その杜預注に「析、楚邑、一名白羽」とあるのを指摘する。陳偉は、『左伝』襄公二十六年（前五四七）の故事を指すとし、「棘遂」に読んで、鄭の「城麇《きん》」またはその付近の地名とする。

本篇は、陳偉が指摘する通り、『左伝』襄公二十六年の故事と関係があると思われるので、ここは、「析述（棘遂）に禦がる」と読んでおきたい。なお、『左伝』によれば、楚軍はこの二年前の襄公二十四年に「（鄭）棘津」に駐屯している。本篇は、この一連の軍事行動を混同し、城麇と記すべき地名を書き誤ったという可能性も考えられる。いずれにしても、本篇がやや唐突な始まりとなっているのは、この事件が当時の読者にとってよく知られた事件で、詳細な説明をあまり必要としなかったからではないかと推測される。『左伝』との関係については、改めて後述する。

「陳公子皇首皇子」について、『左伝』襄公二十六年の故事に従えば、陳公子皇は穿封戌《せんほうじゅつ》（楚の城外の県尹）、皇子は鄭の皇頡《こうけつ》を指す。「首」字、何有祖は「置」（釈放の意）、陳偉は『左伝』に従って「囚」に読む。ここでは、皇子（皇頡）を「首《くだ》」す（捕虜とする）の意に取った。なお、「陳公」の竹簡の文字は「申公」に隷定でき、原釈文はそれをもとに、本篇の篇題を「申公臣霊王」とするが、陳偉は、郭店楚簡『緇衣』第十九・三十九簡、上博楚簡『緇衣』十・二十簡に「紳」や「連」を「陳」に釈読する例があるとして、「陳」に読む。『左伝』によれば、確かに、穿封戌は、後に陳の県公に任命されており、ここで穿封戌が陳公と称されている可能性は高いであろう。一方、『左伝』や『史記』において「申公」と呼ばれる楚の人物は複数登場するが、いずれも、穿封戌を申公と記す例はない。以下では、「陳公」すなわち穿封戌と理解して解読を進めたい。但し、書名については、混乱を避けるため、『上海博物館蔵戦国楚竹書』の仮称に従い、『申公臣霊王』として論述する。

「王子囲」、竹簡の原文は「王子回」に読めるが、原釈文が釈読する通り、「王子囲」、すなわち後の霊王（在位前五四〇～五二九、楚の共王の次子、康王の弟）を指すであろう。王子囲は、穿封戌が鄭の城麇を抜き皇頡を捕らえた後、その功績を争い、勝利した。王に即位したのは、この事件から七年後（前五四〇年）である。

「陳公子皇見王」の「皇」字について、原釈文は「惶」に読み、「恐」の意にとる。しかし、直前の「陳公子皇首皇子」と意味が合わなくなるであろう。ここは、前出句とともに、「陳公子皇」で人を指すと取っておく方が良かろう。

「有致焉」について、原釈文は「或致安（焉）」と読むが、文意については説明がない。陳偉は、「致死」の意に取り、『左伝』昭公八年に「若知君之及此、臣必致死禮以息楚」とあるのを指摘する。「致」とは、尽くすの意であろう。その具体的な内容については、後述する。

「是心」の「是」は「寔」と釈読しておきたい。まことの心の意。『左伝』によれば、霊王は、陳公を「諂《へつら》わぬ」男として認識しており、ここでは、そうした態度を改め、素直な心で私に仕えてくれといっているように思われる。

「跪」について、原釈文は、この字を「坐」に読むが、陳偉はこの字が楚簡中で「危」に読まれると指摘し、「跪」に読む。ほぼ同意であるが、直後の「拝」との関係を考慮すれば、「跪」の方が相応しいであろう。

「不以振」の「振」字について、原釈文は「辰」と読み、『左伝』昭公七年に「日月之會是謂辰」とあるのなどを引くが、意味がよく分からない。何有祖は「振（震）」、陳偉は「辱」に読む。ここでは、次の「斧質」との関係から「振」に読んでみたが、いずれにしても、霊王が陳公を許し、処刑しなかったことを言うであろう。

「斧質」について、原釈文は「扶歩」に読み「扶行」の意であると説くが、意味がよく通らない。ここは、陳偉が「斧質」に読み、刑具の意と取るのに従った。

「何敢心之有」について、原釈文は「哪敢有不善之心」の意と解するが、張崇礼・郝士宏は「敢心」を「犯心」の意に解し、劉信芳は「慊心」に読み不満の心の意とする。敢えてする心、すなわち王に対する反抗の心の意であろう。

二、諂わぬ男

陳偉氏の指摘するとおり、本篇は、『左伝』襄公二十六年に記載される故事と関係があるようである。そこでまず、襄公二十六年の故事を検討してみよう。

楚子、秦人、侵呉、及雩婁。聞呉有備而還、遂侵鄭。五月、至于城麇。鄭皇頡戍之、出與楚師戰、敗。穿封戌囚皇頡。公子圍與之争之、正於伯州犁。伯州犁曰、請問於囚。乃立囚。伯州犁曰、所争、君子也、其何不知。上其手曰、夫子為王子圍。寡君之貴介弟也。下其手曰、此子為穿封戌。方城外之縣尹也。誰獲子。囚曰、頡遇王子弱焉。戌怒、抽戈逐王子圍、弗及。楚人以皇頡歸。（楚子、秦人、呉を侵し、雩婁に及ぶ。呉に備え有りと聞きて還り、遂に鄭を侵す。五月、城麇に至る。鄭皇頡之を戍り、出でて楚師と戦い、敗る。穿封戌皇頡を囚う。公子囲之と之を争い、伯州犁に正す。伯州犁曰く、請う囚に問わん。乃ち囚を立つ。伯州犁曰く、争う所は、君子なり。其れ何ぞ知らざらん。其の手を上げて曰く、夫子を王子囲と為す。寡君の貴介弟なり。其の手を下げて曰く、此の子を穿封戌と為す。方城外の県尹なり。誰か子を獲たる。囚曰く、頡王子に遇いて弱し。

戌怒り、戈を抽きて王子囲を逐うも、及ばず。楚人皇頡を以て帰る。）

このように、『左伝』の記事は、『申公臣霊王』冒頭の記載を詳細に解説したような趣となっている。楚の軍隊は鄭に進入し、城麇に迫ったが、そこには、鄭の皇頡がいて守りを固めていた。皇頡は城を出て戦ったが、敗れ、楚の県尹であった穿封戌によって捕らえられた。ところが、公子囲（後の霊王）がこの功績を横取りしようとし、皇頡の身柄を両者で奪い合ったのである。結局は、伯州犂の策略によって、皇頡は公子囲に奪われることになり、怒った穿封戌は、武器を手に王子囲を追ったが及ばなかったという。

この後日談が、『左伝』昭公八年に見える。

使穿封戌為陳公曰、城麇之役不諂。侍飲酒於王。王曰、「城麇之役、女知寡人之及此、女其辟寡人乎」。對曰、「若知君之及此、臣必致死、禮以息楚」。（穿封戌をして陳公為らしめて曰く、城麇の役に諂わざりき。飲酒に王に侍す。王曰く、「城麇の役、女寡人の此に及ぶを知らば、女其れ寡人を辟けんか」。対えて曰く、「若し君の此に及ぶを知らば、臣必ず死を致し、礼以て楚を息せん」。）

城麇の役から十三年の後（前五三四）、陳を平定した霊王（もとの王子囲）は、穿封戌を陳公に任命して言った。「この男は城麇の役の際、王子である私にも諂わなかった男だ」と。そして、霊王は、穿封戌に向かって、「城麇の役の際、そなたは、私が王になると分かっていたら、私を避けた（捕虜を差し出した）であろうな」といった。これに対して、穿封戌は、「もしそうなることが分かっていれば、私は命をかけて楚を安定させたでしょう」と答えた(2)。

霊王は、かつて自分に刃向かった穿封戌を陳公に任命し、また周囲に、こいつは諂わぬ男だと紹介している。そして、もし自分が王になると分かっていたら、お前は俺に逆らうことはなかっただろうなと言っている。

ここまでは、すでに楚王となった霊王の余裕の言動であると考えられる。しかし、穿封戌の反応は思わぬものであった。王子囲が楚王となることが分かっていたら、命をかけて阻止すべきであったと言っているのである。「息楚」とは、楚の安定を願う穏やかな発言のようであって、実は、あなたを殺しておけば良かったという過激なものである。

これは、霊王が、郟敖とその子の幕と平夏とを弑殺して王位につき、楚国の混乱を招いたことを踏んでいる。[3] 穿封戌は、この王位簒奪事件を阻止すべきであった（すなわち霊王を殺し、こうした悲劇を未然に防いでおくべきであった）と述べているのである。穿封戌にとって、霊王は簒奪者に過ぎなかった。そして、穿封戌は、先の城麇の役においても、また、この前五三四年の再会においても、諂わぬ男としての姿勢を崩していないのである。

三、『申公臣霊王』の著作意図

それでは、こうした『左伝』の記載と対照しつつ、『申公臣霊王』の特質について検討してみよう。以下に対照表を作成した。上段が『左伝』、下段が『申公臣霊王』である。各々、便宜上、段落番号や傍線を付す。

まず、『左伝』の①に対応するのが、『申公臣霊王』の（1）である。（1）の記載は簡略に過ぎ、『左伝』①のような故事が当時の読者によく知られていたと仮定しなければ、極めて理解しづらい話となる。また、『申公臣霊王』は『左伝』②に対応する部分を記さず、陳公（穿封戌）と王子囲の捕虜争奪戦でどちらが勝利したのかという結末が分からない。これも、『左伝』②のような内容が、『申公臣霊王』の著作者・読者にも共有されていたことを示唆していよう。[4]

次に、『申公臣霊王』の（2）は、単に霊王が即位したという事実のみを記すが、ここも、『左伝』『史記』等に記されるような霊王の悪行は当然の前提となっているのであろう。即ち、王子囲は、当時の王・郟敖やその子らを弑殺し、混乱に

『左伝』『申公臣霊王』対照表

『左伝』	『申公臣霊王』
①楚子、秦人、侵呉、及雩婁。聞呉有備而還、遂侵鄭。五月、至于城麇。鄭皇頡戍之、出與楚師戰、敗。穿封戌囚皇頡。公子圍與之爭之。	（1）禦於析述、陳公子皇首皇子。王子囲奪之、陳公爭之。
②正於伯州犁。伯州犁曰、請問於囚。乃立囚。伯州犁曰、所爭、君子也、其何不知。上其手曰、夫子為王子圍。寡君之貴介弟也。下其手曰、此子為穿封戌。方城外之縣尹也。誰獲子。囚曰、頡遇王子弱焉。戌怒、抽戈逐王子圍、弗及。楚人以皇頡歸。（襄公二十六年）	
③冬、楚公子圍將聘于鄭。伍舉為介、未出竟、聞王有疾而還、伍舉遂聘。十一月己酉、公子圍至、入問王疾、縊而弑之、遂殺其二子幕及平夏。……楚靈王即位、薳罷為令尹、薳啟彊為大宰。（昭公元年）	（2）王子囲立爲王。
	（3）陳公子皇見王、王曰、「陳公忘夫析述之下乎」。陳公曰、「臣不知君王之將爲君、如臣知君王之爲王、臣將有致焉」。
④使穿封戌為陳公曰、「城麇之役不諂」。侍飲酒於王。王曰、「城麇之役、女知寡人之及此、女其辟寡人乎」。對曰、「若知君之及此、臣必致死、禮以息楚」。（昭公八年）	（4）王曰、「不穀以笑、陳公、是言棄之。今日陳公事不穀、必以是心」。陳公跪拜、起答、「臣爲君王臣、君王免之死、不以振斧質、何敢心之有」。

乗じて王位に就いたのである。

続いて、『申公臣霊王』の（3）は、『左伝』の④にほぼ対応する。傍線部「陳公忘夫析述之下乎」に合致する文言は『左伝』には見られないが、波線部「臣不知君王之將爲君、如臣知君王之爲王、臣將有致焉」については、ほぼ同様の言が『左伝』にも記されている。『申公臣霊王』の「臣將有致焉」の言は、『左伝』では「臣必致死、禮以息楚」と記されている。「臣」と「致」の字は全く同じであり、この穿封戌の言は同じ意を述べていると考えられる。

『左伝』では、この④の部分で霊王と穿封戌との話は終結している。やや唐突な終わり方であるが、読者にその後の王の反応を想起させるような仕掛けになっているとも言えよう。これに対して、『申公臣霊王』は（4）でその続きとなる問答を記載する。

王は言った。「私は笑って忘れよう。そなたも、この言を忘れてくれ。今より、そなたは私に臣下として仕え、必ずまことの心で私に仕えよ」と。つまり、王は、陳公（穿封戌）の答えに驚き、また驚きながらも、王としての威厳を保つため、自ら一笑に付そうと言うのである。そして、穿封戌に対しても、今は、そなたも私の臣下となったのだから、そのような言は破棄して、和解の心で仕えてくれと言うのである。

これに対して穿封戌は、「私は、王様の臣下となりました。王が私の死を免除して下さり、私に刑罰をお与えにならないのであれば、どうして反抗の心などございましょうや」と答える。この言は、表面的には、王に対する忠誠を誓ったものの如くである。

では、穿封戌は、これまでの態度を百八十度転換したのであろうか。もしそうだとすれば、本篇は、諂わぬ男としての穿封戌が、これまでの態度を覆したという節操のない話になる。しかし、穿封戌は、王子囲が霊王に即位した時点でも、またその霊王によって陳公に取り立てられたことによっても、これまでの諂わぬ男としての姿勢を決して崩してはいない。最終場面に至って、突如、これまでの言動を覆して臣従の態度を示すというのは、あまりに不自然な終結であろう。

そこで注目されるのは、穿封戌が「跪拝」した後、「起」って答えたという点である。「起」とは、相手に対する敬意を表す場合もあるが、同時に、相手に対する怒りや反発を表現する動作でもある。同じく、『上海博物館蔵戦国楚竹書』第六分冊所収の『平王與王子木』では、王子木の見識のなさに怒った成公が、「起」ちあがり、面と向かって王子木を批判した、とされている（詳細については、次の第二部第三章参照）。

ここにも、そうした意味が込められているのではなかろうか。確かに、表面上は、穏やかな臣従の言の如くである。しかし実は、「王が私の死を免除して下されば」という仮定の言には、霊王が実際には、こうした発言をした自分を決して許さないだろうが、という皮肉が込められているであろう。更には、郟敖やその子たちを弑殺して王位についた霊王への痛烈な批判となっているとも言える。また、「敢心」を懐かないという言葉も、王が仮に私を殺さないのであれば、という条件付きであることに注意する必要があろう。王の和解の提案に対して、陳公は、「敢心」を懐かぬという一定の譲歩をしたとも言えるが、決して、心の底から霊王に忠誠を誓った発言ではない。王の反応の度合いに応じて、それ以上の反抗は示さない、という程度の発言であり、依然として「諂わぬ」男としてのあり方は崩れていないと考えられる。

やはり穿封戌は諂わぬ男としての態度を貫いているのではなかろうか。穿封戌にとって、霊王は二重の意味で簒奪者であった。まずは城麇の役において、穿封戌の軍功を奪った。王子であることを盾に、捕虜を横取りしたのである。そして、病気となった郟敖を見舞うと称して宮殿に入り、郟敖を絞殺し、その子たちをも弑殺して王位を奪った。

著作者は、諂わぬ男とこの霊王とを対比することにより、簒奪者としての霊王を浮かび上がらせようとしたのではなかろうか。穿封戌の言は、表面上それほど過激なものではない。しかし、その言の裏に潜む反抗の意識を読みとる必要があろう。

では、仮に『申公臣霊王』の著作意図が、そうした霊王批判にあったとすれば、それは、他の文献に見える霊王評価とどのような関係にあるのであろうか。

「霊」とは、死後に災いをもたらす人につける諡号であるという[5]。確かに、『左伝』や『史記』が記載するとおり、霊王の王位簒奪事件以降、楚の権力構造に重大な軋みが生ずる。王位継承に関して言えば、弑殺・混乱に乗じた王位の簒奪が行われ、結果的に、それまでの父子相続の原則が崩れ、霊王・平王と兄弟相続が続くようになる。民心は楚王を離れ、楚は混乱期に入った。そして、平王期を経て、遂に昭王の十年、呉王闔閭の侵攻によって楚都郢が陥落するのである。

こうした霊王の悪行は、『左伝』や『国語』などに記されるとおりであるが、そうした評価を端的に示した資料として、『史記』太史公言と『淮南子』泰族訓の次の記載は、極めて注目される。

太史公曰、楚靈王方會諸侯於申、誅齊慶封、作章華臺、求周九鼎之時、志小天下。及餓死于申亥之家、為天下笑。操行之不得、悲夫、勢之於人也、可不慎與。弃疾以亂立、嬖淫秦女、甚乎哉、幾再亡國。（太史公曰く、楚の霊王、方に諸侯を申に会し、斉の慶封を誅し、章華台を作り、周の九鼎を求むるの時、志は天下を小とす。申亥の家に餓死するに及び、天下の笑いと為る。操行の得ざること、悲しきかな、勢の人に於けるや、慎しまざるべからず。弃疾は乱を以て立ち、秦女を嬖淫すること、甚しきかな、幾《ほと》んど再び国を亡ぼさん。）（『史記』楚世家）

まず、『史記』では、歴代楚王の内、霊王と平王が特に取り上げられ、酷評されている。霊王は、斉の慶封を誅殺し、章華台を作り、周の九鼎を求めた頃には、その大志は天下をも小さいとするほどであった。しかし、民に見放され山中で餓死するに及び、天下の笑い者となった。「悲しきかな。勢の人に於けるや、慎まざるべけんや」、すなわち、権勢がその人の実力を越えてしまったと、悲嘆の言を寄せるのである。

闔閭伐楚、五戰入郢、燒高府之粟、破九龍之鐘、鞭荊平王之墓、舍昭王之宮。昭王奔隨、百姓父兄攜幼扶老而隨之、

乃相率而致勇爲之寇、皆方命奮臂而爲之鬬。當此之時、無將卒以行列之、各致其死、却吳兵、復楚地。靈王作章華之臺、發乾谿之役、外內搔動、百姓罷敝。弃疾乘民之怨而立公子比、百姓放臂而去之。餓於乾谿、食莽飲水、枕塊而死。楚國山川不變、土地不易、民性不殊。昭王則相率而殉之、靈王則倍畔而去之、得民之與失民也。（闔閭楚を伐ち、五戦して郢に入り、高府の粟を焼き、九龍の鐘を破り、荊の平王の墓を鞭うち、昭王の宮に舎す。昭王 隨に奔り、百姓父兄 幼を携え老を扶けて之に随い、乃ち相率いて勇を致して之が為に寇し、皆命に方いて臂を奮いて之が為に闘う。此の時に当たり、将卒の以て之を行列する無く、各々其の死を致し、呉兵を却け、楚地を復す。霊王、章華の台を作り、乾谿の役を発するや、外内搔動し、百姓罷敝す。弃疾、民の怨みに乗じて公子比を立つるや、百姓臂を放ちて之を去る。乾谿に餓え、莽を食らい水を飲み、塊を枕にして死す。楚国の山川変わらず、土地易わらず、民性殊ならず。昭王には則ち相率いて之に殉じ、霊王には則ち倍畔して之を去るは、民を得ると民を失うとなり。）（『淮南子』泰族訓。王念孫の説により、一部字句を改めた箇所がある。）

また、右の『淮南子』では、霊王と昭王とが対比されている。昭王は、確かに一時国都を失った。しかし、昭王は、民心を掌握し、直ちに失地を回復した王として、むしろ高く評価される[6]。

これに対して、霊王は、民の離反を招き、最後は民に見放され、山中で無惨に餓死した王として描かれる。昭王とは対照的な王である。

この例が示すとおり、『申公臣霊王』の霊王像は、他の文献の霊王評価にも通ずるものがある。『申公臣霊王』は、直接、論説文によって霊王を批判しているわけではないが、説話の形式により、諂わぬ男・穿封戌の姿と対比させることによって、「二重の意味での簒奪者」としての霊王を浮かび上がらせようとしたのである。

結語

原釈文を担当した陳佩芬氏は、内容に基づいて本篇を「申公臣霊王」と命名した。陳公（穿封戌）が霊王と王位を争った末に敗れ、後に、王の臣となることを願った、という本文理解である。

しかしながら、本篇の内容は、そのようなものではなかろう。まず、両者が争ったのは、王位ではなく、捕虜の身柄である。また、穿封戌は確かに、霊王の「臣」（陳公）に任命された。その意味で、「申」字と「陳」字の別はさておき、「申公臣霊王」という篇題に問題はないとも言える。ただ、陳公は心の底から霊王に臣従したわけではなく、むしろ、諂わぬ男としての姿勢を貫くことによって、簒奪者霊王を指弾するという役目を担って登場している。陳公は、城麇の役での屈辱を忘れたわけではなく、霊王の王位簒奪事件を許したわけでもなく、霊王の和解の呼びかけにも真の臣従を誓ったわけではないのである。

先に筆者は本篇の直前に位置する『荘王既成』を取り上げ、その著作意図と成立時期について考察を加えた。『荘王既成』は荘王期における予言という形を取りながら、実は、昭王期における国都陥落の危機を受け、昭王期以降の王や太子に対する教戒の書としての意味を持っていた。同様に、本篇も、簒奪者霊王の姿を穿封戌と対比させることにより、楚の王権に対する訓戒を垂れた文献であったと推測される。

注

（1）なお、以下に引く諸氏の見解は、すべてインターネット上に公開されているものである。ここでは繁瑣を避けるため、氏名と要点のみを掲げる。論文タイトル、掲載日などの詳細については、「簡帛網（武漢大學簡帛研究中心）」（http://www.bsm.org.cn/index.php）、「簡帛研究」（http://www.jianbo.org/）参照。

（2）ここは、『左氏会箋』が「致死者爲郟敖致死以殺靈王也。……禮以息楚之語、直言直諫也」と説くのに従った。但し、孔疏は、「死禮」のまとまりと見て、「致死禮者、欲爲郟敖致死殺靈王也」と説く。
（3）『左伝』昭公元年（前五四一）に「冬、楚公子圍將聘于鄭。伍擧為介、未出竟、聞王有疾而還、伍擧遂聘。十一月己酉、公子圍至、入問王疾、縊而弑之、遂殺其二子幕及平夏」とある。
（4）草野友子「上博楚簡『申公臣霊王』の全体構造」（『中国研究集刊』第五十号、二〇一〇年）は、こうした簡略な記述となっているのは、本篇が楚の人の手によって書かれた楚の在地性文献であり、読者にとって周知の事実であったからであろう、と指摘している。
（5）『逸周書』謚法解に、「謚者、行之迹也。……死見鬼能曰靈」。その『集注』引く孔晁に「有鬼爲厲」と説く。
（6）上博楚簡における昭王評価の詳細については、本書の第二部第五章参照。

第三章　『平王與王子木』—太子の知性—

序　言

『上海博物館蔵戦国楚竹書』第六分冊（馬承源主編、上海古籍出版社、二〇〇七年七月）には、楚国の王や太子に関わる文献が複数収録されている。本章では、その内の『平王與王子木』を取り上げ、考察を加えてみたい。

初めに、『上海博物館蔵戦国楚竹書』第六分冊の説明に従い、『平王與王子木』の竹簡形制を掲げておく。簡数は全五簡。すべて完簡で、簡長三三cm、幅〇・六cm、厚さ〇・一二cm。両道編綫。右契口。簡頭から上契口までは九・五cm。上契口から下契口までは一五cm。下契口から簡末までは八・五cm。満写簡で、上下に留白はない。字数は各簡二十二～二十七字、計百十七字。篇題はなく、「平王與王子木」とは、文頭の語句に基づく仮称である。

次に、竹簡の接続について、原釈文は、一、二、三、四簡が連続すると説くが、一簡と五簡については明言を避ける。これに対して、凡国棟は、第一簡の次に第五簡が入り、全体として通読できると説く。筆者も、この説に賛同し、以下では、一、五、二、三、四簡という接続で、全体を解読してみたい。

なお、第一簡冒頭の「智（知）」字（写真参照）について、釈文は、前簡（残欠）に接続する末字とし、沈培は、『平王問鄭壽』第六簡末尾に接続すると推定し、陳偉は、本編の篇題であると説く。この点については、改めて後述する。

第一簡冒頭部

一、『平王與王子木』釈読

まず、『平王與王子木』の原文、書き下し文、現代語訳を掲げる。なお、ここに言う原文とは、『上海博物館蔵戦国楚竹書』第六分冊の原釈文（担当は陳佩芬氏）を基に、諸氏の見解を参考にしつつ、最終的に筆者が確定したものである。文字の認定・釈読に問題があるものについては、後の語注で解説を加える。また、01・02などの数字は竹簡番号、「■」は墨釘を表す。

01知①■。　競平王命王子木至城父、過申、煮食於鼪寞、成公幹友05跪疇中。王子問成公、「此何」。成公答曰、「疇」。王子曰、「疇何爲」。02曰、「以種麻」。王子曰、「何以麻爲」。答曰、「以爲衣」。成公起曰、「臣將有告、吾先君03莊王至河淮之行、煮食於鼪寞、醢菜不爨。王曰、「酪不盍」。先君04知酪不盍、醢不爨。王子不知麻、王子不得君楚、邦國不得。

知。　競平王、王子木に命じて城父に至らしむ。申を過ぎ、鼪寞に煮食す。成公幹友、疇中に跪す。王子、成公に問う、「此れ何ぞや」。成公答えて曰く、「疇なり」。王子曰く、「疇とは何為るものぞ」。曰く、「以て麻を種うるなり」。王子曰く、「何をか麻を以て為るや」。答えて曰く、「以て衣を為るなり」。成公起ちて曰く、「臣将に告ぐること有り。吾が先君荘王、河淮の行に至り、𧳏寞に煮食するに、醢菜、爨《た》かず。王曰く、『酪には盍せず』。先君、酪に盍せず、醢に爨かざるを知る。王子、麻を知らず。王子、楚に君たるを得ず、邦国得られざらん」。

知。

楚の平王は、王子木（建）に命じて（楚の北辺の）城父の守りに赴かせた。（王子木は城父に向かう途中）申の地を過ぎ、𧳏寞の地で食事を取った。成公幹友が麻畑の中に座っていた。王子は成公に問うた。「これは何か」。成公は答えていった。「麻畑です」。王子は言った。「麻畑とは何をするものか」。（成公は）言った。「麻を植える畑です」。王子は言った。「麻で何を作るのか」。（成公は）答えて言った。「衣服を作るのです」。成公は立ち上がって言った。「私は、申し上げたいことがあります。我らが先君の荘公は、かつて河淮の軍役に際して、（あたなと同じく）𧳏寞の地で食事を取られましたが、燻製品は炊かれませんでした。（そして荘）王はおっしゃいました。『発酵品には蓋をせず、薫製品は炊かれませんでした。『発酵品には蓋をしないのだ』と。（このように荘王は俗世の細かなことまでご存じで）発酵品には蓋をせず、薫製品は炊かれませんでした。（それなのに）王子は、麻のことさえご存知でない。王子は、楚の君となることはできず、国を得ることはできないでしょう」。

語注を加えておこう。(2)

「競平王」は、上博楚簡『平王問鄭壽』の冒頭にも同様に見える。「競」字について原釈文は、『平王問鄭壽』の解説部分で、この字を平王にかかる修辞であると取り、『説文』に「彊語也」、『広雅』釈詁四に「競、高也」とあるのを指摘して、結局は「楚平王」の意であると説く。ただ、『平王問鄭壽』の竹簡該当部分は、文字が不鮮明で判読しづらい。あるいは別字の可能性も想定されるが、ここでは、とりあえず、原釈文に従う。

「平王」は霊王の後の楚の王、康王の弟に当たる。在位は前五二八～前五一六年。

「平王命王子木至城父」とあるが、楚の平王の太子の建が、讒言によって楚の北辺の城父の地の守りを命ぜられたことについては、原釈文が指摘するとおり、『史記』楚世家、『左伝』昭公十九年に記載がある。

「煮食於豣寞」の冒頭の二字、原釈文は「暑食」とし、張崇礼は、「暑、食於豣廋」と句読するが、意味が通りにくい。ここでは、凡国棟が「煮食」と読むのに従う。「豣寞」は未詳であるが、原釈文が指摘する通り地名とするのが良かろう。「城父」に赴く途中の地を指すと思われる。なお、何有祖、凡国棟は、後の字を「蒐」、張崇礼は「廋」に読むが、いずれにしてもこの二字で地名とする点は同様である。

「成公幹友」の「友」字は、張崇礼が他の楚簡文字の用例を根拠に「友」と読むのに従った。「幹友」は「成公」の名であろう。原釈文はこれを「皿」字に認定し、陳偉は「遇」に読む。なお、後述のように、この説話と酷似する『説苑』辨物篇では、「成公乾」に作る。

「跪於疇中」の冒頭字、原釈文は「聖」と隷定し「聴」の意と解するが、陳偉は「跪」に読み、張崇礼は、ほぼ同意で「坐」に読む。後文に「成公起曰」とあるので、「跪」または「坐」の方が対応がよいと思われる。

「疇」字、原釈文は「薵」に作り、「草名」とするが、後述の『説苑』を参照して「疇」に読んだ。陳偉、凡国棟も「疇」に読み、『礼記』月令の「可以糞田疇」の孔疏引く蔡邕に「穀田曰田、麻田曰疇」とあり、『国語』周語下の「田疇荒蕪」の韋昭注に「穀地爲田、麻地爲疇」とあるのを指摘する。

「荘王」は、平王の四代前に当たる楚王。在位は前六一三〜前五九一年。『上海博物館蔵戦国楚竹書』第六分冊に、荘王に関わる文献として、『荘王既成』が収録されている。

「河淮之行」は、河水、淮水地域への軍行の意であろう。「淮」字、凡国棟は、「雝」に読み、「邕」に通じ、「澤」の意であると説く。陳偉は、「河雍之行」と読み、『左伝』宣公十二年記載の邲の役を指すとする。確かに、晋と楚が戦った邲の戦いでは、黄河流域が主戦場となり、楚の輜重部隊は「衡雍」の地に駐屯しているので、その可能性は高い。いずれにしても、ここは、かつての荘王の行軍を指すであろう。

「醓菜不爨」は、難読字の続く難解な箇所である。原釈文は「醓盉不爨」とするが、張崇礼は「酪菜不爨」に読み、「酪」は「醋（酢）」の意であると説いた上で、「酪菜不爨」とは、『斉民要術』に説く「作酢法」の一つで、「甕常以綿幕之、不得蓋」の意であるとする。但し、「酪」は次の句に「酪不盍」とあり重複するため、ここでは、「醓菜不爨」に読み、（荘王は食事の際）燻製品は炊かれませんでした、の意と取る。後句の「酪不盍」とともに、食品または調理法に関する知識を説いた句であると考えられる。「酪不盍」の「酪」字、原釈文は未釈であるが、張崇礼に従い、「酪」に読んだ。

なお、第四簡末尾の「王子不得君楚、邦國不得」は、ちょうど簡末で終わっている。この後に墨鉤などがないので、ここが全体の末尾かどうかは確定できない。後述の通り、『説苑』辨物篇では、ここに該当する部分を「吾子其不主社稷乎」に作り、更にその後、「王子果不立」という結末を記して終了している。

二、『説苑』辨物篇の説話

本篇の内容について、原釈文は、『史記』楚世家、『左伝』昭公十九年に、楚の太子建が、城父の地の守りを命ぜられた記載があることを指摘する。確かに、本編の冒頭にはそのことが記されているが、以下の内容とは直接関わらない。これに対して、陳偉は、『説苑』辨物篇に類似の説話があることを指摘する。

そこで、次に、『説苑』の内容を確認してみよう。

王子建出守於城父、與成公乾遇於疇中、問曰、「是何也」。成公乾曰、「疇也」。「疇也者何也」。曰、「所以爲麻也」。「麻也者、何也」。曰、「所以爲衣也」。成公乾曰、「昔者荘王伐陳、舍於有蕭氏、謂路室之人曰、『巷其不善乎。何溝之不浚也』。荘王猶知巷之不善、溝之不浚、今吾子不知疇之爲麻、麻之爲衣、吾子其不主社稷乎」。王子果不立。

王子建出でて城父を守らんとし、成公乾と疇中に遇い、問いて曰く、「是れ何ぞや」。成公乾曰く、「疇なり」。「疇なる者は何ぞや」。曰く、「麻を為る所以なり」。「麻なる者は、何ぞや」。曰く、「衣を為る所以なり」。成公乾曰く、「昔者荘王陳を伐つに、有蕭氏に舍り、路室の人に謂いて曰く、『巷其れ善からざらんか。何ぞ溝の浚わざらんや』。荘王猶巷の善からず、溝の浚わざるを知るに、今吾子疇の麻を為り、麻の衣を為るを知らざれば、吾子其れ社稷を主らざるか」。王子果たして立たず。

細部を除けば、『平王與王子木』とほとんど同内容である。両者は、同工異曲の別伝であると言って良いであろう。細部について一応確認しておくと、『説苑』では、王子建と成公乾とが出会った地名が記載されていない。「疇」と「麻」に関する問答は全く同じである。

その問答の後が若干異なる。『説苑』では、「成公乾曰く、昔者荘王陳を伐つに……」とのみあるが、『平王與王子木』では、「成公起ちて曰く、臣将に告ぐること有り。吾が先君荘王……」と、成公乾が憤懣しつつ立ち上がり、面と向かって王子木に直言するという記述になっている。また、『説苑』では、荘王が世俗の細事にも精通していたことを示す例として、道路や溝の清掃をあげているのに対し、『平王與王子木』では、難読字もあって確定しづらいが、食料に関する知識をあげているのが異なる。

更に、この成公乾の発言が終わった後、『説苑』では、「王子果たして立たず」と、やはりこのような世間知らずの王子は王になれなかったのだ、という結末が記されるのに対して、『平王與王子木』では、そうした結末が記されていないという相違もある。(3)

ただ、これらはまさに細部の相違であって、話の骨格と主題は全く同一であるといって良いであろう。王子は、やがて王となる可能性を持って育つのである。もちろん宮中で大切に育てられるわけであるが、一方で、世俗の事情にも精通していなければ、民情を理解することはできない。「疇」が何をするための土地なのか、「麻」が何を作るためのものなのかさえ知らないようでは、国家の統治はできないのである。

三、『平王與王子木』の著作意図

このように、『平王與王子木』は、『説苑』辨物篇記載の故事とほとんど同内容である。それでは、両者の著作意図は、どのように考えられるであろうか。同内容である以上、編著者の意識も同一であると考えて良いであろうか。

まず、『説苑』は、編者劉向が、成帝の教育用に献上するという明確な目的を持って編纂したものであり、そこに劉向の政治的主張が反映されていると考えるのも、この書に対する通常の見方となっている。[4] また、現行本『説苑』は、宋の曾鞏が残本を整理したものであるとされ、資料的な不安が全くないわけではない。しかしこれは、現行本『説苑』が宋代において、原本『説苑』と無関係に偽作されたことを意味するのではない。曾鞏の輯本も、反質篇を除く十九篇がほぼそのまま収録されていると考えるのが通常である。[5]

この『説苑』の中の「辨物」という篇に、この故事は収録されている。趙善詒『説苑疏證』（華東師範大学出版社、一九八五年）の分章によれば、この篇は全三十二章からなり、この故事は、その最終章として配置されている。ただ、辨物篇全体は、この王子建と成公乾の問答を初め、孔子と顔淵の問答（第一章）、斉の景公にまつわる故事（第九章）、また、「五嶽とは何の謂ぞや」（第六章）、「四瀆とは何の謂ぞや」（第七章）といった語句の知識に関する短い文言、更には度量衡に関する知識（第十三章）など、問答体、短文、論説文など文体も様々に、古今の「辨物」に関する話を掲載している。漢代皇帝の帝王学の一環として、こうした「物を辨《わきま》える」ことが重視されたのであろう。

これに対して、『平王與王子木』は、大部の文献の中の一篇だったのかどうか、他の著作物と一括して著述されたものなのかどうかなど、詳細は未詳である。ただ、同じく、楚の平王に関する故事を記した『平王問鄭壽』と竹簡形制が同一であることから、『平王與王子木』と『平王問鄭壽』との区分を越えて、竹簡の再配列を検討しようとする試みも既になされている。

例えば、『平王問鄭壽』の第六簡末尾「臣弟」について、沈培氏は、「臣弗」と読んだ上で、『平王與王子木』第一簡の冒頭の「知」字に接続し、その後の数字分の空白の後、『平王與王子木』本文が始まると説いている。確かに、『平王與王子木』の第一簡の「知」字は、その後の本文から数字分離れており、不自然な表記に見える。この点については、すでに書法上の関連性という観点からも指摘があり、『平王問鄭壽』の第六簡に接続する可能性は高いであろう。(6)

また、何有祖氏は、『平王與王子木』第四簡末尾の「邦國不得」に、『平王問鄭壽』第七簡が接続すると考える。確かに、『平王與王子木』第四簡が末尾簡であるとすれば、墨釘や墨節があってほしい所であるが、ちょうど本文が竹簡の下端で終了しているため、この点を確認できない状況にある。本文を竹簡末尾で筆写し終えたので、あえて墨釘などを打たなかったという可能性も考えられ、また、『説苑』辨物篇のように、本来は、この話の結末が別簡（残欠）に記されていて、その直後に墨釘などが打たれていたという可能性も考えられる。

いずれにしても、こうした配列案が提示されるのは、『平王問鄭壽』と『平王與王子木』とが竹簡形制を同じくしているからに他ならない。また、同様に『上海博物館蔵戦国楚竹書』第六分冊に収録された『荘王既成 申公臣霊王』も、楚の荘王・霊王に関する故事を記すものであるが、(7)『平王與王子木』とわずかに竹簡長が異なるだけで形制はほぼ同じである。更に、竹簡形制は異なるが、『上海博物館蔵戦国楚竹書』第四分冊所収の『昭王毀室』『昭王與龔之脽』も、楚王の故事という点では同じである。(8)こうしたことから、上博楚簡の中には、楚の王に関する故事集のような文献が含まれており、本篇もその中の一つであったという可能性が考えられるのである。

筆者は、先に、上博楚簡『荘王既成』『申公臣霊王』を取り上げ、その読者対象として、昭王以後の楚の太子、貴族が最も相応しいという可能性を提示したが、この『平王與王子木』についても、同様に、楚の太子教育の教科書であったという可能性が考えられる。世間知らずの王子木（建）は結局王位にはつけず、太子珍が即位して昭王となった。想定される読者としては、やはり昭王期およびそれ以降の時期の楚の太子が最も相応しいと言えよう。

結語

原釈文を担当した陳佩芬氏は、冒頭の語句によって、この篇の仮称を「平王與王子木」に定めたという。しかしながら、本文の内容は、平王と王子木（太子建）とに関するものではなく、王子木と成公幹（乾）との問答である。また、その主題も、平王と王子木との関係というのではなく、王子木の世間知らず、太子としての見識不足、という点にあった。楚王となる人間には、それなりの知識が要求されるというのが、本篇の主張であろう。

とすれば、陳偉氏が、第一簡冒頭の「知」字を篇題ではないかと推測した点は、確かに一理ある。ただ、書体や竹簡形制の問題から、先述の通り、この「知」字は、『平王問鄭壽』末尾に接続すると考えるのが妥当であろう。[9] いずれにしても、この文献において、楚の太子としての知性が問われていることは間違いない。

なお、こうした文献が戦国楚簡に見えることは、王権に対する教戒をまとめた故事集が、早くも春秋時代に成立していたことを示唆しているであろう。劉向が漢代帝王学の書としてまとめた『説苑』の先駆的存在として、これらの文献は大いに注目される。

注

（1）『上海博物館蔵戦国楚竹書』第六分冊の写真版では、「知」の下にかすかに墨釘が見えるので、ここでは、墨釘の符号を入れた。但し、原釈文では特にこの旨の注記がない。

（2）なお、以下に引く諸氏の見解は、すべてインターネット上に公開されているものである。ここでは繁瑣を避けるため、氏名と要点のみを掲げる。論文タイトル、掲載日などの詳細については、「簡帛網（武漢大學簡帛研究中心）」（http://www.bsm.org.cn/index.php）、「簡帛研究」（http://www.jianbo.org/）参照。

（3）但し、『平王與王子木』第四簡は、ちょうど「邦國不得」で終わっており、しかも、墨節などの符号が見えない。先述の通り、この後、別簡に『説苑』のような結末が記されていた可能性もある。

（4）池田秀三『説苑』（講談社・中国の古典、一九九一年）、高木友之助『説苑』（明徳出版社・中国古典新書、一九六九年）参照。

（5）注（4）前掲書の他、趙善詒『説苑疏證』（華東師範大学出版社、一九八五年）等を参照。

（6）この点については、福田哲之「別筆と篇題—『上博（六）』所収楚王故事四章の編成—」（『中国研究集刊』第四十七号、二〇〇八年）が、「智（知）」の書体が『平王問鄭寿』『荘王既成　申公臣霊王』と共通し、『平王与王子木』とは異なることを指摘した上で、沈培氏の説を支持し、陳偉氏の説を否定する。また、大西克也「上博楚簡『平王問鄭寿』訳注」（出土資料と漢字文化研究会編『出土文献と秦楚文化』第六号、二〇一二年）も、「智（知）」を「臣弗智（知）」と接続して読む沈倍氏の説を支持する。

（7）上博楚簡『荘王既成』の詳細については、本書第二部第一章「『荘王既成』の「予言」」参照。

（8）上博楚簡『昭王毀室』については、本書第二部第五章参照。『昭王與龔之脽』の詳細については、拙稿「語り継がれる先王の故事—上博楚簡『昭王與龔之脽』の文献的性格—」（湯浅邦弘編著『上博楚簡研究』、汲古書院、二〇〇七年）参照。

（9）筆者は、当初、この陳偉氏の説を評価しつつ、篇題については慎重な態度も必要であるとして、次のように記載した。「陳偉氏が、第一簡冒頭の「知」字を篇題ではないかと推測した点は、卓見であると考えられる。これまでに出土して公開されている竹簡文献の内、篇題の記載位置は、大きく二つに分けられる。一つは、竹簡の背面に記すものである。これは、竹簡を巻いて保存する際、背面に篇題があった方が便利だからであろう。『子恙』『容成氏』『仲弓』『恒先』『内礼』『曹沫之陳』など多くの例が認められる。今ひとつは、冒頭簡の文頭に篇題を記すものである。郭店楚簡『五行』には、第一簡冒頭に「五行」とあり、その後、本文が開始される。本篇の篇題も、この例に該当すると考えて不自然ではない。もっとも、これまで確認されている篇題の中で、一字のものはなく、その点、「知」一字で篇題となるかどうかには一抹の不安も残る。しかし、本篇の内容は、確かに太子の「知」である。この「知」字が篇題であるかどうか。この問題については更に慎重な検討を要すると思われるが、この文献において、楚の太子としての知性が問われていることは間違いない」(『戦国楚簡研究二〇〇七』、『中国研究集刊』別冊、二〇〇七年)。この点については、その後の研究の進展により、「知」字が篇題でなく、『平王問鄭壽』第六簡に接続する可能性が高いとの見解に至ったので、ここに訂正する。

第四章　『平王問鄭壽』―諫言と予言―

序言

『上海博物館蔵戦国楚竹書』第六分冊（馬承源主編、上海古籍出版社、二〇〇七年七月）には、春秋期における楚国の王や太子に関わる文献が複数収録されている。本章では、その内の『平王問鄭壽』を取り上げ、全体を解読した上で、文献の主題と著作意図とについて考察を加えてみたい。

初めに、『上海博物館蔵戦国楚竹書』第六分冊の説明に従い、『平王問鄭壽』の竹簡形制を掲げておく。

『平王問鄭壽』は、竹簡全七簡。簡長は三三～三三・二cm。幅は〇・六cm。厚さは〇・一二cm。すべて完簡で、基本的には満写簡である。

簡端は平斉で、両道編綫。右契口。簡頭から上契口までは九・五cm。上契口から下契口までは一五cm。下契口から簡末までは八・五～八・七cm。

第七簡の文末に墨鉤と留白があり、これが末尾簡であることが分かる。字数は、毎簡九～二十八字、計百七十三字である。

篇題はなく、「平王問鄭壽」とは、原釈文作成の担当者陳佩芬氏が内容に基づいて付けた仮称である。

一、『平王問鄭壽』釈読

まず、『平王問鄭壽』の原文、書き下し文、現代語訳を、便宜上、（一）前半、（二）後半、の二節に分けて掲げる。なお、ここに言う原文とは、『上海博物館蔵戦国楚竹書』第六分冊の原釈文（担当は陳佩芬氏）を基に、諸氏の見解を参考にしつつ、最終的に筆者が確定したものである。文字の認定・釈読に問題があるものについては、後の語注で解説を加える。また、01・02などの数字は竹簡番号、【 】内の漢字は文意により筆者が補ったものであることを表す。

（一）前半釈読

01競平王就鄭壽、猷之於宗廟、曰、「禍敗因重於楚邦、懼鬼神以取怒、思02先王亡所歸、吾何改而可」。鄭壽始不敢答、王固猷之答、【鄭壽曰】、「諾。毀新都栽陵03臨陽、殺左尹宛・少師無忌」。王曰、「不能」。鄭壽【曰】、「如不能、君王與楚邦懼難」。鄭04壽告有疾、不事。

競平王、鄭壽を就《したが》え、之に宗廟に猷《と》いて、曰く、「禍敗、楚邦に因重し、鬼神以て怒りを取るを懼れ、先王の帰る所無きを思う。吾何をか改めて可ならんか」。鄭壽、始め敢て答えざるも、王固く之が答えを猷う。【鄭壽曰く】「諾。新都栽陵・臨陽を毀ち、左尹宛・少師無忌を殺せ」。王曰く、「能わず」。鄭壽【曰く】、「如し能わざれば、君王と楚邦と懼難あらん」。鄭壽、疾《やまい》有りと告げて、事《つか》えず。

楚の平王は、鄭壽を従えて（宗廟に入り）、宗廟で問うて言った。「不幸が我が国に度重なり、私は鬼神の怒りを買うのを恐れ、先王の霊の帰る所がなくなってしまうのではないかと憂う。私は何を改めればよいであろうか」。鄭壽は、はじめ答えを固辞したが、王は強く答えを求めた。（そこで鄭壽は言った）。「わかりました。新都の栽陵・臨陽を取り壊し、左尹宛と少師無忌を殺しなさい」。王は言った。「それはできない」。鄭壽は言った。「もしできなければ、王と楚邦に危難がおこるでしょう」。（その後）鄭壽は、病と告げて、出仕しなかった。

語注を加えておこう。(1)

「競平王」は、楚の平王（在位は前五二八～五一六年）。原釈文は「競坪（平）王」に釈読した上で、「競」字については、この字を平王にかかる修辞であると取り、『説文』に「彊語也」、『広雅』釈詁四に「競、高也」とあるのを指摘して、結局は「楚平王」の意であると説く。ただ、竹簡該当部分は、文字が不鮮明で判読しづらい。あるいは別字の可能性も想定されるが、ここでは、とりあえず、原釈文に従う。

「鄭壽」について、隷定は「莫壽」であるが、原釈文は、これを「鄭壽」に釈読した上で、『史記』楚世家に見える卜尹「觀從」ではないかと推測する。観従は、もと蔡の大夫・観起の子。観起は楚の霊王（在位は前五四〇～五二九）に殺され、子の観従は一時呉に亡命していたが、平王の即位直後、楚に戻った。観従を呼び戻した平王は、「お前の望み通りにしてやろう」と言い、観従は卜尹になりたいと望み、王はそれを許したという。『左伝』昭公十三年に「召觀從王曰、『唯爾所欲』。對曰、『臣之先佐開卜』。乃使為卜尹」とあり、『史記』楚世家に「平王謂觀從、『恣爾所欲』。欲為卜尹、王許之」とある。下文で、「鄭壽」は平王とともに宗廟に入り、質問を受けているので、官職が卜尹であった可能性は高い。そうすると、平王期の卜尹としての観従を指しているとの推測も、確かに成り立つであろう。

「就鄭壽」の「就」字、原釈文は、『玉篇』に「就、從也」とあるのを指摘し、「鄭壽從平王」の意であると説く。但し、語順から言えば、平王が鄭壽を従えて、の意であろう。

「猷之於宗廟」の「猷」字について、原釈文は、「繇（繇）」に読み、『説文』を引いて「隨從」の意であるとするが、上文の「従」意と重複してしまう。陳偉は、「猷（はかる）」に読み、何有祖、郭永秉は「問」の意と解す。ここでは、それら諸氏の説を踏まえ、「猷」に釈読し、問うの意に解した。

「禍敗因重於楚邦」について、原釈文は「禍敗囙（因）童於楚邦」に読み、「童」は無知の意であると説くが、文意が通らない。陳偉は「因重」で「因襲」（重ねて起こる）の意に取り、楊澤生は「撼動」、凡国棟は「因踵」に読む。林文華は「甬童」に読み、「陥動」の意であると説く。ここは、楚国に禍がたびたび起こることを言っているであろう。具体的には、まず霊王の王位簒奪（王の郟敖およびその子らの殺害）や失政（度重なる徭役、楼台の建設）などがあげられる。王自身、「私は多くの子を殺した。今日の禍を免れることはできないのだ」とか、「民衆の怒りには逆らえない」「皆私に離反してしまった」などと述べている。(2) また、霊王の末路と楚国の混乱、そして、混乱に乗じた平王の即位などもあげられよう。(3) 従って、原文の「禍敗因重於楚邦」とは、霊王期から平王期に至るこれらの事態を受けて言っているであろう。

「懼鬼神以取怒」について、釈文は「懼魂（鬼）神、以取莱（恕）」に読むが、文意が通らない。「莱」字、何有祖は「怒」に読む。ここは、鬼神の怒りを買うのを（平王が）懼れるの意であろう。なお、本句は次の「思先王亡所歸」と対をなしていると思われるが、次の句が「先王」（人）について言っているので、ここは、楚の山川の「鬼神」について言っていると推測される。

「思先王亡所歸」の「思」字、何有祖は「使」に読み、ここを使役の意に取る。その場合は、「先王をして帰る所無からしむ」となるであろうが、前句の「懼」との対応を考えれば、「思」の方が相応しいであろう。なお、ここで言う「先王」とは、山中で悲惨な死を遂げた先代の霊王をはじめとする、歴代楚王の霊を指していると思われる。また、「亡所歸」とは、楚が宗廟を失うという深刻な事態に直面し、祖先祭祀が絶えてしまうことを言う。

「吾何改而可」について、原釈文は「虗（吾）可改而何」（吾改むるべきは而何《いかん》）に読む。文意に大差はないが、ここでは、陳偉が「吾何改而可」に作るのに従った。

「鄭壽始不敢答」の「始」字、原釈文は「怠（辞）」とする。意味に大差はないが、凡国棟が字形から「始」に読むのが良いであろう。

「王固猷之答」の「猷」字について、原釈文は「繇（繇）」に読んだ上で、『荀子』礼論篇の楊倞注を引いて「由」「從」の意とする。凡国棟は音通で「要（もとむ）」に読む。この字は、本篇冒頭にも「繇（猷）之於宗廟」と既出している。ここでは、冒頭部分に合わせて、「猷」に読んだ。

「【鄭壽曰】」の三字は、文意により筆者が補った。竹簡に欠損などはないが、直前の「王固猷之答」の後は、鄭壽の答えを記した箇所であると推定されるので、最も短い場合で「曰」、丁寧な表記であれば「鄭壽曰」あるいは「鄭壽對曰」などの文字が筆写漏れになっているのではないかと推定される。

「諾」字、原釈文は、「女（汝）」に読むが、臣下である鄭壽が王に向かって「汝」とは言わないであろう。陳偉は「如」と読み、以下の語が仮定であるとする。また別解として、「諾」（わかりました）の意とする。仮定の語とした場合、その仮定を受ける文言がないように思われる。従って、ここでは、「諾」の意に取った。

「毀新都栽陵臨陽」について、「新都」の後の四字は、二つの都市の名であろう。原釈文は「栽（鄢）陵」と「臨昜（陽）」に解す。董珊は、前者の都市名について、「鄢陵」とは場所が違うとし、「戚陵」に読む。確かに、鄢陵は鄭の邑であり、かつて楚はこの地で晉軍に敗北を喫している。[4]また凡国棟は後者の都市名について、『左伝』文公十六年に見える「臨品」であると説く。[5]伝世文献に見える都市に比定するのは難しいが、いずれにしても、鄭壽は、平王が築いたばかりの二つの新都を取り壊すよう、諫言しているのである。その理由としては、この二つの新都が平王の奢侈の産物であり、国の経済を圧迫するから、あるいは、無計画な都市建設で、政治的軍事的に無益であるから、などが考えられよう。

「殺左尹宛・少師無忌」について、原釈文は、「殺左尹、免少師亡（無）忌」とし、「無忌」は『史記』楚世家に見える「費無忌」であるとする。但し、そのように句読すると、前者は「左尹」と官名のみ、後者は「少師・無忌」と官名・人名となり、不均衡である。また、費無忌は、太子建を平王に讒言し、太傅の伍奢を殺した悪人として知られ、楚人の怒りを買って、昭王元年、令尹の子常に誅殺され、民衆はそのことを喜んだとされる。[6] 従って、この「免」を罷免・免官の意に取るのであればまだ良いが、「免」除するという意に解しているのであれば、不適切であろう。これに対して、陳偉・凡国棟は「殺左尹宛・少師無忌」に読み、「左尹宛」は『左伝』昭公二十七年に見える「左尹郤宛」であるとする。「郤宛」に比定してよいかどうかには疑問が持たれるが、[7] 句読位置はこのようにするのが良かろう。鄭壽は、国のために、この二人の悪臣を殺すよう、平王に諫言しているのである。

「鄭壽【曰】」の「曰」字も、前記の「【鄭壽曰】」と同様の理由で補った。

（二）後半釈読

明歳、王復見莫＝（鄭壽）、壽＝（鄭壽）出、據路以須、王與之語少＝（少少）、王笑05曰、「前冬言曰、『邦必亡』、我及今何若」。答曰、「臣爲君王臣、介備名、君王遷居、辱06於老夫。君王所改多＝（多多）、君王保邦」。王笑、「如我得免、後之人何若」。答曰、「臣弗【『平王與王子木』01】知■」。

明歳、王復た鄭壽を見、鄭壽出でて、路に拠りて以て須《ま》つ。王、之と語ること少少、王笑いて曰く、「前冬言いて曰く、『邦必ず亡びん』と。我、今に及ぶこと何若」。答えて曰く、「臣、君王の臣と為り、介《ただ》備名たるも、君王居を遷して老夫に辱《かたじけなく》す。君王改むる所多多なれば、君王邦を保つ」。王笑う、「如し我免かるるを得れば、後の人何若」。答えて曰く、「臣知らず」。

翌年、王は再び鄭壽と会見することになった。鄭壽は、住まいを出て、路に立って王の到着を待った。王は、しばし鄭壽と語ったが、王は笑いながら言った。「昨年の冬、そちは「必ず邦が滅びるでしょう」と言った。しかし私が今ここに至っているのはどうしたことか」。鄭壽は答えていった。「私は、王の一介の臣下であるにもかかわらず、王はわざわざ場所を移して私の所までお越し下さいました。王は多々自らを改められたので、邦を保つことができたのです」。王は笑った。「もし私がそれで滅亡を免れたのなら、私の後の楚王はどうか」。鄭壽は答えて言った。「私には分かりません」。

「明歲」について、原釈文は「陳歲」に読み、去年の意とするが、文意が通らない。以下は後日談であるから、何有祖が「明歲」と読むのが良いであろう。

「『邦必亡』、我及今何若」について、原釈文は、『邦必亡、我及含（今）可（何）若』と、全体に二重カギをつけ、これが全て鄭壽の発言であったとする。しかしここは、「邦必亡」の三字だけが鄭壽の言葉であろう。平王は、前年の鄭壽の予言「君王與楚邦懼難」を受け、それを短縮して「邦必亡」と述べているのである。そして、こうした予言があったにも関わらず、「我」（平王）が今に至っている（邦も安泰で私も壮健である）のはどうしたわけか、と鄭壽を揶揄しているのである。なお、陳偉は、「邦必喪我」で句読するが、やや不適切であろう。何故なら、前節における鄭壽の予言は「君王與楚邦懼難」というもので、「王」と「邦」との危難を並列関係で説いているからである。「邦」と「王」とはほぼ一体として説かれており、「邦」が「我」を「喪」ぼすという関係にはなっていないと思われる。

「臣爲君王臣、介備名」について、原釈文は「臣爲君王臣、介服名」に読み、「介」は「助」の意であると説く。また「服名」について、『尚書』の用例から、「祖服名數」、すなわち天子から賜った禄爵と服飾であると解説する。「介」字について、劉信芳は「獨（特）」に読み、「介備名」を、一介の備員にすぎない、の意に解す。「爲」字、凡国棟は「取」に読み、先述の二人を殺せといったことを指すとする。陳偉も「取」に読むが、意味は「趣」であるとする。何有祖は句読位置を変え、「臣爲君王臣介・服名」に読む。このように諸説があり、難解な箇所であるが、ここでは、「臣爲君王臣、介備名」と釈読し、「君王の臣と為り、介《ただ》備名たるも」と読んで、王の一介（名ばかり）の臣下であるにもかかわらず、の意と取りたい。鄭壽が平王に対して謙遜した表現をとっている箇所であると考えられるからである。

「君王遷居」について、釈文は「君王履居」の意に取るが、前後との文意がつながらない。陳偉は「君王弗居」、陳剣・何有祖は「君王遷居」、凡国棟は「君王踐處」に読む。ここは、平王が居所を離れ、わざわざ鄭壽のもとを訪れたことを説いていると思われるので、陳剣・何有祖が「君王遷居」と読むのが良いであろう。

「辱於老夫」について、原釈文は、「辱於」は「辱有」に同じであると説く。「辱」字について、陳偉は「降臨」の意であると説く。ここは、平王が自らの居所を離れて、老夫（鄭壽）のもとにかたじけなくもおいで下さった、の意であろう。「辱」は「辱臨」の意であると思われる。前句同様、平王に対する丁重な言と理解できよう。なお、「老夫」、竹簡の文字は「孝夫」に隷定できるが、原釈文の通り、「老夫」と釈読すべきであろう。

「君王所改多＝（多多）、君王保邦」について、董珊は、「君王所改多、多（宜）君王保邦」に読む。その場合は、前句が条件文になると思われるが、ここは、前年の予言にもかかわらず今年になっても平王が無事であることの理由を説いた箇所であるので、「君王所改多＝（多多）、君王保邦」と釈読し、王は多々自らを改められたので、邦を保つことができたのです、の意と取りたい。但し、平王が、鄭壽の諫言を受けて大いに反省したかどうかは分からない。特に、前年に鄭壽が進言した新都の取り壊しや悪臣の誅殺については、実行されたとは書かれていない。とすれば、本句は、自らを改めていない平王への皮肉の言であった可能性が考えられる。

「臣弗知」について、原釈文が「弟」とする字について、何有祖は「弗」に読む。この第六簡末尾、沈培は『平王與王子木』第一簡の「知」字に接続し、その後の数字分の空白の後、『平王與王子木』本文が始まると説く。この説によれば、『平王問鄭壽』の末尾は「弗知」の二字となる。すなわち、鄭壽は、「私の後の楚王はどうだろうか」という平王の問いに対して、「私めは（その時にはすでに死んでいるでしょうから）分かりません」と答えた、という意味に解することができる。
なお、原釈文が第七簡とする竹簡について、何有祖は、『平王與王子木』第四簡の「不得」の後に接続すると説く。ただ、『平王與王子木』第四簡は、文全体の結末を記す箇所であり、そこに、本簡が接続するとは考えがたい。

二、平王と鄭壽の問答

次に、本章の主題について検討してみよう。原釈文を担当した陳佩芬氏は、『平王問鄭壽』の全体を次のように解説している。

楚の平王が邦の「禍敗」について鄭壽に問うたが、鄭壽の答えは平王の意を得ず、それが鄭壽の不満となって、鄭壽は王に仕えなくなった。翌年、鄭壽が再び平王に謁見した際、平王は冷たい態度を取り鄭壽を侮辱した。鄭壽は、平王のような王位にある者であれば、態度を改めるべきだと考えた。

こうした本文理解は正しいであろうか。確かに、前半の問答についての陳氏の解説は、ほぼ妥当であると言えよう。楚の平王は、鄭壽を従えて宗廟に入り、そこで鄭壽に質問する。「不幸が我が国に重なり、私は鬼神の怒りを買うのを恐れ、先王の帰る所がなくなってしまうのを憂う。私は何を改めればよいであろうか」と。これは、先の語注で解説したような霊王期から平王期に至る楚国の度重なる混乱を踏んだ言葉であろう。これに対して鄭壽は、はじめ答えを固辞した。自分の諫言が、王の意に適うような内容でないことが分かっていたからである。しかし、王が強く答えを求めたので意を決して諫言した。新都の栽陵・臨陽を取り壊し、悪臣の左尹宛と少師無忌を殺しなさいと。しかし王はそれを拒絶する。そこで鄭壽は、「もしできなければ、王と楚邦に危難がおこるでしょう」と予言し、以降、病と告げて、出仕しなかったとされている。

陳氏の説く通り、確かに、鄭壽の言は平王の意を得ることはできず、鄭壽の諫言は退けられた。失望した鄭壽は病と偽って身を退いたのである。この出来事は、後半の「前冬」という語から、ある年の冬であったことが分かる。

では、後半の読解はどうであろうか。この一件があった翌年、王は再び鄭壽と会見することにした。鄭壽は、住まいを出て、路に立って王の到着を待った。王は、しばし鄭壽と語ったが、王は笑いながら言った。「昨年の冬、そちは「必ず邦が滅びるでしょう」と言った。しかし私が今こうしているのはどうしたことか」と。これは、鄭壽に対する皮肉・嘲笑と捉えられる。王は、鄭壽の予言が外れたとして、そのことをわざわざ鄭壽のもとに告げに来たのである。王は、この前年、鄭壽の諫言を受け、それを拒絶したところ、邦と我が身の滅亡を予言された。王にとっては、深刻で屈辱的な予言である。しかし、その予言は年を越しても実現しなかった。王はそれに安堵し、更に、鄭壽を見下そうとして、わざわざ鄭壽のもとを訪れ、皮肉混じりの言葉で嘲笑したのである。

これに対する鄭壽の言動は、きわめて丁重なものであった。鄭壽は答えていった。「私は、王の一介の臣下であるにもかかわらず、王はわざわざ場所を移して私の所までお越し下さいました。王は多々自らを改められたので、邦を保つことができたのです」と。この言は、一見、王に対する丁重な賛辞であるかのようにも捉えられる。しかし、前年の諫言に対して、王は何一つ改善の行動を起こしてはいない。とすれば、「多々自らを改められた」というのは、平王に対する強烈な皮肉の言であると考えられる。また、「王はわざわざ場所を移して私の所までお越し下さいました」というのも、一国の王の行動としては不適切であることを暗に批判したものであろう。楚国の王が臣下を嘲笑するために宮殿を離れわざわざ臣下のもとに赴いたこと自体、鄭壽には愚かな行為と捉えられたのであろう。このように、鄭壽は、王の皮肉の言に対し、自らも痛烈な皮肉で答えたのである。

これを受けて、平王はまた笑って言った。「もし私がそれで滅亡を免れたのなら、私の後の楚王はどうか」と。この笑いは、やはり鄭壽を見下す笑いであろう。王は、鄭壽の言葉を自分に対する皮肉と受け取り、その上で、予言が外れたことに対する鄭壽の言い訳であるとも考えたのである。臣下の諫言を退け、実は何も改めていない自分がこのように壯健でいられるのであれば、後の王も当然そうなのであろうな、という嘲笑を込めた問いである。

しかし、鄭壽の答えは、意外なものであった。「私は（その頃には死んでいるでしょうから）分かりません」と。「臣知らず」とは、突き放した表現である。鄭壽は王の問いに、もはや真正面から答えることはしなかったと言えよう。

陳佩芬氏は、本篇の後半部について、「鄭壽が再び平王に謁見した際、平王は冷たい態度を取り鄭壽を侮辱した」と解説するが、やや本質を捉えそこねているのではなかろうか。ここで交わされる問答は、直接的な侮辱ではなく、強烈な皮肉の応酬である。王も鄭壽も、真意を直接吐露するのではなく、間接的な表現に思いを乗せているのである。また陳氏は、本篇の結末を「鄭壽は、平王のような王位にある者であれば、態度を改めるべきだと考えた」と捉えるが、これもやや結末を見誤っているであろう。この最後の鄭壽の言は、平王に対する態度改善の要求ではない。臣下の諫言や予言を受け入れぬ平王を冷たく見放した発言と考えるべきであろう。

三、『平王問鄭壽』の著作意図

『平王問鄭壽』はこのように、鄭壽の諫言と楚の亡びの予言とに最大の眼目があったと理解される。では、こうした著作がなされる背景はどのようなものであったろうか。ここでは、本篇の著作意図について考察を加えてみよう。

鄭壽は、はじめ王の問いに答えて、具体的な進言を行っている。王の側にも問わねばならぬ必然性があったからである。それは、楚の度重なる不祥事であった。霊王から平王の時代にかけて、楚は失政と混乱を繰り返す。これを受けて、本篇における平王も、その「禍敗」を直視し、『吾何をか改めて可ならんか』と謙虚に反省の意志を示す。ところが、鄭壽が具体的な進言を行うと、にわかに態度を硬化させ、諫言を拒絶する。「改」めるべき点は何かと問いながら、決して態度を改めようとはしないのである。

また、その翌年の態度も、一国の王としてはあるまじきものであった。平王は、年を越しても鄭壽の予言が実現しないことに安堵し、自ら宮殿を出て、鄭壽のもとに向かう。お前の予言は実現しなかったぞと皮肉を言うために、臣下のもとに一国の王がわざわざ出向いたのである。無邪気で稚拙な態度と言うべきであろう。

このように、鄭壽の諫言と亡びの予言とは、平王には受け止めてもらえなかった。冷静・丁重に振る舞う鄭壽とは対照的に、子供じみた平王の態度が浮かび上がってくる。

とすれば、本篇は、単なる君臣問答の記録ではなく、結局は、楚の平王を批判した文献であると考えられよう。平王は、せっかく楚の「禍敗」を自覚し、一旦は自らの「改」善を志向しながら、結局は王としての度量を持つことができず、臣下の諫言を拒絶してしまった。また、亡びの予言が年を越えても実現しないことに気をよくして、わざわざ臣下のもとに出向き、嘲笑した。こうした愚かな王が批判されているのである。

それでは、このような平王評価は、他の伝世文献における平王評価とどのような関係にあるのであろうか。

まず、『左伝』では、平王の行為が「礼」に適っているとして評価される場合がある。

夏、楚子使然丹簡上國之兵於宗丘、且撫其民。分貧振窮、長孤幼、養老疾、收介特、救災患、宥孤寡、赦罪戻、詰姦慝、擧淹滯、禮新敘舊、祿勳合親、任良物官。使屈罷簡東國之兵於召陵、亦如之。好於邊疆、息民五年、而後用師、禮也。（夏、楚子然丹をして上国の兵を宗丘に簡し、且に其の民を撫せしむ。貧に分かち窮を振い、孤幼を長し、老疾を養い、介特を収め、災患を救い、孤寡を宥し、罪戻を赦し、姦慝を詰し、淹滞を挙げ、新を礼し旧を敍し、勲を祿し親を合わせ、良を任し官を物す。屈罷をして東国の兵を召陵に簡せしむるに、亦た之くの如くす。辺疆に好し、民を息うこと五年、而る後に師を用いるは、礼なり。）（『左伝』昭公十四年）

楚子聞蠻氏之亂也、與蠻子之無質也、使然丹誘戎蠻子嘉殺之、遂取蠻氏。既而復立其子焉、禮也。（楚子、蛮氏の乱ると蛮子の質無きとを聞き、然丹をして戎蛮子嘉を誘いて之を殺さしめ、遂に蛮氏を取る。既にして復た其の子を立つは、礼なり。）（『左伝』昭公十六年）

前者は、国民の救済、隣国との融和を図った平王が「礼」に適っていると評価されている。しかしこれは、平王が、策略によって前王を弑殺して王位に就いたことに引け目を感じ、国民や隣国の離反を恐れて急遽行った施策である。そのことを『史記』楚世家は、「平王以詐弑兩王而自立、恐國人及諸侯叛之、乃施惠百姓、復陳蔡之地而立其後如故、歸鄭之侵地、存恤國中、修政教（平王詐を以て両王を弑して自立し、国人及び諸侯の之に叛くを恐れ、乃ち恵を百姓に施し、陳蔡の地を復して其の後を立てて故の如くし、鄭の侵地を帰し、国中を存恤し、政教を修む）」と鋭く指摘している。確かに平王の救恤策は「礼」に適っていたかもしれないが、その動機は極めて不純なものであった。

また後者も、蛮氏の末裔が断絶しないようにした点を「礼」に適うとしている。だが、そもそも、その蛮氏の混乱につけ込んでその地を占領したのは、他ならぬ平王であった。前者同様、自らの悪事を糊塗するための作為ととられても仕方がない。

このように、『左伝』では、平王の行為を「礼」に適うとして評価する場合もあるが、それは、平王の言動全体を全面的に評価したものではなかった。混乱に乗じた即位を初めとして、平王の行為はむしろ否定的に説かれている。先述の通り、平王自身が、「私は多くの子を殺した。今日の禍を免れることはできないのだ」とか、「民衆の怒りには逆らえない」「皆私に離反してしまった」などと自らの行為を嘆いた、と記されているのである。

こうした評価との関連で注目されるのは、『史記』楚世家に見える太史公言である。

太史公曰、楚靈王方會諸侯於申、誅齊慶封、作章華臺、求周九鼎之時、志小天下。及餓死于申亥之家、為天下笑。操行之不得、悲夫、勢之於人也、可不慎與。弃疾以亂立、嬖淫秦女、甚乎哉、幾再亡國。（太史公曰く、楚の霊王、方に諸侯を申に会し、斉の慶封を誅し、章華台を作り、周の九鼎を求むるの時、志は天下を小とす。申亥の家に餓死するに及び、天下の笑いと為る。操行の得ざること、悲しきかな、勢の人に於けるや、慎しまざるべからず。弃疾は乱を以て立ち、秦女を嬖淫すること、甚しきかな、幾《ほと》んど再び国を亡ぼさん。）（『史記』楚世家）

ここでは、歴代楚王の内、霊王と平王が特に取り上げられ、酷評されている。平王の先代である霊王は、斉の慶封を誅殺し、章華台を作り、周の九鼎を求めた頃には、その大志は天下をも小さいとするほどであった。しかし、民に見放され山中で餓死するに及び、天下の笑い者となった。また、弃疾（平王）は、国の混乱に乗じて即位し、秦の公女を寵愛することが尋常ではなかった。

太史公の評価は厳しい。霊王に対しては、「悲しきかな。勢の人に於けるや、慎まざるべけんや」という。つまり、権勢がその人の実力を越えてしまったことを悲嘆する。また、平王の愚行については、「幾んど再び国を亡ぼさん」、すなわち、二度も楚国を亡ぼそうとしたのだ、と痛烈に批判している。

このような楚王評価は、まさに『平王問鄭壽』の主旨に合致すると言えよう。楚は、平王の次の代に当たる昭王の十年（前五〇六）、呉の侵攻により、国都郢を失う。しかし、そうした国の危難は、昭王の失政によってもたらされたのではなく、その先代と先々代とに当たる霊王・平王が招いた災禍だったのである。歴代楚王の中でも、この二人の王こそは、最も厳しい批判に晒されるべき王だったのである。

『平王問鄭壽』は、そうした楚王評価を端的に表明していたと言えよう。霊王期から平王期に至る楚国の混乱を、この文献は的確に踏まえて成立したものであると考えられる。

結語

以上、本章では、上博楚簡『平王問鄭壽』について検討を加えてきた。こうした予言構造を伴う文献は、先に検討した上博楚簡『莊王既成』[8]同様、当時の読者に深い反省を促したであろう。国難は、すでに予言されていた。それにも関わらず、歴代楚王は何の解決策も講ずることなく、ただ混乱を助長してきた。こうした思いが、読者には強くこみ上げてきたであろう。その読者とは、もちろん楚の為政者である。具体的には、昭王期以降の王や太子が想定される。

また、これに関連して、本篇が成立した時期としては、昭王期または恵王期頃を想定しておくのが妥当ではなかろうか。霊王・平王の失政を受け、国都が陥落した後の楚においてこそ、この話は切実な故事として受け入れられたはずである。

このように考察を進めてくると、『上海博物館蔵戦国楚竹書』第六分冊に収録されている一連の楚関係の文献に、一つの関連性を見いだすことができるように思われる。

まず、『莊王既成』は、楚の莊王期になされた予言という形を取って、その約百年後における昭王期の国難を説くものであった。春秋の五覇として名を馳せた莊王も、その国難の遠因を作った一人として批判されていたと考えられる。また、『平王與王子木』は、平王の子の王子木（建）を、太子としての見識を持たぬ人物として批判するものであった。[9]そして、本篇『平王問鄭壽』は、右のように、臣下の諫言を拒絶し、亡びの予言を深刻に受け止めぬ平王を批判する内容であった。

これらは、いずれも、楚の王権に対する教戒の文献として共通性を持つと言えよう。それぞれの成立時期を特定するのは難しいが、仮に同一時期の著作物であるとすれば、『莊王既成』や『平王問鄭壽』の内容から推して、楚の昭王期の国難を背景に著作されたという可能性が最も高いであろう。昭王期において国都を一旦失った楚は大きな衝撃を受けた。その原因がどこにあるのか、時の為政者は深刻な反省を加えたはずである。それを楚王の故事集という形で説いたのが、この一連の著作物ではなかったろうか。楚の亡びは、昭王期における突発的な事件ではない。すでに莊王から霊王、平王に至る歴代楚王の言動の中に、その萌芽が内包されていた。これらの故事集は、そうした楚の亡びの歴史を語っているのである。

注

（1）なお、以下に引く諸氏の見解は、すべてインターネット上に公開されているものである。以下では繁瑣を避けるため、氏名と要点のみを掲げる。それぞれの詳細については、「簡帛網（武漢大學簡帛研究中心）」（http://www.bsm.org.cn/index.php）、「簡帛研究」（http://www.jianbo.org/）参照。

（2）『左伝』昭公十三年に「王曰、余殺人子多矣。能無及此乎。……王曰、衆怒不可犯也。……王曰、皆叛矣」とあり、また、『史記』楚世家にも、「余殺人之子多矣、能無及此乎。……衆怒不可犯。……王曰、皆叛矣」などとある。

（3）是時楚國雖已立比為王、畏靈王復來、又不聞靈王死、故觀從謂初王比曰、「不殺弃疾、雖得國猶受禍」。王曰、「余不忍」。從曰、「人將忍王」。王不聽、乃去。弃疾歸。國人每夜驚、曰、「靈王入矣」。乙卯夜、弃疾使船人從江上走呼曰、「靈王至矣」。國人愈驚。又使曼成然告初王比及令尹子晳曰、「王至矣。國人將殺君、司馬將至矣。君蚤自圖、無取辱焉。衆怒如水火、不可救也」。初王及子晳遂自殺。丙辰、弃疾即位為王、改名熊居、是為平王。平王以詐弑兩王而自立、恐國人及諸侯叛之、乃施惠百姓。復陳蔡之地而立其後如故、歸鄭之侵地。存恤國中、修政教。吳以楚亂故、獲五率以歸。（『史記』楚世家）

（4）『春秋』成公十六年に「甲午、晦、晉侯及楚子・鄭伯、戰于鄢陵、楚子鄭師敗績」とある。

（5）『左伝』文公十六年に「楚子乘馹、會師于臨品」とある。

（6）昭王元年、楚衆不說費無忌、以其讒亡太子建、殺伍奢子父與郤宛。宛之宗姓伯氏子嚭及子胥皆奔吳、吳兵數侵楚、楚人怨無忌甚。楚令尹子常誅無忌以說衆、衆乃喜。（『史記』楚世家）

（7）確かに『春秋』には、「楚殺其大夫郤宛」（昭公二十七年）とあるが、『左伝』の解説によれば、これは、郤宛が鄢将師と費無極の謀略によって殺されたもので、郤宛その人については、「郤宛直而和、國人說之」と高く評価されている。ここで、鄭壽が郤宛を殺すべき悪臣としなければならぬ必然性は低いように思われる。

（8）上博楚簡『莊王既成』については、本書第二部第一章「『莊王既成』の「予言」」参照。

（9）上博楚簡『平王與王子木』については、本書第二部第三章「『平王與王子木』―太子の知性―」参照。

第五章　『昭王毀室』における父母の合葬

序　言

母を亡くした孔子は、所在不明となっていた父の墓所を苦労して探し出し、その地（防）に母の亡骸を合葬したという（『礼記』檀弓上、『史記』孔子世家）。この孔子の行為は、家族、特に父母の亡骸は同一墓所にあるべしとの意識を前提としているであろう。

これを広義の死生観・宗教意識に関する事例とすれば、そうした課題を探るための貴重な資料が近年提供されたことになる。上海博物館蔵戦国楚竹書（上博楚簡）の『昭王毀室』がそれである。『昭王毀室』には、父母の合葬（合骨）を願う「君子」が登場し、楚の昭王（在位前五一五～前四八九）に直訴する。

本章では、まずこの新出土資料『昭王毀室』を解読し、その構成上の特色について指摘する。次に、そこに登場する君子の合葬に対する意識、および君子に面会した昭王の対応の特色などを、類似の事例が見える『礼記』『晏子春秋』などとの比較を通して明らかにしたい。

また、本文献の背景として、楚地域における合葬の実態も問題となるであろう。これについて、近年の考古学的知見を基に、楚地域における代表的な墓地・墓葬形態を確認し、『昭王毀室』の持つリアリティについて検討する。

更に、これらの分析を踏まえ、最終的には、本資料の成立事情や文献的性格について、他の戦国楚簡との比較も行いつつ、考察を進めてみることとしたい。

一、上博楚簡『昭王毀室』

まず、本文献の書誌的情報を記しておく。写真・釈文を掲載する『上海博物館蔵戦国楚竹書（四）』（馬承源主編、上海古籍出版社、二〇〇四年十二月、『昭王毀室』の原釈文担当者は陳佩芬氏）によれば、『昭王毀室』は、これに続く『昭王與龔之脽』と併せて竹簡全十枚から構成されている。簡長は完簡の場合四三・三〜四四・二cm。竹簡の上下端は平斉で三道編綫。右契口。[1]

第五簡途中に墨節があり、明らかに二つに分節されていることが分かる。釈文では、そこまでの前半部を『昭王毀室』、そこから後を『昭王與龔之脽』としている。名称はいずれも内容に基づく仮称である。字数は『昭王毀室』一九六字、『昭王與龔之脽』一九二字。十簡の合計で三八八字である。

なお、上博楚簡の筆写年代については、周知の通り、二二五七±六五年前という中国科学院上海原子核研究所の炭素十四の測定値が紹介されている。この数値は、一九五〇年を定点とする国際基準に従って換算すると、前三〇七±六五年、すなわち前三七二年から前二四二年となる。下限は秦の将軍白起が郢を占領した前二七八年に設定されることから、書写年代は前三七二年から前二七八年の間の可能性が高いと推定される。原本の成立は当然これを遡るわけであるから、本章では、この『昭王毀室』について、遅くとも戦国時代の中期までに成立した文献であるとの前提に立って考察を進めてみたい。

では内容の検討に移る。以下では、便宜上、内容を四つの段落に区切って原文[2]と書き下し文、現代語訳、解説を掲載する。01・02などは竹簡番号、「▪」は墨釘、「■」は墨節、「／」は竹簡の断裂を輟合した箇所であることを示す。

『昭王毀室』はまず、昭王が宮室（離宮）を落成したという場面設定から開始される。

01昭王爲室於死湑之滸、室既成、將落之。[3]王誡邦大夫以飲酒。

昭王室を死湑の滸《ほとり》に為《つく》り、室既に成り、将に之を落せんとす。王、邦の大夫に誡《つ》げて以て飲酒せんとす。

楚の昭王は「死湑」のほとりに宮室を建設し、今まさに落成式を迎え、大夫たちを招いて宴会を始めようとしていた。[4]「死湑」とは地名であると推測されるが、後述のように、実は、この宮室は墓所のほとりに建設されたものであった。「死湑」とはそうした事態を暗示するかのごとくである。

既釁落之、[5]王入將落、有一君子喪服蹣廷、將跖闈。稚人[6]止之曰、02「君王始入室、君之服不可以進」。不止曰、／「小人之告窔將專於今日。[7]尔必止小人、小人將招寇」。[8]稚人弗敢止。

既に釁《きん》して之を落し、王入りて将に落せんとするに、一君子の喪服にして廷を蹣《こ》え、将に闈に跖《ゆ》かんとするもの有り。稚人之を止めて曰く、「君王始めて室に入るに、君の服、以て進むべからず」と。止まらずして曰く、「小人の告窔するや将に今日に専らにせんとす。尔必ず小人を止めんとすれば、小人将に寇を招かん」と。稚人敢て止めず。

「釁」の儀式も終わり、いよいよ王が臨席して落成式を挙行しようとしていた、その矢先、喪服に身を包んだ一人の「君子」が宮室の中庭を越えて内門に進入しようとした。門番は君子を制し、「今日は王が初めて宮室に入られる吉日なのに、そのような不吉な喪服で通すわけにはいかない」と言った。しかし君子は、「私が王にお目通りして申し上げるのは、今日でなければならないのだ。もし私を制止しようとすれば、災いを招くことになろう」と言ったので、門番はそれ以上制止しなかった。

「釁」とは、祭りに用いる銅器などが完成した際、犠牲の血を塗ることである。[9]ここでは、直後の「落」を具体的に説明する語と解する。なお、ここには「落」が続けて二度記されるが、前者の「落」が建設物や器物を対象とするものであったのに対し、「王入将落」の「落」は王自らが室内で行う最終的な儀式であると推測される。

君子は、門番の制止のことばに対して、今日でなければならないのだと強硬に反論する。しかも、もしこれ以上制止するのであれば「寇を招かん」とも言っている。これは、自分を止めようとすれば騒乱を起こすという意味であるが、「寇」は、もともと外からの災い（外寇）を示す語であるから、[10] その意を重視すれば、配下の者が外に武装して待機しているなどの状況を想定することもできよう。

では、君子がこれほどまでに言う「今日でなければならない用向き」とは何であろうか。それは次の段落によって明らかになる。

至03閨、卜令尹陳省[11]爲視日[12]。告、僕之母辱/君王不逆[13]、僕之父之骨在於此室之階下。僕將殮亡老□□□04以僕之不得、并僕之父母之骨私自敷[14]。卜/令尹不爲之告。君不爲僕告、僕將招寇。

閨に至り、卜令尹陳省視日為り。告ぐ、「僕の母、君王の不逆たるを辱しめ、僕の父の骨、此の室の階下に在り。僕将に亡老を殮《れん》せんとす。□□□04以て僕の得ざれば、僕の父母の骨を并せて自敷に私せんとす」と。卜令尹之が告を為さず。「君僕が告を為さざれば、僕将に寇を招かん」。

「君子」は門番の制止を振り切って内門に至ったが、そこには、王への奏上の取り次ぎ役の「卜令尹陳省」がいた。「君子」は、「私の母は、このような吉日に亡くなり、有徳の王を辱めました。実は、私の父の亡骸がこの宮室の階下に埋葬されているのです。私は、亡き父を弔い、……。もしそれがかなわなければ、私は両親の骨を自宅の敷地に改葬したいと思います[15]」と卜令尹に告げた。卜令尹は王への取り次ぎをしなかった。そこで君子は、「もし私の言を取り次いでくれないのなら、騒乱を起こします」と言った。

ここに至り、「君子」の切実な願いが何であるかが判明する。それは、合葬であった。昭王が築いた宮室は、「死滑」のほとりにあったが、実はそこは墓所であり、「君子」の父が埋葬されている場所だったのである。恐らくは、礼の規定により、母の埋葬の日取りが迫っているという設定であろう。「君子」は、父母の遺骸が離ればなれになることを忍びず、既に亡くなって葬られている父の亡骸とこのたび亡くなった母の亡骸とを、この地に合葬したいと願い出たのである。

竹簡の第三簡末尾は欠損しており約三字分を欠いている。そのため文意が読み取りづらいが、前後の文脈から判断して、ここには、亡き父とともに、母をも併せて弔いたいという「君子」の言があったと推測される。

しかし、既に宮室は竣工してしまった。そこで「君子」は、もし母の亡骸を合葬することが許されないのなら、父の墓を暴き、母の亡骸とともに他の場所に改葬したいと言うのである。この言に困惑した卜令尹は、取り次ぎを断るが、「君子」は、もし取り次いでくれないのなら騒乱を起こしますとその決意を表明する。

卜令尹爲之告。【王】[16] 05曰、吾不知其尓墓■。尓何待既落焉。從事。[17] 王徙居於平漫、卒以大夫飲酒於平漫■。因令至俑毀室■。

卜令尹之が告を為す。王曰く、「吾れ其れ尓が墓を知らず。尓何ぞ既に落するを待たん。事に従え」と。王居を平漫に徙し、卒に以て大夫を平漫に飲酒せしむ。因りて至俑をして室を毀せしむ。

君子の言に圧倒された卜令尹は、ついに昭王に奏上する。これを聞いた王は、「私はそもそもここが墓所であることを知らなかった。そなた（君子）はどうして落成式の終了を待つことがあろう。今すぐに父母の亡骸を合葬しなさい」と君子の願い出を聞き入れた。更に王は、場所を平漫の地に移し、落成式に参集した大夫たちをその地で饗応した。そして至俑に命じて、竣工したばかりの宮室を取り壊させた。

この場面において、ようやく昭王が登場する。卜令尹から事の次第を聞かされた王は、直ちに君子の願いを許可する。その理由は、そもそもこの地が墓所であったことを知らなかったという点にある。すなわち、昭王は意図的に悪意を持ってこの地に宮室を築いたのではないというのである。しかも、昭王は、落成式を中止し、参集した大夫たちを他の場所に移動させて宴会を挙行させる一方、死滑のほとりに築いた宮室を取り壊すよう命じた。ここからは、昭王の決断の早さと死者に対する敬意とを読み取ることができると言えよう。

以上が、『昭王毀室』の全文であるが、ここで改めて、構成上の特色についてまとめてみよう。

第一の特色は、導入部を含め、四つの場面によって構成されている点である。比較的短い文章ではありながら、テンポ良く場面転換が行われ、読者の興味を喚起する構成となっている。また、君子の切実な願いの内容が、後半に至ってようやく明かされたり、「死滑」のほとりという冒頭の地名がその後の話の伏線となっている点なども、読み物として読者を相当に意識した作りとなっている。更に、登場する人物も多様である。場面転換に伴い、「君子」と「稚人」、「卜令尹陳省」と「君子」、「卜令尹」と「王」、「王」と「君子」、「王」と「至俑」、というように登場人物が入れ替わる。これらの点は、後世の通俗小説や語り物のスタイルを髣髴とさせる。

二、合葬の思想

それでは次に、『昭王毀室』の内容面の特質について検討してみよう。実は、合葬を願い出るという類話は、他の伝世文献にもうかがうことができる。本章では、それらとの比較を通して、『昭王毀室』の特質を探ってみる。

まず、『礼記』檀弓上篇に次のような記載が見える。

季武子成寢、杜氏之葬在西階之下、請合葬焉、許之、入宮而不敢哭、武子曰、合葬、非古也、自周公以來、未之有改也、吾許其大而不許其細、何居、命之哭」（『礼記』檀弓上）

これは、季武子（魯の公子季友の曾孫の季孫夙）が城外に屋敷を建設したところ、たまたま杜氏の墓地がその地内にあり、その人の請いにより合葬することを許したという話である。合葬を許された杜氏は、季武子に遠慮して「哭」しなかったが、季武子は、合葬という大事を許した以上そのような細事はどうでもよいと「哭」礼することを命じたという。

注目されるのは、「合葬は古に非ざるなり。周公より以来、未だ之改むること有らざるなり」と、合葬が古代の習俗ではないものの、周代においては周公旦以来の伝統的礼制であるとされている点である。この点は『昭王毀室』には明言されない要素であるが、『礼記』の方は、あまりに短文で、『昭王毀室』のようなドラマ性は稀薄である。

これに対して、『晏子春秋』に記される二つの話は、『昭王毀室』同様、やや手の込んだ作りになっている。

景公成路寢之臺、逢于何遭喪、遇晏子于途、再拜乎馬前。晏子下車挹之、曰、「子何以命嬰也」。對曰、「于何之母死、兆在路寢之臺牖（墉）下、願請命合骨」。晏子曰、「嘻、難哉。雖然、嬰將為子復之、適為不得、子將若何」。對曰、「夫君子則有以、如我者儕小人、吾將左手擁格、右手梱心、立餓枯槁而死、以告四方之士曰、『于何不能葬其母者也』」。晏子曰、「諾」。遂入見公、曰、「有逢于何者、母死、兆在路寢、當如之何〔當牖下〕」。願請合骨」。公作色不說、曰、「古之及今、子亦嘗聞請葬人主之宮者乎」。晏子對曰、「古之人君、其宮室節、不侵生民之居、臺榭儉、不殘死人之墓、故未嘗聞諸請葬人主之宮者也。今君侈為宮室、奪人之居、廣為臺榭、殘人之墓、是生者愁憂、不得安處、死者離易、不得合骨。豐樂侈遊、兼傲生死、非人君之行也。遂欲滿求、不顧細民、非存之道。且嬰聞之、生者不得安、命之曰蓄憂。死者不得葬、命之曰蓄哀。蓄憂者怨、蓄哀者危、君不如許之」。公曰、「諾」。晏子出、梁丘據曰、「自昔及今、未嘗聞求葬公宮者也、若何許之」。公曰、「削人之居、殘人之墓、凌人之喪、而禁其葬、是于生者無施、于死者無禮。詩云、『穀則異室、死則同穴』。吾敢不許乎」。逢于何遂葬其母路寢之牖下、解衰去絰、布衣縢履、元冠茈武、踊而不哭。躃而不拜、已乃涕洟而去。（『晏子春秋』内篇諫下第二、景公路寝臺成逢于何願合葬晏子諫而許第二十）

斉の景公が正殿の楼台を築いた時、逢于何はちょうど母親を亡くした。逢于何は墓地がその楼台の土壁の下にあるので、そこに既に葬られている父とこのたび亡くなった母とを合葬させてほしいと晏嬰に頼んだ。晏嬰は景公に取り次ぐが、これを聞いた景公は、未だかつて君主の宮殿に葬りたいなどという話は聞いたことがないと拒絶した。すると、晏嬰は景公を諫めて、「古の人君は、其の宮室は節にして、生民の居を侵さず、臺榭は倹にして、死人の墓を残わず。故に未だ嘗て諸を人主の宮に葬ることを請う者を聞かざるなり。今君侈りて宮室を為り、人の居を奪い、広く臺榭を為りて、人の墓を残なう。是れ生者は愁憂して、安處するを得ず、死者は離易して、骨を合わすを得ず」と説いた。景公はそれを許し、逢于何は遂にその母を埋葬することができたが、その際、喪服を脱ぎ、哭せず、涙を流しながら去っていった。

ここでは、斉の景公が築いた楼台が、たまたま逢于何の墓の上にあったことになっており、『昭王毀室』と状況設定が類似している。また、最終的には合葬の願いがかなうという結末も同様である。更に、逢于何と晏子の問答が繰り返された後、晏子がそれを景公に取り次ぐという展開や、最終的には景公も「詩」を引用しつつ合葬を許諾する点などには、一種の物語性が付与されていると言える。

しかし、『昭王毀室』では、楚の昭王が君子の申し出を聞いて直ちに自らの非を悟り、完成したばかりの宮室を毀してまで合葬を勧めたのに対し、斉の景公は、はじめ逢于何の願いを拒絶し、晏嬰に諫められて渋々許諾したのである。当然のことながら、『晏子春秋』では、晏子の智恵と活躍に光が当てられていて、景公の側は、晏子の強い諫言によってようやく己の非を悟るという役回りを演じさせられているのである。

これと同様の性格を看取できるのが、次の資料である。

景公脊于路寢之宮、夜分、聞西方有男子哭者、公悲之。明日朝、問于晏子曰、「寡人夜者聞西方有男子哭者、聲甚哀、氣甚悲、是奚為者也。寡人哀之」。晏子對曰、「西郭徒居布衣之士盆成适也。父之孝子、兄之順弟也。又嘗為孔子門人。今其母不幸而死、祔柩未葬、家貧、身老、子孺、恐力不能合祔、是以悲也」。公曰、「子為寡人弔之、因問其偏柎何所在」。晏子奉命往弔、而問偏之所在。盆成适再拜、稽首而不起、曰、「偏柎寄于路寢、得為地下之臣、擁札摻筆、給事宮殿中右陛之下、願以某日送、未得君之意也。窮困無以圖之、布唇枯舌、焦心熱中、今君不辱而臨之、願君圖之」。晏子曰、「然。此人之甚重者也、而恐君不許也」。盆成适蹶然曰、「凡在君耳。且臣聞之、越王好勇、其民輕死。楚靈王好細腰、其朝多餓死人。子胥忠其君、故天下皆願得以為子。今為人子臣、而離散其親戚、孝乎哉。足以為臣乎。若此而得祔、是生臣而安死母也。若此而不得、則臣請輓戶車而寄之于國門外宇霤之下、身不敢飲食、擁轅執輅、木乾鳥栖、袒肉暴骸、以望君愍之。賤臣雖愚、竊意明君哀而不忍也」。晏子入、復乎公、公忿然作色而怒曰、「子何必患若言而教寡人乎」。晏子對曰、「嬰聞之、忠不避危、愛無惡言。且嬰固以難之矣。今君營處為游觀、既奪人有、又禁其葬、非仁也。肆心傲聽、不恤民憂、非義也。若何勿聽」。因道盆成适之辭。公喟然太息曰、「悲乎哉、子勿復言」。迺使男子袒免、女子髽者以百數、為開凶門、以迎盆成适。适脫衰絰、冠條纓、墨緣、以見乎公。公曰、「吾聞之、五子不滿隅、一子可滿朝、非迺子耶」。盆成适于是臨事不敢哭、奉事以禮、畢、出門、然後舉聲焉」。（『晏子春秋』外篇第七、景公臺成盆成适願合葬其母晏子諫而許第十一）

斉の景公が楼台を築いた時、盆成适なる者が、「父の墓が宮殿の間近にあり、そこに既に葬られている父とこのたび亡くなった母とを合葬させてほしい」と晏嬰に頼んだ。これを聞いた景公は怒ったが、晏嬰は景公を諫め、景公は嘆息しつつもそれを許した。盆成适は合葬するに際して哭せず、門を出てから哭泣した。

これも前記の話と酷似する内容である。ここでも、ある晩、西方で男子の哭泣する声を景公が聞き、明朝、それを晏子に告げると、晏子がそのわけを解説する、という書き出しになっていたり、合葬の願い出を聞いた景公が「忿然として色を作して怒」ったり、と読者を強く意識した物語性が認められる。この点は前者と同様である。また、合葬を許された盆成适が景公に遠慮して「哭」しなかったという点も、先の『礼記』や右の『晏子春秋』と同様である。

ただここで注目されるのは、合葬を願い出た盆成适なる人物が「父の孝子、兄の順弟」で、かつて「孔子の門人」であったとされている点である。また、盆成适自身も、合葬を求める理由として「今人の子臣と為りて、其の親戚を離散するは、孝ならんや、以て臣と為すに足らんや」と力説している。ここには明らかに、「孝」「悌」といった思想的要素が看取できると言えよう。

また、晏子の諫諍の中にも、「忠は危きを避けず、愛は悪言無し」とか、「既に人の有を奪いて、又た其の葬を禁ずるは、仁に非ざるなり。心を肆にして聴に傲り、民の憂いを恤《あわれ》まざるは、義に非ざるなり」のように、「忠」「愛」「仁」「義」などの徳目が列挙される。つまり、景公を説得する理由として、こうした儒家的とも言える徳目が強調されているのである。景公は、かかる思想的言説に押されて、ようやく合葬の願いを聞き入れたのである。これは、『昭王毀室』において、楚の昭王が死者に対する敬意からあっさりと合葬を許したのとは、相当に異なる展開であると言えよう。

このように、『昭王毀室』と右の『晏子春秋』の二つの話とは、同じく合葬を話題としながらも、内容的には、むしろ異質な側面を備えている。『昭王毀室』が、合葬を願い出る「君子」と物わかりの良い「昭王」とに焦点を当てているのに対して、『晏子春秋』では、景公に長口舌を振るう晏子の活躍が際だっている。「孝」「悌」「忠」「愛」「仁」「義」といった道徳的要素の有無という点でも、両者は対照的な性格を示している。

そして、この点にこそ、『昭王毀室』の特色を見出すことができるであろう。『昭王毀室』は、合葬を話題としながら、そこに「孝」「悌」や「仁」「義」といった思想的言説を介在させてはいない。「君子」は率直に父母の合葬を懇願しているのであり、また、昭王も、直ちにその意を理解して、合葬を許諾した。更に、登場人物は多いものの、『晏子春秋』における晏嬰のような役割を持った人物は登場しない。悲壮な覚悟で合葬を願う「君子」と、せっかくの宮室を「毀室」して合葬を許す「昭王」とに、読者の視点は集中する。

このように、両者の話には異質な要素が認められるわけであるが、はたしてその先後関係はどのように理解されるであろうか。もちろん、資料的な制約から断定的なことは言えないが、合葬の類話が『晏子春秋』に二件、『礼記』に一件記されていることを重視すれば、こうした話の大枠自体は、北方において一つの話型として比較的早期に成立しており、それが南方の楚にも伝播した、との推測が一応可能となろう。もしこうした先後関係が想定されるのであれば、その話型を受容するに際し、『昭王毀室』では、換骨奪胎とも言うべき改変が施されたことになる。それは、晏嬰のような特定の思想家または特定の思想を宣揚するという内容から、物わかりの良い楚の昭王を顕彰するという内容への大きな変容である。大枠は保持されながらも、内実はかなりの変容を遂げたのである。

ただもう一つの可能性も充分に考慮しなければならない。それは、こうした合葬の話型そのものは古くから各地に存在し、『昭王毀室』もその一つを反映するものであったという可能性である。この場合、『昭王毀室』の方がむしろ素朴な合葬の説話として構成されており、『晏子春秋』には、思想的な潤色が施されているということになる。『昭王毀室』では、儒家的な徳目とは関係なく、人の死に思いを致す王が描かれていると言えよう。

三、合葬の実態

いずれにしても、『昭王毀室』の「合葬」は、読者にとってリアリティを持つ話として受け止められたのであろうか。

前記の『礼記』檀弓篇では、合葬が周公旦以来の伝統的礼制であるとして、季武子が合葬を許したことになっている。また、『晏子春秋』でも、墓所の上に楼台や宮室が建設されてしまったことから、その地に父母の合葬を願う人物が登場し、晏子に諫められた景公が結局はそれを許すという話になっている。『礼記』や『晏子春秋』において、合葬そのものは一定の現実感を持つ行為として描かれているように思われる。この点は、孔子が父の墓所である防の地を探し出し、そこに母を合葬したとされる伝承においても、当然の前提になっていたと言えるであろう。では春秋時代の楚の地を舞台とする『昭王毀室』についても、これと同様に考えて良いのであろうか。

そこで以下では、合葬（合骨）という墓葬形態の事例について、近年の考古学的知見を基に検討し、『昭王毀室』における合葬のリアリティという問題について考えてみよう。

まず、合葬ということばから連想されるのは、古代における公共墓地であろう。例えば、新石器時代晩期の仰韶文化の内、陝西省華陰横陣村の墓地で計二十四座の墓葬が確認されているが、その内の一号墓は五つの長方形小坑からなり、一坑あたり最多で十二体、最少で四体、計四十四体を埋葬している[18]。また、これに続く龍山文化の墓葬の内、龍山晩期に位置づけられている甘粛省永靖秦魏家の斉家文化墓葬でも、九行排列一三二座の墓群が確認されているが、長方形の竪穴墓には、単身墓、合葬墓の両種が認められ、この内の合葬墓は、子供の合葬、成人の合葬、子供・成人合葬の三種に分類されている[19]。また同じく甘粛省武威皇娘娘台M48でも、一男二女の三人の合葬墓が見られる。

ただいずれにしても、これら古代文化の合葬の事例は、共同墓地の中に複数の屍体を埋葬したものである。それぞれの屍体を収める棺槨も確認されていない。文字通り合骨の状態なのである。

これに対して、周代に入ると、木室を主とする墓葬形態が見られるようになる。『周礼』によれば、「以本俗六、安萬民、一曰媺宮室、二曰族墳墓」（大司徒）、「五比為閭、使之相受、四閭為族、使之相葬、五族為黨、使之相救」（同）というように、同族墳墓の制定や管理が謳われるようになる。また、『礼記』では「天子之棺四重」（檀弓上、鄭注に「諸公三重、諸侯再重、大夫一重、士不重」）のように棺椁の数も規定される。考古学的にも、河北省中山王墓地、河南省淅川下寺墓地、湖北省荊門包山墓地、同・紀山古墓群、同・江陵天星観墓地、同・葛陂寺楚墓、雨台山楚墓などは、同一墓地内に複数の墓坑が寄り添うように点在しており、墓主の身分の上下はともかくとして、ともに墓室・棺椁を有する典型的な家族墓であると考えられている。郭徳維『楚系墓葬研究』（湖北教育出版社、一九九五年）によれば、葛陂寺楚墓では縦一三〇m、横一八mの中に四十四座の墓が、また、雨台山楚墓では縦一〇五〇m、横八〇mの中に七百余座の墓が確認されている。『周礼』『礼記』に見られるような規定は実態としても存在したのであろう。

その中でも、特に注目されるのは、湖北省江陵の葛陂寺楚墓や雨台山楚墓である。これらはその墓葬形態から春秋戦国期の家族墓であると考えられているが、前者は一九六二～六四年にかけて発掘されたもので、そのM41は一穴双棺墓として注目される。つまり、一つの墓坑内に同形の二つの木棺が縦に二つ並べて収められているのである。また後者の雨台山楚墓は、一九七五～七六年に発掘されたもので、その内のM463、M483は一椁両棺墓という興味深い形態をとっている。すなわち、同一墓坑の中に一つの大きな外椁が埋葬されており、その中に同形の内棺が縦に二つ併置されているのである。残念ながら墓主は明らかになっていないが、いずれにしても、葛陂寺M41と雨台山M463・M483とは、外椁を伴うか否かの違いはあるものの、ともに夫婦の合葬墓であったと推測されている[20]。

そしてこれらはいずれも湖北省、すなわち旧楚地における墓葬の実例である。湖北地区の古墓について論ずる『湖北考古発現与研究』（楊宝成主編、武漢大学出版社、一九九五年）によれば、春秋戦国時代の楚墓は墓主の身分によって以下の五種に分類されるという。すなわち、楚王の墓、封君・上大夫の墓、下大夫・中等貴族の墓、士墓、庶民墓である。これらは、身分によって、棺椁の数、墓坑・墓道・封土の規模、副葬品の多寡、陪葬墓の有無、などに違いがあるものの、基本的には、それぞれの墓群が家族墓・同族墓によって構成されているという点で類似する。

こうした考古学的知見をまとめれば、合葬には少なくとも三種の型があったと概括できるであろう。第一は、古代文化墓に見られたような公共墓地における合葬であり、棺椁は伴わず、複数の屍体を同一墓坑に埋葬するものである。第二は、多くの楚墓に見られる例で、同一墓地内に密集して墓坑を掘り、その墓室の中に一体ずつ埋葬するという家族墓・同族墓の形態である。そして第三は、葛陂寺楚墓や雨台山楚墓に見られたように、同一墓坑内あるいは同一外椁内に二つの内棺を併置するというものである。

では、こうした考古学的知見を基にすれば、『昭王毀室』の合葬はどのように理解されるであろうか。まず、春秋時代の楚の昭王の治世においても、父母の合葬は一定の現実を反映する行為であったと推測される。旧楚地からの出土例では、多くの墓群が家族墓・同族墓として捉えられた。

ただ、『昭王毀室』において合葬を願い出る人物が「君子」と表現されていることには注意を要するであろう。「君子」と言われるからには、一定の身分を備えた人物が想定されているはずである。[21]とすれば、その「君子」が求めた合葬とは、右の第一の型のような、共同墓地に棺椁を伴わずに屍体を埋葬するというものではなかったと推測される。恐らくここで想定されているのは、第二の型、または第三の型であったと思われる。一方、昭王はここに墓所があることを知らずに宮室を建設した、とされている以上、その墓はそれほど大きな規模ではなく、封土も自然地形と見分けがつかない程度のものが想定されていたと考えられる。[22]

結　語

以上、本章では、上博楚簡『昭王毀室』の構成と内容について分析し、類似の事例を記す他の伝世文献や近年の考古学的知見をも参考にしながら、そこで言われる合葬の特色について考察を加えてきた。最後にここでは、それらを踏まえつつ、『昭王毀室』の文献的性格についてまとめておきたい。

まず、『昭王毀室』で主題となっている合葬という行為が、一定の現実感を持つものとして受け止められていたであろうことは、右の考古学的知見からも明らかである。『昭王毀室』の編者は、これを全くの架空の話として創作したのではなく、実話またはありうべき事例として取り上げたと推測される。

次に、『礼記』や『晏子春秋』との比較で明らかになるのは、『昭王毀室』における説話としての素朴な性格である。もっとも、子が父母の合葬を願い出るというのは、広い意味での「孝」に該当する行為であったとも言える。しかし、晏子が「孝」や「仁」「義」といった明快な思想的観点から景公を諫め、合葬の許諾を取り付けたのに対して、『昭王毀室』の「君子」は「孝」や「仁」「義」は口にせず、また楚の昭王も、誰に諫められるわけでもなく、自ら直ちに宮室建設の非を悟り、合葬を許し、宮室の取り壊しを命じている。ここには、その思想的性格という点において、『礼記』や『晏子春秋』とは、明らかな距離が感じられる。

更に、『昭王毀室』は、比較的短い話の中に、具体的な官名・人名を有する複数の人物を登場させ、場面転換も多用するなど、後世の通俗小説や語り物のスタイルを髣髴とさせる構成をとっている。これは、編者がその地の読者を強く意識した結果であろう。

この点については、『昭王毀室』の末尾と墨節で区切られた後続部、つまり『昭王與龔之脽』についても同様のことが言える。『昭王與龔之脽』は、残欠があり、文意を読み取りづらい箇所もあるが、やはり楚の昭王と龔之脽という人物、および楚の「大尹」が登場し、いくつかの異なる場面によって全体が構成されている。更には、「天、禍を楚邦に加え、霸君呉王、郢に廷至し、楚邦の良臣骨を暴す所となる」と、楚の立場から呉楚両国の敵対関係を説く箇所も見られる。

仮に、この二つの話が、広範な読者を想定し、また、明確な思想の宣揚を目的としていたのなら、このような楚特有の土着的要素はむしろ捨象されていたはずである。ところが、この二つの話は、まるで実話をそのまま筆記したかのような土着性・具体性を帯びている。

もっとも、同じく戦国楚簡の中の『魯穆公問子思』や『魯邦大旱』なども、穆公と子思、哀公と孔子、子貢などが登場するという、具体性の高い文献である。ただ、これらは同時に、孔子や子思といった特定の思想家を称揚しようという執筆意図が明らかであり、また魯を中心とする孔子学団の活動地の産物であることも言を待たない。この点、『昭王毀室』とはやはり文献的性格が異なるように感じられる。

これらのことから、『昭王毀室』は、特定の思想家や「孝」「悌」「仁」「義」などの倫理的要素を宣揚するために広く世界に向けて発信された思想的文献というのではなく、楚の王、太子、あるいは貴族などを主な読者対象として編纂された楚の在地性の文献である可能性が高いと考えられる。[23] 昭王の知性と決断とは、まずはこの楚地でこそ讃えられるべきものだったはずである。

注

（1）契口とは、編綫がずれないようにするために、竹簡に施された小さな切れ込みのこと。詳細については、本書冒頭の「竹簡学用語解説」参照。

（2）ここに言う原文とは、『上海博物館蔵戦国楚竹書（四）』に掲載された陳佩芬氏の原釈文を底本とし、筆者が最終的に釈読した釈文である。従って、陳氏の原釈文と文字の認定が異なる場合もある。その点を含め、必要と思われる箇所についてはその都度注記する。なお、現時点では管見の及ぶ限り、『昭王毀室』全体を通訳してその内容や文献的性格について論じたものは見られない。以下で注記するものは、全てインターネット上に掲載されている札記類である。

（3）格字、原釈文は「格」（至る）に読むが、董珊「読《上博蔵戦国楚竹書（四）》雑記」（「簡帛研究」網站、二〇〇五年二月二十日）は「落」に読み、落成の意とする。

（4）なお、『昭王毀室』の故事は『左伝』『戦国策』『史記』など伝世文献には見えない。

（5）原釈文は、「飲既。之」と句読し、は待考とするが、董珊は「飲酒。既釁落之」と読み、釁は落（落成の祭祀）を修飾する語と説く。

（6）原釈文は侏人、宮中の御侍と解す。他に「寺人」（孟蓬生「上博竹書（四）間詁」（「簡帛研究」網站、二〇〇五年三月六日））、「閽人」（魏宜輝「読上博楚簡（四）箚記」（「簡帛研究」網站、二〇〇五年三月十日））、「雉人」（鄭玉姍「《上博四・昭王毀室》箚記」（「簡帛研究」網站、二〇〇五年三月三十一日））、「宗人」（董珊前掲論考）などとする説もある。いずれにしても下役の門番の意と思われる。なお『昔者君老』では、類似表現として、「至命於閤門、以告寺人、寺人入告于君、君曰、召之（至りて閤門に命じ、以て寺人に告げ、寺人入りて君に告ぐ。君曰く、之を召せと）」とある。

（7）字、原釈文は待考とするが、楊澤生「《上博四》札記」（「簡帛研究」網站、二〇〇五年三月二十四日）は、当該句を「小人之告窆將斷於今日」に読み、「告窆」とは下葬した日を告げることであると説く。

（8）「訋」字、原釈文は『玉篇』により「挈」と釈読し、「牽引」の意に取るが、兪志慧「読上博四《昭王毀室》小札」（「簡帛研究」網站、二〇〇五年三月二十四日）は「詔」と隷定した上で、「召（招）」の意に解し、「召寇」の用例が他の伝世文献（『左伝』『荀子』など）にもあることを指摘する。

（9）『孟子』梁恵王上篇に「将以釁鐘」とある。

（10）『左伝』文公七年に「兵、労に作るを乱と為し、外に於てするを寇と為す」とある。

（11）原釈文は「卜令」と読み、楚の官名（掌占卜）とするが、范常喜「読《上博四》札記四則」（「簡帛研究」網站、二〇〇五年三月三十一日）は「辻令尹」と読み、楚の司法部門の長官であり、案件を楚王に報告する役職であると説く。

（12）原釈文は「見日」と隷定した上で、「日中」と解するが、陳偉「関于楚簡「祝日」的新推測」（「簡帛研究」網站、二〇〇五年三月六日）は、「視日」と釈読した上で、「視日」の語が包山楚簡・江陵楚簡の中に見えることを指摘し、意味としては、①代称または尊称、②官名、の両説があるとする。また、「視日」は、もともと「巫」の一種で、楚人の原始神判時代の「主審官」を意味しており、ここでは、伝世文献に見える「当日」「直日」同様、君主への奏上の取り次ぎ役であるとする。

（13）「不逆」について、原釈文は君子の謙称で、「不逆之君」とは有道の君の意であるとし、『晏子春秋』内篇問下に「君子懐不逆之君」（晏子使呉呉王問可處可去晏子對以視國治亂第十）とあるのを指摘する。なお、原釈文は、「母」を「毋」に読み替えて、「僕之毋辱君王不逆、僕之父之骨在於此室之階下」と釈読するが、文意未詳である。この文献には、「母」「父」の対応関係が認められるので、「母」と認定するのがよいであろう。「母」が「辱君王不逆」とは、このような落成式という吉日に母の葬儀を出すこととなり、有徳の王を辱めることになる、という意味に取れる。

（14）原釈文は「并僕之父母之骨私自敷」と釈読するが文意未詳。董珊前掲論考は「并僕之父母之骨屍自宅」と読む。原釈文が「自塼（敷）」と読む「塼」は人名でしか使われない特殊字。「敷」は「敷」の同字であり、「自敷」とは自宅の敷地のことかと推測される。

(15) この部分、竹簡に欠損があり、意味を取りづらい箇所であるが、一応このように解釈してみた。また、ここでは「骨」とあり、文字通り取ると、改葬（二次葬）を意味しているかのようであるが、後述の『晏子春秋』でも、合葬の意で「骨」字が使われていることから、ここでも、広く合葬の意と解しておきたい。

(16) 第四簡末尾は一字分欠損しているが、「王」の可能性が高いであろう。

(17) 原釈文は「尓古鬚既格、安從事」と釈読するが文意未詳である。董珊前掲論考は「爾胡（何）待既落焉從事」と釈読する。この場合の「從事」とは、父母を合葬することであろう。また「尓何待落」と言っているので、落成の儀式は一定の時間あるいは数日続くという設定になっていると思われる。

(18) 中国社会科学院考古研究所編『新中国的考古発現和研究』（文物出版社、一九八四年）

(19) 葉驍軍『中国墓葬研究系列中国墓葬歴史図鑑（上巻）』（甘粛文化出版社、一九九四年）。

(20) 前掲の郭徳維『楚系墓葬研究』、および湖北省荊州地区博物館『江陵雨台山楚墓』（文物出版社、一九八四年）。

(21) この「君子」が伝世儒家系文献に見られるような道徳性を帯びた人格者として描かれているかどうかは必ずしも明らかではない。ここでは、むしろ「君子」の原義である「貴族」という身分を示しているものと理解しておきたい。

(22) 封土・墳丘については、『礼記』檀弓上に、孔子が母を合葬しようとした際、父の墓所が分からなかった理由として次のように記されているのが注目される。「孔子既得合葬於防、曰、吾聞之、古也墓而不墳」。

(23) ここで注目されるのは、郭店一号楚墓の墓主が楚王の太子の師（教育係）であったとの見解である。これは「東宮之師」と記す耳杯が副葬されていたことによる仮説であるが、もしそうであるとすれば、そこに随葬されていた楚簡も、太子教育用の文献を含んでいた可能性が高い。同様に、この上博楚簡『昭王毀室』も、読者として最も相応しいのは昭王以降の楚国の王や太子であったと言えよう。昭王の事績を学び、またその故事を読み進めつつ自ずから楚の官職名や職分などに精通することができる、そうした文献として『昭王毀室』は存在意義を持っていたように思われる。なお、この問題については、後続の『昭王與龔之脽』と併せて検討する必要があろう。詳細については、拙稿「語り継がれる先王の故事―上博楚簡『昭王與龔之脽』の文献的性格―」（『中国研究集刊』第四十号、二〇〇六年）参照。

第六章　『君人者何必安哉』―教戒書としての意義―

序　言

『上海博物館蔵戦国楚竹書』第七分冊が二〇〇八年十二月の奥付で刊行され、二〇〇九年一月、日本にも輸入された。そこには、『武王踐阼』、『鄭子家喪』（甲・乙）、『君人者何必安哉』（甲・乙）、『凡物流形』（甲・乙）の諸文献が含まれていた。この中で、『君人者何必安哉』は、臣下の范乗が楚王に対して諫言する内容であり、これまで筆者が取り上げてきた一連の楚王関係故事に関わる文献の一つと推測される。そこで本章では、この『君人者何必安哉』を取り上げ、その全体を釈読した上で、楚王故事としての特質について若干の検討を行ってみることとしたい。

一、書誌情報

釈読に先立ち、『君人者何必安哉』の書誌情報を記しておく。『上海博物館蔵戦国楚竹書』第七分冊所収『君人者何必安哉』の原釈文担当者は、濮茅左氏である。

当該文献は、比較的保存状態の良い泥塊の中にまとまっていたとされる竹簡で、甲乙の二種があり、甲本はほぼ完簡で全九簡、簡長三三・二～三三・九cm、幅〇・六cm、厚さ〇・一cm。簡端は平斉で、両道編綫。右契口。各簡の字数は二十四～三十一字。総字数二百四十一（合文四を含む）。[1]

篇題はなく、「君人者何必安哉」は文中の言葉に基づく仮称である。第九簡に墨節があり、文献の末尾を示している。

乙本も書誌情報はほぼ同様である。全九簡。総字数は二三七（合文三を含む）。第九簡の文末に墨節があり、更にその直後に、黒地に白抜きの「乙」の如き字が見える。戦国楚簡としては初めての事例であり、その意味については現時点では未詳である。

上博楚簡『君人者何必安哉』乙本第九簡末尾

乙本は一部残欠があるため、基本的には甲本を底本として、以下釈読を進め、甲乙に文字の異同がある場合には、注記して検討することとしたい。

なお、以下の本文中では、この文献を『君人者』と略称する。

二、『君人者何必安哉』釈読

まず、『君人者』の釈読を行う。初めに、筆者の確定した本文を掲げ、次に、その書き下し文、現代語訳、語注を記す。01・02などの数字は竹簡番号。「■」は篇末の墨節。①②などの番号は後述の語注番号に対応する。語注で引用する諸氏の論考類は、すべてインターネット上に公開されているものである。煩瑣を避けるため、ここでは氏名のみを掲げ、タイトル・掲載日等の詳細情報については注記を省略する。詳しくは、武漢大学簡帛中心「簡帛網」(http://www.bsm.org.cn/index.php)、及び復旦大学出土文献与古文字研究中心HP(http://www.gwz.fudan.edu.cn/Default.asp)を参照されたい。


01范戊曰①、「君王有白玉②、三違而不察③。命爲君王察之、敢告於見日④」。

王乃出而02見之。王曰、「范乘、吾安有白玉、三違而不察哉⑤」。

范乘曰、「楚邦之中、有食03田五頃、竽管衡於前⑥。君王有楚、不聽鼓鐘之聲。此其一違也。

玉珪之君⑦、百04姓之主、宮妾以十百數。君王有楚、侯子三人、一人杜門而不出。此其二違也。

州徒05之樂⑧、而天下莫不語、先王之所以爲目觀也⑨。君王龔其祭⑩、而不爲其樂。06此其三違也。

先王爲此、人謂之安邦、謂之利民。今君王盡去耳07目之欲、人以君王爲所以囂⑪。民有不能也、鬼無不能也。民詛而
思祟08之⑫、君王雖不長年、可也⑬。戊行年七十矣、然不敢懌身⑭。君人者何必安哉。桀・09紂・幽・厲、戮死於人手、先
君靈王乾谿殞崩⑮。君人者何必安哉■。


范戊曰く、「君王白玉を有つも、三違して察せず。君王の為に之を察せしめんとし、敢て見日に告ぐ」。

王乃ち出でて之を見る。王曰く、「范乘、吾安んぞ白玉を有つも、三違して察せざるか」。

范乘曰く、「楚邦の中、食田五頃を有てば、竽管前に衡《たいら》かなり。君王楚を有つも、鼓鐘の声を聴かず。此れ其の一の違なり。

玉珪の君は、百姓の主なれば、宮妾は十百を以て数う。君王楚を有つも、侯子三人、一人門を杜《とざ》して出でず。此れ其の二の違なり。

州徒の楽は、而《すなわ》ち天下語らざる莫く、先王の以て目観を為す所なり。君王其の祭りを襲うも、而して其の楽を為さ

ず。此れ其の三の違なり。

先王此れを為せば、人之を安邦を謂い、之を利民と謂う。今、君王尽く耳目の欲を去れば、人、君王を以て讟《うら》む所以と為さん。民能わざること有るも、鬼能わざること無きなり。民詛《のろ》いて之に祟るを思えば、君王年を長らえずと雖も、可なり。叟、行年七十、然れども敢て身を懌《よろこ》ばせず。人に君たる者何ぞ必ずしも安からんや。桀・紂・幽・厲、人の手に戮死せられ、先君霊王、乾渓に殞崩す。人に君たる者何ぞ必ずしも安からんや」。

范叟（乗）は（取り次ぎ役に）言った、「君王（楚昭王）は、せっかく白玉をお持ちになりながら、いくつも違《たが》えて明察されていません。今、君王に明察していただこうとし、敢てこのお目通りのできる日に申し上げます」。

王はそこで（宮殿の前庭に）出て、范乗に面会して言った、「范乗よ、私は白玉を持ちながら、いくつも違えて明察せぬことなどあろうか」。

范乗は言った、「楚の邦の中には、食田五頃ほどの士ですら、竽管（楽器）を手元に揃えています。しかし君王は楚国の王でありながら、鼓鐘の声（伝統的な礼楽）を聴こうとなさいません。これがその一つ目の間違いです。

玉珪（を保つ）の君主は、百姓の主であれば、宮殿の妾妻は何千といるべきです。しかし君王は楚の王でありながら、侯子はわずかに三人、しかもその内の一人は幽閉されています。これがその二つ目の間違いです。

州徒の楽は、天下中の人々が語らぬことはなく、（楚の）先王みずから直接参観されたものであります。ところが君王は、その祭りを踏襲しながらも、その音楽を演奏させようとなさいません。これがその三つ目の間違いです。

（楚の）先王たちはこれを実践されたので、人々はこれを「安邦（邦を安んずる）」と言い、これを「利民（民を利する）」と言って評価したのです。しかし今、君王がことごとく耳目の欲望を取り去っておられるので、人々は君王を、（我々の）憂いの元だと考えています。民には不可能なことがありますが、鬼神に不可能はありません。民は王を呪詛し、君王が夭折したとしても当然です。この老人（范乗）は七十歳になりますが、決して身を安楽にしてきたわけではありません。人に君たる者はどうして安泰でいられましょうや。桀・紂・幽・厲は、他人の手にかかって殺害され、先君（霊王）は乾渓において無惨に亡くなりました。人に君たる者はどうして安泰でいられましょうや」。

①范叟……原釈文は、軋戊と釈読した上で、「軋」は「軓」の古文であり、『説文』段注に、「段借作范、笵又譌范」とあるのを指摘して「范」に通ずるとする。また、「戊」については、包山楚簡、郭店楚簡『老子』『六徳』などに用例が見え、「戊」「叟」は韻部が同じで通用すると説く。また後文では「軋（范）乗」に作っており、これは、『国語』楚語上に登場する「范無宇」（楚大夫）のことであると指摘する。

②白玉……楚王の叡智を喩えたものと推測される。

③三違……原釈文は「三回」に隷定し、「回」字を量詞とし「塊」の意とする。田河は、単育辰の説を支持し、上博楚簡中で、「回」が「圍」に釈読される例をあげ、「圍」（長さ・周長・直径）と読む。劉雲は、『凡物流形』に「十回（圍）之木」の用例があることを指摘し、数量詞は名詞の前にあるべきだとして「圍」と読むことに反論し、「匱」（匣）に読む。これに対して、董珊は玉上の裂紋とし、黄人二も「玷」（欠ける）に読む。ここでは、上博楚簡中で「回」が「圍」に釈読される例があることを重視しつつも、構成要素の「韋」に注目して「違」と釈読し、「三違而」の部分は動詞として読み、また、後文の「一違」「二違」「三違」の部分は名詞として理解したい。

④不察……原釈文は、「不戔」と隷定した上で、「不殘」または「不賤」に釈読し、君王が白玉に対して「迷恋愈深」の意であるとする。何有祖は「踐」（実践・履行）に釈読し、君王が白玉をきちんと陳列しない意と取る。陳偉は『説文』に「善言也」とあるのを指摘して、白玉の三種の美徳を賞賛しない意と説く。田河は「箋」に釈読し、楚王が玉を獲得して作る「札書」の意とする。しかしここは、楚王がせっかく白玉（叡智）を有しながら、三つの間違いを犯して正道を明察

していないという意味に理解されるので、董珊が「察」と釈読するのに従い、明察していないの意と取りたい。

⑤吾安有白玉三回而不察哉……原釈文は、「虗軓又白玉三回而不戔才」と隷定した上で、「吾罕有白玉三回而不戔哉」と釈読する。つまり「軓」字を「罕」に読むが、「まれ」では意味が通じない。陳偉は、「乾」に釈読した上で、「旱」更には「安」に音が通ずるとして「安」に読む。李天虹も「曷」に音通するとする。いずれにしても、ここは、楚王が范乗に反論しようとしているところであるから、反語の意に取るのが良いであろう。

⑥有食03田五頃、竽管衡於前……原釈文は「又飤03田五貞竽菅於前」と隷定し、「有食03田五鼎竽管掬於前」と釈読した上で、「食田」（賜田・封田）で句読を入れ、「鼎」を権力の象徴と解する。また、は待考としながらも「掬（取る）」の意とし、この句は、君王が政治を顧みず、管竽の楽に溺れるという意を表すとする。しかし、この直後に「鼓鐘の声を聴かず」とあるので、それでは意味が全く逆になってしまう。復旦読書会[2]は、「貞」字を「正」の意に解し、「五正」を低級官吏とする。董珊は逆に「有食田五鼎」を、采邑・五鼎を有する一級貴族とする。李天虹は、「貞」字を「頃」に読んで、田畝の面積単位（一頃は百畝）とする。また、未釈字、原釈文は「掬」に読むが、何有祖は「衡」に読み、横にするの意であると説く。ここは、楚に充分な音楽の設備が揃っている（食田五頃ほどを有する士ですら楽器を揃えている）にも関わらず（楚王が鼓鐘の音楽を聴こうとしない）の意であると考えられる。「衡」は楽器を並べる、備えるの意であろう。

⑦珪＝（珪玉）之君……原釈文は、この合文を「珪玉」と読むが、陳偉は『楚辞』の用例などを根拠に「玉珪」に読むべきであるとする。

⑧州徒之樂……復旦読書会は「州徒」を「優徒」、すなわち俳優の輩とし、董珊は「州徒之樂」を一般民衆の娯楽活動とし、張崇礼は民間楽舞・世俗楽舞とし、凡国棟は「州」を人名として、『国語』に登場する伶州鳩の伝える音楽とし、孟蓬生は州土、すなわち国内の遊観田猟の音楽とし、林文華は周王朝の楽舞とし、陳偉は「州徒」を楚国の名勝（例えば雲

夢）とするなど、多数の意見がある。後文に「王の以て目観を為す所」とか「其の楽を為さず」などとあるので、楚王が直接参観し、また執行権限を有するような伝統格式のある楽舞の意であると考えられる。可能性が最も高いのは、雲夢で開催される音楽行事であろう。

⑨而天下莫不語、先王之所以爲目觀也……甲本は「而天下莫不語之、王之所以爲目觀也」に作るが、乙本は「之」を「先」に作り、「而天下莫不語、先王之所以爲目觀也」と記す。原釈文は甲本の字句を採用し、「先」に作る乙本の側の誤写であるとする。しかし、復旦読書会は逆に、乙本の「先」が正しく、甲本の方に誤写があったとする。「王」と「君王」「先王」などの呼称の使い分けについては、他の楚系文献を参照しても、いわゆる地の文では「王」、会話文中では敬意を込めて「君王」と区別されている。ここでは、同じ会話文の後文で「先王」と記されることも併せ考えると、「王」ではなく「先王」の方がよいであろう。すなわち、甲本の誤写の可能性が高いと考えられる。

⑩君王龔其祭……原釈文は、「君王龍丌祭」と隷定し、「君王隆其祭」と釈読する。すなわち、「龍」字を「隆」と釈読し、また、「淡」の意ではないかとも推測する。「龍」「隆」は音通の可能性もあるが、ここは、楚王が祭礼の音楽を演奏しないという文脈なので、「隆」は文意に合わない。史徳新は「襲」に読み、因るの意であると説く。字形の上からも問題が少ないので、ここはそれに従う。すなわち、楚王は祭礼を踏襲しながらも（肝心の音楽を演奏させない）の意であると考えられる。

⑪人以君王爲所以囂……原釈文の釈読は、「人以君王爲聚以囂」。原釈文が「聚」と釈読する文字、劉楽賢・陳斯鵬は、郭店楚簡『尊徳義』中の文字に類似しているとして「所」に読み、下文の「以」に繫げて読む。また原釈文が「囂」と読む字、復旦読書会は「傲」に読み、陳偉も「倨」に読み、李天虹も「驕」に読む。原釈文は、王が民心を得て外に諸侯を集め、内に百官を集めている意とするが、それでは全く文脈に合致しない。直前の句「今君王盡去耳目之欲」は、本文献の趣旨からはむしろ悪い意味となるので、ここは、王に対する悪い評価が書かれている筈である。すなわち、（王が

ことごとく耳目の欲望を取り去っているので）人々は君王を憂いの元凶だとみなしている、という文意であると推測される。

「囂」は囂然、多くの人が恨んで不平を訴えるさま、の意であろう。

⑫民詛而思祟08之……原釈文は、「乍」を「作」に読み、「民乍而囟之」と隷定した上で、「民作而思之」と釈読し、を待考とする。伊強は「民乍而思誰之」と読み、民が誰に従うべきかを考えるの意に取るが、意味が通りにくい。ここは、ことごとく耳目の欲望を取り去り、人々が楽しみとしている音楽を演奏させない楚王に対して、民がその態度を恨むという意味であると考えられる。李天虹は「民詛而思祟之」に読み、前文の「鬼」に呼応すると説く。

⑬君王雖不長年、可也……原釈文は「君王唯不長年、何也」と釈読するが、李天虹は「君王雖不長年、可也」と釈文し、「……雖……可」の句形は伝世文献にも多く見られるとする。ここは、民が鬼神に呪詛することによって祟りがおこるから、君王が若死にしても何の不思議もないという意味であろう。

⑭然不敢懌身……原釈文は「言不敢睪身」と隷定し、「言不敢斁身」と釈読する。「言」字、復旦読書会は「然」に読み、「不敢懌身」と釈読する。「懌」はよろこぶ（憂いが解けてさっぱりする）の意であるから、「不敢懌」は次句の「安」と対応が良い。

⑮先君靈王乾谿殞崩……原釈文は、「先君霝王溪云薾」と隷定し、「先君靈王姦繋員」と釈読した上で、「薾（爾）」を後文の「君人者」に繋げるが、文意が通りにくく、また、臣下が楚王に対して「爾君人者」と言うかどうか疑問である。原釈文が「姦繋」と釈読する二字、復旦読書会・何有祖・李天虹は、楚霊王が乾谿で落命したという伝世文献（『国語』楚語、『韓非子』十過など）の記載により、「乾谿」に読み、李天虹はこの一句を「先君靈王乾谿殞崩」と読む。蘇建州も「先君靈王乾谿殞殲」に読む。いずれにしてもここは、霊王の悲惨な死を言っていると思われる。

三、『君人者何必安哉』の思想的特質

本文献の内容は、楚王に対する老臣范乗の諫言である。その楚王とは、諫言の中に、「侯子の内の一人が幽閉されている」とか、「先君霊王は乾渓において無惨に亡くなりました」などとあることから、霊王の二代後の王、すなわち昭王であることが分かる[3]。

范乗は、昭王の叡智を「白玉」に喩えながらも、そこにいくつかの誤りがあると説くのである。一つは、鼓鐘の声を聴かないこと、二つ目は世継ぎを安定的に確保していないこと、三つ目は楽舞の祭礼を盛大に挙行しないこと、である。そして、これらの背景として、昭王の「尽く耳目の欲を去」るという性向があることも指摘される。昭王自身は、欲望を抑制しているという自負があったかもしれないが、范乗に言わせれば、それこそが、人々の憂患の元凶になるというのである。

例えば、音楽の抑制は、人々の楽しみを奪い、ストレスを発散させる機会を無くしてしまうであろう。また、妾妻の数を極度に抑え、しかも、世継ぎ候補の一人を幽閉していることは、跡継ぎの安定的確保、国家の存続という点で、国民に大きな不安を与えるであろう。王たる者は、単に自己の欲望や性向という問題を超えて、「安邦」「利民」を第一に考えるべきだとするのである。

君主自身の欲望と国政の安定とが対比されている点。これが本文献の第一の特質である。通常は、君主の過剰な欲望が臣下によって諫められるという事例が多い中で、この文献は、むしろ逆に、国政の安定のために、「尽く耳目の欲を去」るという君主の性向が否定的に捉えられているのである。

第二の特質は、民と鬼神との関係である。范乗は諫言の中で、不満を抱いた人々がどのような行動に出るかを説いている。「民能わざること有るも、鬼能わざること無きなり」。民は無力な存在で、自身では何もできないが、鬼神には不可能

はないとした上で、「民詛《のろ》いて之に祟るを思えば、君王年を長らえずと雖も、可なり」、すなわち、王に不満を抱いた民は鬼神に呪詛し、その結果、王が夭折したとしても当然だと説くのである。

ここには、為政者と民と鬼神に関する重要な関係が説かれている。民には、何の力もなく、たとえ怒りや不満があっても、それを直訴する手だてはない。だが、鬼神に訴えることにより、その願いが叶うとするのである。つまり、民から為政者に対しての直接の訴えや改善要求はできないが、鬼神を経由することにより、民の怒りや不満が為政者に届くとされているのである。

鬼神とは、先祖の霊であり、本来は、その家系に連なる者だけが祈り、また加護を期待できる対象である。ところが、ここでは、鬼神がそうした狭隘な立場を超えて、広く国家の民衆全体の期待に応えうる存在となっている。すなわち鬼神の存在意義が相当大きく捉えられているのである。これは、古代中国における鬼神観の展開を考える上でも、興味深い資料となろう。

四、楚王故事と教戒書

こうした『君人者』の文献的性格は、どのように捉えるべきであろうか。筆者は、これまで、『莊王既成』『平王與王子木』『昭王毀室』など、楚王の故事を記した一連の文献について考察を進めてきた。その結果、これらが、楚の王権に対する教戒の書であった可能性を指摘するに至った(4)。これらの楚王故事は、楚の王権の安定と繁栄のために、為政者を読者対象として蓄積されてきたものであると推測される。そして、『君人者』も、大枠においては、そうした性格を有する文献と考えて良いであろう。『君人者』は、范乗の諫言という形で、昭王の性向を批判し、国家の安定と繁栄にとって何が重要かを説く文献であった。

但し、これまで考察を加えてきた楚王故事とやや異なる点もあるので、それを指摘しておきたい。まずは、構成が極めて単純だという点である。『荘王既成』『昭王毀室』など、他の楚王故事では、君臣問答が数回繰り返され、しかも、臣下の発言に対して王の側がどのように反応したかが、記されている。ところが、『君人者』では、臣下の問答は一往復で、しかも、范乗の諫言に対して昭王がどう反応したのかは、一切記されていない。第九簡末尾に墨節が打たれているので、昭王の反応の部分が筆写漏れになっている可能性は低いであろう。これが完結した話であることはほぼ間違いない。とすれば、この文献は、これまで検討してきた楚王故事とはやや異なるタイプの説話形式であると言える。

そこで、こうした諫言を受けた昭王や、この文献を読んだ後の読者（楚の為政者）が、ここからどのような印象を受けるかを推測してみよう。明記されていないことを推測するわけで、もちろん確証はないが、この諫言については、やや複雑な思いがこみ上げてくるのではなかろうか。

まず、国家の安定的存続や人民の精神的安定のために、君主たる者、個人的な性向に囚われるべきではないという諫言は、一定の効果を持っていたと言えよう。少々「耳目の欲を去」ったからと言って、君主は常に身を危険にさらしているのである。より重要なのは、国家全体であり、君主個人の感情や性向ではない。こうした主張は、言われた昭王も後の為政者も大いに納得するところであろう。また、范乗は、昭王に対して、礼を失して面罵しているのではなく、昭王の叡智を「白玉」に喩え、大いに賞賛してから、諫言を始めている。言わば、「玉に瑕」があるという指摘である。こうした諫言の方法も、王には受け入れられやすかったであろう。

ただ、諫言の最後で、范乗は、君主たる者が安泰ではいられない例として、桀・紂・幽・厲、および霊王の死を挙げている。果たしてこの事例は昭王に対する有効な諫言となるであろうか。桀・紂・幽・厲の歴史的評価は、残酷非道の王の典型というものである。「尽く耳目の欲を去」ると評された昭王とは全く逆に、欲望の限りを尽くして残虐な行為を行い、遂には国家を亡ぼした暴君である。また楚の霊王も、国家を亡ぼしたわけではないが、後の司馬遷によって「太史公曰く、楚の霊王、方に諸侯を申に会し、斉の慶封を誅し、章華台を作り、周の九鼎を求むるの時、志は天下を小とす。申亥の家に餓死するに及び、天下の笑いと為る。操行の得ざること、悲しきかな、勢の人に於けるや、慎しまざるべからず」（『史記』楚世家）と酷評される君主であった。

とすれば、昭王を諫めるために引かれた事例としてはやや適切さを欠くのではなかろうか。本来、ここに引かれるべき事例としては、昭王と同じく、「尽く耳目の欲を去」った結果、身を亡ぼした王、というものが最も相応しかったと思われる。だが、そうした適当な事例がなかったために、要するに身の安泰を保てず悲惨な最期を遂げた王たちが列挙されたのであろう。

ともあれ、『君人者』は、楚の昭王に対して、老臣の范乗が諫言するという内容で、大きくは、これまで検討してきた楚王故事の範疇に入る説話であると考えられる。

そこで、『君人者』を含め、これまで公開されてきた楚王説話を今一度まとめておきたい。まず、対象となっている楚王の時代順に文献を並べてみると、荘王期のものとして『荘王既成』、霊王期のものとして『申公臣霊王』、平王期のものとして『平王問鄭壽』『平王與王子木』、昭王期のものとして『昭王毀室』『昭王與龔之脾』及び『君人者』、簡王期のものとして『柬大王泊旱』がある。このように、荘王（在位前六一三～前五九一）から簡王（在位前四三一～前四〇八）まで、長期にわたる楚の歴代の王について、関係故事が蓄積されていた状況が明らかになった。そして、これらはいずれも、楚の王権に対する教戒書としての役割を持ち、具体的な読者としては、王や太子が想定されていると考えられる。

こうした教戒書としての故事について、陳偉氏は、『国語』楚語上に引かれる「語」の文献であると指摘している(5)。以下は、楚の賢人申叔時が太子教育の内容として荘王に説いたものである。九つあるので「九科」と総称され、いずれも、太子を教戒するための重要な手段として重視されている。

叔時曰く、之に春秋を教えて、之が為に善を聳《すす》めて悪を抑え、以て其の心を戒勧せしむ。之に世《せい》を教えて、之が為に明徳を昭《あきら》からにし幽昏を廃し、以て其の動を休懼せしむ。之に詩を教えて、之が為に顕徳を導広し、以て其の志を耀明せしむ。之に礼を教えて、上下の則を知らしむ。之に楽を教えて、以て其の穢《けがれ》を疏《うす》くして其の浮を鎮めしむ。之に令を教えて、物官を訪《と》わしむ。之に語を教えて、其の徳を明らかにして、先王の務《つとめ》を知り、明徳を民に用いしむ。之に故志《こし》を教えて、廃興する者を知りて戒懼せしむ。之に訓典《くんてん》を教えて、族類を知りて、比義を行わしむ。（『国語』楚語上）

ここで「語」が「其の徳を明らかにして、先王の務《つとめ》を知り、明徳を民に用いしむ」と説かれている。ただ、韋昭の注によれば、「語」とは、「治国の善語」とあり、国家統治の際の名言という定義がなされている。もしこの定義が正しいとすれば、上博楚簡の楚王故事すべてを「語」とすることにはやや躊躇いが感じられる。なぜなら、『平王問鄭壽』や『平王與王子木』のように、明らかに反面教師としての王が描かれているものもあるからである。(6) また、『君人者』も、痛烈に批判されているわけではないが、明らかに昭王の性向が批判的に捉えられていると言えよう。

結　語

しかし、教訓となるのは、何も「善語」だけではない。人はむしろ失敗の事例を深刻に反省し、大きな教訓としていくからである。成功の事例ももちろん教訓となりうるが、成功したという満足感から、人はその詳細について分析してみようなどとは思わない。失敗したからこそ、それはなぜだったのかと深刻に悩むのである。そうした意味で、これらの楚王故事はすべてが「善語」ではないにしても、明らかに教戒書としての意義を持っていたと考えられる。

いずれにしても、春秋時代の楚の国が、身近な歴史を説話の形で蓄積し、それを教戒の書として尊重していた事実は明らかになった。読者である王や太子は、ここから帝王学を修得したことであろう。

注

（1）但し、甲本の「一人」には合文符号が付されていない。これは、書写者が符号を書き忘れたからであろうか。だが、乙本には通常の字間で「一人」と筆写されている。とすれば、甲乙両本の親本には、もともと「一人」と記されていて、筆写する際、甲本の書写者が合文と見誤って、やや圧縮して記したという可能性も考えられる。とすれば、合文の数は計三ということになる。

（2）正式名称は、復旦大学出土文献与古文字研究中心研究生読書会。『上海博物館蔵戦国楚竹書』第七分冊刊行直後に組織されたようであり、その後、研究成果を同研究中心ホームページ（http://www.gwz.fudan.edu.cn/Default.asp）に次々に発表している。

（3）霊王が死去したのは前五二九年。また、原釈文は、本篇の「説明」において、楚昭王に三子があり、その内一人の名が系譜に見えないことを指摘し、本書の「侯子三人、一人門を杜して出でず」という記載に関わりがあるのではないかと推測する。

（4）上博楚簡の楚王故事関係文献の詳細については、本書第二部第一章から第五章の論考参照。

（5）陳偉「《昭王毀室》等三篇的幾個問題」（『出土文献研究』第七輯、上海古籍出版社、二〇〇五年）。

（6）『平王問鄭壽』は、臣下の諫言を拒絶し、亡びの予言を深刻に受け止めぬ平王を批判する内容であった。また、『平王與王子木』は、平王の子の王子木（建）を、太子としての見識を持たぬ人物として批判するものであった。それぞれ詳細については、本書第二部第三章・第四章参照。

第三部　新出秦簡・漢簡に見る思想史

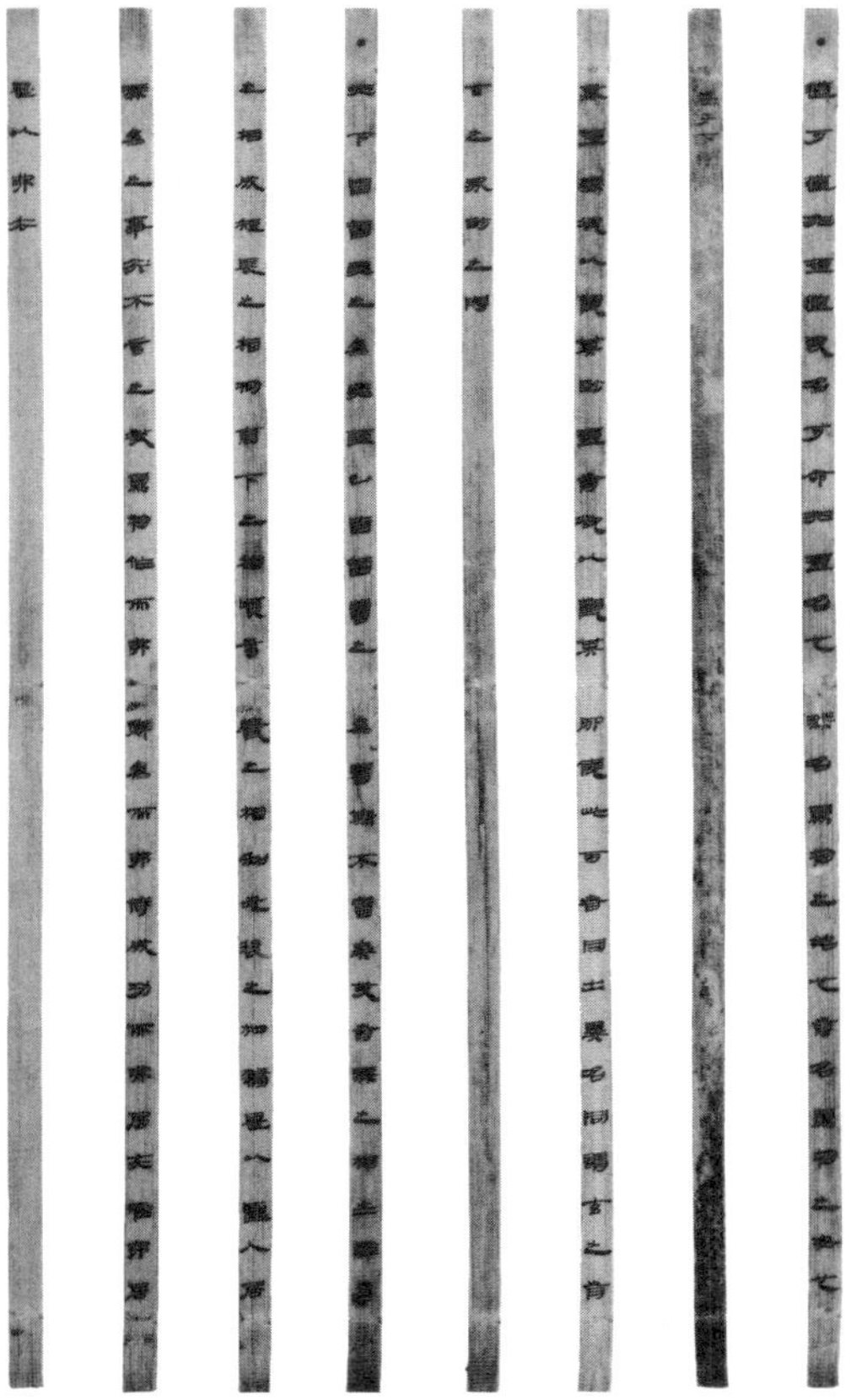

北大簡『老子』下経冒頭部
（『北京大学蔵西漢竹書［貳］』による）

序章　新たな秦簡・漢簡の発見

上博楚簡、清華簡という戦国簡の発見が、中国古代思想史の研究に大きな衝撃を与えている。本書の第一部と第二部は、それら戦国簡の読解を通じた得られた研究成果の一端である。

しかし、出土文献の衝撃はそれにはとどまらなかった。湖南省の岳麓書院が入手した秦簡（岳麓秦簡）、『銀雀山漢墓竹簡』の第二分冊、そして北京大学が入手した秦簡と漢簡。これらも、古代思想史の研究にとって大きな財産となるであろう。

そこで、岳麓秦簡については、後の第一章において詳述し、また、『銀雀山漢墓竹簡』第二分冊については第二章冒頭において解説することとして、ここではまず、北京大学蔵竹簡について、筆者の現地調査を踏まえて、解説しておきたい。

中国出土文献研究の新展開

一九九八年五月、郭店楚簡の全容が『郭店楚墓竹簡』（荊門市博物館編、文物出版社）として刊行された。これを受けて、同年秋、我々は「郭店楚簡研究会」を組織し、各文献の釈読を進めた。

ところが、二〇〇一年十一月、上博楚簡の内容が『上海博物館蔵戦国楚竹書』（上海古籍出版社）として公開され始めた。郭店楚簡と上博楚簡は、ともに戦国時代の「楚簡」であり、また、両者に共通する文献も含まれていたことから、この両者を視野に入れた研究の必要性が痛感された。そこで我々は、この二つの楚簡を対象とする総合的な研究を推進することとし、会の名称も「戦国楚簡研究会」と改め、活動を継続することになった。

それから約十年、戦国楚簡研究会は、国内外において精力的な研究活動を展開し、メンバーが刊行した出土文献関係の著書は十冊を数え、関係論文は優に百本を超えた。

しかし、出土文献研究をとりまく環境はこの数年、更に大きく変化した。それは、郭店楚簡や上博楚簡に匹敵する新たな竹簡の発見である。例えば、二〇〇七年に湖南大学岳麓書院が入手した「岳麓書院秦簡」、二〇〇八年に清華大学が入手した「清華大学竹簡」。また、二〇〇九年に北京大学が入手した「北京大学蔵西漢竹書」。更には、一九七二年に発見された銀雀山漢墓竹簡も、『銀雀山漢墓竹簡［壹］』が刊行されてからしばらく刊行が滞っていたが、二〇一〇年に入って、ようやくその［貳］が刊行された。これら新出土文献の相次ぐ公開によって、中国古代思想史研究は、更に大きな飛躍期に入ったのである。

そこで我々研究会も、「戦国楚簡」に限定することなく、これらの出土文献を総合的に検討する必要に迫られた。従って、研究会の名称も「戦国楚簡研究会」から「中国出土文献研究会」に改称し、より広い視野で新出土文献を研究することとしたのである。

その研究会のはじめての仕事となったのが、北京大学の訪問である。二〇〇九年に北京大学が前漢時代の大量の竹簡を入手したとの情報を得た我々は、清華大学出身の研究者刁小龍氏（人民大学）の仲介により、二〇一〇年七月中旬、北京大学に面会を申し入れ、快諾を得た。

九月一日、我々の研究会メンバーは、刁氏の案内で、北京大学東門から構内に入った。東門から直進して図書館を過ぎ、「歴史系」の建物に案内された我々は、北京大学出土文献研究所所長朱鳳瀚教授の出迎えを受けた。スクリーンが用意された一室に招き入れられた我々は、さっそく朱鳳瀚教授から北京大学竹簡の説明を受けた。この会合には、北京大学中国古代史研究中心の韓巍講師（現在、副教授）も同席した。パワーポイントのスライドは計三十三枚に及び、約一時間にわたって朱教授の説明を受けた。

その後、構内を移動し、「北京大学賽克勒考古与芸術博物館」に案内された。空調がきいてやや肌寒い一室に入ると、部屋いっぱいに竹簡の入ったトレーが配架されていた。窓側の机に四つのトレーがふたを外して並べられており、水に浸した竹簡が見えた。蛍光灯に照らされて、竹簡の文字は鮮明に見えた。持参した拡大鏡も使い、竹簡の形状、文字などをメンバー全員で確認した。その詳細については後述する。

竹簡の実見は約三十分ほど。その後、この博物館の展示物を概観した後、朱教授らとともに会談に入った。以下では、朱教授のスライドによる説明、竹簡の実見、会談の内容などを踏まえ、北京大学竹簡の概要について説明したい。

北京大学竹簡の概要

北京大学竹簡は、盗掘の結果、流出した竹簡を、二〇〇九年一月十一日に北京大学が入手したものである。一月十一日に北京大学に搬入された竹簡は、さっそくその翌日から整理作業が始められ、三月には、全竹簡の写真撮影が行われた。その過程で、竹簡群の中に算籌と漆器の残片が混じっていることが判明した。また、竹簡上に繊維の残留痕が見られるものがあり、しかも、編綫の痕跡が文字にかぶっている竹簡が多く見受けられたことから、これらの竹簡は、編綴した後に文字を記したものではなく、文字を記した後に綴じたものと推測される。編綫も一部残っていたが、それは、我々が想像していたものより太く、三つ編みのようになっていた。

竹簡の総数は三三四六枚、完整簡は二三〇〇枚以上（うち完簡は一六〇〇余枚）。郭店楚簡が七三〇枚（有字簡）、上博楚簡が一二〇〇余枚であるから、それらをはるかに上回る相当の分量であることが分かる。

数術類の竹簡に「孝景元年」（前一五六年）と記した紀年簡があることから、竹簡の年代は前漢中期、その多くは武帝時代（前一五七（在位、前一四一）～前八七）に書写されたものと考えられる。ちなみに、馬王堆三号漢墓は、前一六八年頃の造営で、馬王堆帛書『老子』甲本は前一九五年以前に筆写されたものであると考えられている。

竹簡の形状は、長・中・短の三種に分類でき、簡端はいずれも平斉。簡長は、長簡が約四十六cmで、漢代の二尺に相当し、三道編綫。内容は、主に数術類。中簡は三十〜三十二cmで、漢代の一尺三寸〜四寸に相当し、三道編綫。内容は、主に古代典籍。短簡は約二十三cmで、漢代の一尺に相当し、両道編綫。内容は、医書類である。

出土地については、未詳であるが、朱教授の説明では、江蘇、安徽辺り（南方地帯、漢代の楚）ではないかとのことであった。

炭素14の年代測定は行われていないようであるが、これは、竹簡の状況や謹直な漢隷の字体、そして何より紀年簡が出土したことにより、とりあえずその必要性がないと判断されているからではなかろうか。

内容は、すべて古代の書籍で、『漢書』芸文志の分類する「六芸類」「諸子類」「詩賦類」「兵書類」「数術類」「方技類」に及ぶ。こうした広範な領域にわたる文献が含まれていたのは、きわめて貴重であり、中国思想史はもとより、中国史、文学史、文字学など多方面の研究に大きな影響を与えることが予想される。

以下では、朱教授の説明の順序に沿って、各々の内容を、我々の実見の結果や筆者の考察も踏まえて紹介したい。

（一）六芸類

六芸類に分類されたのは、小学書の『蒼頡篇』と歴史書の『趙正（政）書』である。

『趙正（政）書』は古佚書で、今回はじめて明らかになった始皇帝時代の歴史文献である。竹簡は五十余枚、総字数は約一五〇〇字。書名は、竹簡に記されていた。内容は、始皇帝（趙政・嬴政）の死と秦朝滅亡にまつわる内容で、始皇帝・胡亥・李斯・子嬰などの言動が記述され、始皇帝臨終の際の遺命や李斯の獄中の上書も含まれているという。

文中では、始皇帝と胡亥は、「秦王趙正（政）」「秦王胡亥」と称されており、「始皇帝」「二世皇帝」とは記されていないため、作者が秦朝の正統性を認めない立場にあったと推測される。『史記』蒙恬列伝・李斯列伝に見える部分もあり、司馬遷が『史記』を書いた際の参考文献の一つではないかと考えられ、資料的価値が高い。

（二）諸子類

諸子類でまず特筆されるのは『老子』である。竹簡二一八枚、約五三〇〇字（重文を含む）。「老子上経」「老子下経」の篇題が竹簡背面に明記されており、それぞれ「徳経」「道経」に対応する。各章冒頭には、章を分ける符号（円形墨点）があり、各章の末尾は留白となっている。欠損している竹簡は、全体の一パーセント、竹簡にして二本分、約五十～六十字くらい。ほぼ完璧な『老子』古本である。これは、馬王堆帛書・郭店楚簡に次ぐ第三の『老子』古本であり、これまでで最も保存状態の良い漢代の『老子』テキストであると評しうる。また、各章の内容や分章は現行本と異なる点もあり、『老子』の整理・校勘にきわめて有力な資料である。

なお、馬王堆漢墓帛書『老子』とこの竹簡本とを対照してみれば、「徳経（上経）」「道経（下経）」という順序、および各章の配列は基本的には同様であり、「道経」末尾の一箇所のみ順序の異なる点があることがわかる。いずれにしても、今後『老子』研究を進めようとする場合には、最重要のテキストとなることは間違いない。

次に、古佚書『周馴（訓）』。竹簡二〇〇余枚、約四八〇〇字。竹簡に篇題が明記されている。『漢書』芸文志の道家類に「『周訓』十四篇」と記録されており、それに比定できる可能性がある。

内容は、「周昭文公」（戦国中期の東周の君、昭文君ともいう）が「恭太子」（西周の君、武公の太子）に訓戒するというもので、上は堯・舜・禹から下は戦国中期に至るまでの歴史事項が記されている。これまで見られなかった商湯から太甲への訓戒、周文王から周武王への訓戒などを含む。また、君たるの道を述べる長編の文章もある。戦国晩期に編纂され、貴族子弟に対して政治教育を行うために用いた教材であると考えられる。更に、周文王に四人の子がいたとする点が、従来の文献の記載と異なっており、重要な意義を有する。

この種の文献としては、清華大学竹簡の『保訓』がある。「保訓」は、周文王が武王へ訓戒する内容を記したものであるが、竹簡はわずかに十一本。これに対して『周馴（訓）』は、より豊富な訓戒集と言える。

朱教授の説明では、こうした歴史故事集とも言える文献は、とても「道家」とは思えず、『漢書』芸文志に記録される「『周訓』十四篇」に当たるのかどうかについては疑問が残るとのことであった。

ただ、『漢書』における「道家」の定義は、「道家者流は、蓋し史官より出ず。成敗存亡禍福古今の道を歴記し、然る後に要を秉《と》り本を執り、清虚以て自ら守り、卑弱以て自ら持するを知る。此れ君人南面の術なり」というものであり、我々が現在意識するいわゆる「老荘」風の思想ではない。とすれば、こうした文献が、当時の人々にとって「道家」に属すると考えられていた可能性は充分にあると言えよう。

更に、古佚書『妄稽』も注目される。竹簡一〇〇余枚、約三〇〇〇字の文献である。竹簡に篇題が明記されている。士人家庭内部における主人「周春」・妻・妾の葛藤が描かれており、現時点で最古・最長の小説と言える。天水放馬灘秦簡にも小説『志怪故事』が含まれているが、短編であり、内容も「志怪」である。これに対して「妄稽」は、家庭内の日常が描かれているという点で、より近代的な意味での小説に近い。

篇題の「妄稽」とは、妻の名で、「爲人甚醜以悪」つまり容貌も心根も醜悪であるとされている。対して妾の名は「虞士」であり、こちらは美人で性格も良いとされているという。すなわち、明確なキャラクター設定がなされた小説なのである。従来、中国の小説は、六朝・唐代の志怪小説あたりを中心に説明されてきたが、前漢武帝期以前にすでにこうした文学性を有する小説が存在していたことは大いに注目される。換言すれば、こうした近代小説の先駆とも言えるような小説が古くからあったにもかかわらず、なぜその後、継承され、発展していかなかったのかとの疑問が生ずるとも言えよう。

（三）詩賦類

詩賦類としては、『魂魄賦』がある。竹簡五十余枚、約一二〇〇字。篇題は見つかっておらず、「魂魄賦」とは整理者による仮称である。人格化された「魂」と「魄子」との対話形式であるが、『楚辞』のような文ではなく、四字句を連ねた明らかな漢賦であるという。内容は、魂が魄を旅に誘うが、魄は病弱を理由に断る。だが、最後は魂の説得に応じて一緒に旅立つというもので、文学性が高いとされる。これまでに出土した簡帛文献の中では最古・最長の賦である。

（四）兵書類

篇題未詳の兵書が一つ含まれている。竹簡十余枚。『漢書』芸文志は、兵書を「兵権謀」「兵陰陽」など四つに分類しているが、この文献は、その内の「兵陰陽」家に分類できる兵書であるとされる。その理由は、銀雀山漢簡『地典』に類似しているからであるという。

少し横道にそれるが、ここで、『地典』について概説しておこう。銀雀山漢墓竹簡は、先述のとおり、一九七二年に発見され、その内の『孫子兵法』『孫臏兵法』『尉繚子』『晏子』『六韜』『守法守令等十三篇』が一九八五年、『銀雀山漢墓竹簡〔壹〕』（銀雀山漢墓竹簡整理小組、文物出版社）として公開された。その際、これ以外にも、第二輯に「佚書叢残」が、また第三輯に「散簡」「篇題木牘」「元光元年暦譜」が収録されると予告されていたが、その後、長らく続輯は刊行されなかった。

二〇一〇年一月、『銀雀山漢墓竹簡〔貳〕』（銀雀山漢墓竹簡整理小組、文物出版社）が刊行された。第一輯で予告されていたとは言え、第二輯はほとんど何の前触れもなく、突然公開された。それは、銀雀山漢墓竹簡の発見から三十七年後、『銀雀山漢墓竹簡〔壹〕』の刊行から二十四年後のことであった。その内容は、第一輯で予告されていた「佚書叢残」に該当するもので、全体は、「論政論兵之類」「陰陽時令・占候之類」「其他」の三部に類別されている。

この内、「論政論兵之類」は五十篇からなる文献で、その十三番目の篇として『地典』が収録されている。「地典」とは、黄帝に仕えた「七輔」の一人で、この篇では、黄帝と地典とが用兵について問答を行っている。竹簡には断裂が多く、全体を精確に読み取るのは難しいが、例えば、黄帝が「吾れ将に師を興し兵を用いんとするも、其の紀綱を乱す。請う其の方を問わん」と問いかけるのに対して、地典は、「天に寒暑有り、地に鋭方有り……天に十二時有り、地に六高六下有り。上帝以て戦い勝つ。……十二者相勝つに時有り」などと答える。

こうした内容をとらえて整理者は、銀雀山漢墓竹簡『地典』を「兵陰陽」家の兵法と考え、また、それに類似する内容の北京大学竹簡文献を「兵陰陽」家の兵書と考えたわけである。但し、銀雀山漢墓竹簡「論政論兵之類」全体や『地典』の思想的内容については、まだ充分な検討が行われておらず、現時点で、北京大学竹簡に含まれるこの文献をそうした性格の古代兵書と位置づけて良いかどうかにはやや疑問が持たれる。

（五）数術類

北京大学竹簡の約三分の一の量を占めるのが、数術類の文献である。篇題が確認されている主な文献として、まず『日書』『日忌』『日約』がある。これらは、竹簡約一三〇〇枚。綴合後の完整簡は約七〇〇枚。特に、『日忌』と『日約』は初めて発見されたものである。『日書』は、大多数がこれまでに出土した秦漢の『日書』にも見られる内容であるが、これまで見られなかった図や文字も含まれている。篇題は朱書されており、また複数簡にまたがる「占産子図」も鮮やかな朱色の人体図である。

そのほか、数術類に分類される文献の内、篇題が確認されているのは、以下のような文献である。

『椹（堪）輿』……内容は『日書』に類似し、後世の「看風水」の堪輿家とは異なる。

『六博』……博局を用いて占卜を行う書で、尹湾漢簡『博局占』に類似する。

『雨書』……風雨気象占候の書。
『荊決』……卜筮の一種であり、算籌（計数に用いる小片）を使って占いを行う書。
『節』……四時節令について述べる『月令』に類似した文献。

（六）方技類

最後に医学関係の文献がある。竹簡七〇〇余枚。そのうち完整簡は約五三〇枚。各種疾病を治療するために記された古代の医方書であり、方技類の「経方」類に属す。章ごとに分章の記号と数字の編号があり、「一八七」までが確認されている。本文の前には単独の「目録」一巻があり、編号と医方名が記載されている。その内容は、内科・外科・婦人科・小児科など多くの種類の疾病の治療方法。病名・症状・薬の種類・数量・漢方薬の調製方法、薬の服用方法と禁忌に関することも含まれている。

注目すべきは、「秦氏方」「冷游方」「翁壹方」という篇名が見られる点である。これらは古代名医の名であり、その中の「秦氏」とは戦国時代の名医「扁鵲」ではないかと考えられている。

これら医書類は、馬王堆帛書『五十二病方』と密接な関係があり、馬王堆帛書に次いで、最も豊富な中国医学の資料であると評価できる。

北京大学竹簡の意義

我々が実見できたのは、四つのトレーに入った竹簡計三十七本であった。向かって右から、仮に第一トレー～第四トレーとし、その内容を紹介してみよう。

第一トレー
蒼頡篇　四本
趙正書　四本（篇題一を含む）
周訓　四本（最終簡文末に「大凡六千」の記載あり）

第二トレー
老子　二本（内一本は「老子上経」と記した篇題簡）
妄稽　四本
魂魄賦　三本
紀年簡　一本（「孝景元年」の記載あり）

第三トレー
医簡　五本

第四トレー
椹輿　二本
荊決　二本
六博　三本
節　一本

雨書　二本

これらの竹簡は、現在も整理・釈読作業が続いており、上海古籍出版社から、十分冊程度で順次刊行の予定であるという。その第一弾として二〇一二年十二月に刊行された『北京大学蔵西漢竹書〔貳〕』には『老子』が収録されていたが、この北大簡『老子』に対する基礎的な考察については、本書の第三部第五章で論述している。

なお、北京大学竹簡には、これとは別に秦簡もあり、これと区別するため、あえて「西漢竹書」と命名しているとのことであった。ただ「北京大学蔵西漢竹書」という名称はやや冗長なので、これからは「北大漢簡」という略称を使いたいとのことである。

また、これらが盗掘の結果、流出した竹簡なのであれば、複数墓からの出土物とは考えられないかとの質問に対しては、書風の均一性から見て、同一墓からの出土物と推測され、かつ、同一時期（おおよそ前漢武帝期）に筆写された可能性が高いとの回答であった。

では、この北大漢簡は、研究史上においてどのような意義を有すると言えるであろうか。それは、何より中国学研究全体に大きな影響を与えるという点であろう。二〇〇九年に一部の公開が始まった清華簡は、主に思想と歴史に関する出土文献を含んでいた。郭店楚簡や上博楚簡、銀雀山漢墓竹簡なども、中国思想史研究に与えた影響が最も大きかったと言える。

これに対して、北大漢簡は、思想や歴史の書に加えて、医学や数術、文学の領域に関わる多くの出土文献を含む。特に、『妄稽』や『魂魄賦』は、明らかに中国文学に関わる出土文献である。これまで、中国学の内、思想と歴史の領域については、我々の研究グループなど日本の研究者も充分に対応してきたと言えるであろう。だが、中国文学の領域はどうであろうか。

確かに、中国文学、特に古代文学史を塗り替えるような発見はこれまではなかったのである。しかし、北大漢簡には、明らかに文学作品が含まれている。中国文学の研究者に鮮烈な挑戦状が突きつけられたと言えよう。思想・歴史・文学。広範な領域での中国学研究が、これらの出土文献によって進展していくと期待される。

第一章　岳麓秦簡『占夢書』の構造と思想

序　言

『晏子春秋』内篇雑下には、春秋時代における占夢者および占夢書の存在を示唆する興味深い故事が見える[1]。そこからは、当時、斉の君主のもとに、お抱えの占夢者がおり、原則として占夢書を参照しつつ占断を下す、という状況が看取できる。

しかし、これまで、こうした占夢書の具体的な内容については、文献が残っておらず、よく分からなかった。まとまった占夢書としては、敦煌本『新集周公解夢書』があるものの、これは遙かに時代が下る資料であり、また、各種の類書に採録された占夢書の記述も断片的なものに過ぎない[2]。

こうした状況の中で、中国湖南省の岳麓書院が入手した秦簡『占夢書』は、遅くとも秦代における占夢書の実態を示す貴重な資料である。そこで本章では、この岳麓秦簡『占夢書』の構造と占夢法に注目しつつ、その思想史的位置について考察を加えてみることとする。

一、岳麓書院蔵秦簡の概要

二〇〇七年十二月、湖南大学岳麓書院が香港に流出していた秦簡（出土地不明）を緊急購入した。大小八箱に入っていた竹簡はラップで包まれていた。その総数は、二一〇〇枚〔ほぼ完整なものは一三〇〇余枚〕。また、二〇〇八年八月、香港の収蔵家が購得していた竹簡七十六枚〔ほぼ完整なものは三十余枚〕が岳麓書院に寄贈された。これにより、岳麓秦簡の総数は二一七六簡となった。岳麓書院が購入した竹簡と、収蔵家が寄贈した竹簡は、形制や書体・内容などが酷似しており、同一の出土簡であろうと考えられている。岳麓秦簡の大半は、竹簡であるが、三十余枚の木簡もある。

この岳麓秦簡については、まず陳松長「岳麓書院所蔵秦簡綜述」〔『文物』二〇〇九年第三期〕が、その入手状況や各篇の概説を紹介した。そして、朱漢民・陳松長主編『岳麓書院蔵秦簡〔壹〕』〔上海辞書出版社、二〇一〇年十二月〕が刊行され、岳麓秦簡の内、『質日』『為吏治官及黔首』『占夢書』の三文献に関する図版〔カラー図版および赤外線図版〕と釈文が公開された。岳麓秦簡の全容は、全六分冊によって公開されるという。

本章で取り扱う『占夢書』は、その第一分冊に収録されている古逸書である。以下、『岳麓書院蔵秦簡〔壹〕』の解説を手がかりに、岳麓秦簡の概要を以下に整理してみたい。

竹簡は簡長により三種に大別される。①三十cm前後、②二十七cm前後、③二十五cm前後、の三種である。幅は五～八mm。編綫は二種で、三道編綫のものと、両道編綫のものがある。編綫痕と文字との関係から、①筆写した後に編輟したもの、②先に編輟してから筆写したもの、に大別される。

文字は竹黄面に記されているが、背面に篇題と思われる文字が記されているものもある。第一分冊所収の資料の一つ『質日』〔暦譜〕に、「秦始皇二十七年」、「三十四年」、「三十五年」という紀年が認められることから、成書年代の下限は、始皇帝三十五年〔前二一二〕頃と推測される。

また、雲夢睡虎地秦簡と類似した秦の律令や役人のための手引き書が含まれていることから、岳麓秦簡の墓主についても、治獄にたずさわった人物であった可能性が指摘されている。

そして、基礎整理の結果、岳麓秦簡は次の七部に大別された。

（一）『質日』
（二）『為吏治官及黔首』
（三）『占夢書』
（四）『数』書
（五）『奏讞書』
（六）『秦律雑抄』
（七）『秦令雑抄』

このうち、『質日』『為吏治官及黔首』『数』書は竹簡背面に篇題がある。その他は編者による仮題である。

二、『占夢書』の概要と研究課題

次に、岳麓秦簡『占夢書』の概要をまとめる。

整理者は陳松長氏。竹簡枚数は四十八枚。簡長は約三十cm。三道編綫。

筆写方式は二種あり、①分段筆写せず、占夢理論を説くもの五枚。②二段筆写で、夢象と占断を記すもの四十三枚。

この『占夢書』について、整理者の陳松長氏は、現時点では最古の占夢書であると高く評価している。ただ、『占夢書』全体の構造やその思想的意義については、具体的な論及はなされていない。

それでは、この文献については、どのような研究課題があるのだろうか。

まず、この文献を中国現存最古の占夢書と考えて良いかという問題である。『漢書』芸文志には『黄帝長柳占夢』十一巻、『甘徳長柳占夢』二十巻などが記されているが、すでに『隋書』経籍志中には見られず、早くに散逸したものと思われる。この『占夢書』が秦簡である以上、最古という評価には間違いがないと思われるが、確認が必要であろう。

第二は、それに関連して、睡虎地秦墓竹簡「日書」との関係である。一九七五年に湖北省雲夢県睡虎地で発見された秦簡は、岳麓秦簡とほぼ同時代の筆写物であると思われるが、「日書」の中にも、占夢に関する記述がある。両者にはどのような関係があると言えるのだろうか。

第三は、竹簡の配列である。近年、竹簡の配列については、竹簡背面の劃痕や墨線が注目されている。北京大学蔵戦国竹書では、劃痕が竹簡配列の有力な手がかりになったとされる。(3) この岳麓秦簡には、劃痕や墨線はあったのか。また、竹簡の配列に問題はないのだろうか。

第四は、二段筆写されている竹簡の読み方である。上下二段に筆写されている箇所は、どのような順序で読めばいいのだろうか。出土資料における段組筆写の先例としては、睡虎地秦墓竹簡「為吏之道」がある。これとの関係にも留意しながら検討する必要があろう。

第五は、占夢の記述パターンである。敦煌本『新集周公解夢書』には、夢象および占断が整然と記されているが、この『占夢書』ではどうであろうか。

以上の五つの問題について順次検討したい。

三、『占夢書』の構成と文献的性格

まず、第一と第二の問題を一括して検討してみよう。先述した通り、『漢書』芸文志に、『黄帝長柳占夢』『甘徳長柳占夢』の記載があるが、これらの文献は現存しない。また、『晏子春秋』には、当時、占夢者が占夢書を参照して占断を下していたらしい故事が記されている。しかし、いずれもその内容は確認されていない。これだけ大部のまとまった古代の占夢書が発見されたのは初めてである。現存最古の占夢書と言って良いであろう。

但し、睡虎地秦墓竹簡「日書」の中に、一部「占夢」に関する記述があり、注意を要する。「日書」甲種には、「夢」の標題があり、悪夢を見た際に、それを祓うための呪文が次のように記されている。(4)

人有悪夢、覺、乃釋髪西北面坐、禱之曰、「皋。敢告爾⿰豸今⿰立奇。某、有悪夢、走歸⿰豸今⿰立奇之所。⿰豸今⿰立奇強飲強食、賜某大幅（富）、非錢乃布、非繭乃絮」。則止矣。

また同・乙種にも「夢」の標題があり、「甲乙夢被黑裘衣寇〈冠〉、喜、人〈入〉水中及谷、得也」「丙丁夢□、喜也、木金得也」「戊己夢黑、吉、得喜也」のように、十干で表示した日の夢の吉凶について記すものが五条、および悪夢を払う呪文一条が記されている。

しかしこれらは、岳麓秦簡『占夢書』や敦煌本『新集周公解夢書』に比べると、きわめて断片的な記述にとどまっている。これをもって占夢書と断定するには大いに躊躇いが感じられる。

更に、漢代では、武威漢簡の卜筮類木簡十一簡の中に、「夢書之類」と仮称された二本の木簡があるが、これも、「占夢書」というほどのまとまりを持つものではなく、むしろ「日書」の「夢」に近い性格のものと推測される。

従って、岳麓秦簡『占夢書』は現時点では、やはり現存最古の占夢書と評して良いであろう。

次に、第三の竹簡の配列問題について検討してみよう。整理者の陳松長氏は、敦煌本『新集周公解夢書』などを参考にして、占夢書の体例を想定し、まず段組筆写されていない五簡を序論として先頭に配置した後、第六簡以降最終簡までを、具体的な占断を記す竹簡として配列したと考えられる。

ただ、『占夢書』には、文脈をとりづらい部分もあり、この竹簡配列が客観的根拠によって行われたのはどうかについては、やや疑問が持たれる。竹簡配列を検討する際に重要な手がかりになるものとして劃痕・墨線があるが、『占夢書』は、竹簡背面に劃痕・墨線は認められたのであろうか。またそれを手がかりとして配列を決めたのであろうか。

この点について、筆者は、二〇一二年夏に岳麓書院を訪問し、岳麓秦簡を拝見しつつ陳松長氏に直接質問したところ、岳麓秦簡『占夢書』には、劃痕・墨線は認められなかったとの回答を得た。そして、分段筆写していない竹簡五枚を先に配列し、二段組で筆写している竹簡を後に配列している点については、分段筆写していない五本の竹簡を先に置けば、序（概説）に相当し、後に置くと結論（総括）ということになるが、中国の文書の慣例からすると、序である可能性が高いだろうと考え、その五枚を先に配置したとのことであった。また、残り四十三枚については、敦煌本『新集周公解夢書』が、おおむね「天」「地」「人」の配列になっていることを参考にして配列を行ったとのことであった。(5)

そうすると、これら四十八枚の竹簡配列については、なお確定的なことは言えず、現時点では、あくまで仮配列と考えておいた方がよさそうである。

次に、第四の問題である二段組筆写の簡の読み方について検討してみよう。二段組で記されている竹簡は、まず上段を右から左に読み、その後、下段を右から左に読むという理解で良いのだろうか。これを仮に横断式の読みと称しておく。ちなみに睡虎地秦墓竹簡「為吏之道」は五段組筆写されており、同「日書」にも、二段・三段・六段の筆写が見られる箇所がある。これらは、内容の連続性から考えて、横断式の読みであった可能性が高く、睡虎地秦墓竹簡の整理小組もそのように釈読している。

それでは、岳麓秦簡『占夢書』はどうであろうか。結論を先に言えば、その読みは、やはり横断式であった可能性が高いと考えられる。

まず、横断式ではなく、同一竹簡の上段から下段へと読ませる体裁だったと仮定した場合を考えてみよう。例えば、次の竹簡には、上下段に意味の連続性が全く見られない。(6)

（第六簡）

〈上〉春夢飛登丘陵、緣木生長燔（繁）華、吉。〈下〉夢偽〓（為人）丈、勞心。

（第七簡）
〈上〉夢天雨□[7]、歳大襄（穰）。〈下〉吏夢企匕（上）、其占□□
（第三十九簡）
〈上〉夢衣新衣乃傷於兵。〈下〉夢見熊者、見官長。
（第四十簡）
〈上〉夢見飲酒、不出三日必有雨。〈下〉夢見蚰者、魄君為祟。

これらは一例であり、『占夢書』には、基本的に、同一竹簡を上から下へと読む必然性が感じられない。但し、第四十簡下段以降、第四十六簡上段までは、上段と下段ともにすべて鬼神・神名が登場するという共通点があり、注意を要する。

いずれにしても、各竹簡を上から下へと読ませようとしているのであれば、そもそも分段筆写する必然性がよく分からない。もし、占断ごとの区切りを明確にしようとしたのであれば、他の出土文献に見られるように、墨釘・墨鉤・墨節などの区切り記号を打つという方法でも良かったはずである。上から下へという読みには、やや疑問が感じられる。

それでは、横断式の読み方であったとすればどうであろうか。

まず、第九簡上段と十簡下段は、ともに「亡」という内容上の共通点を持つ。

（第九簡）
〈上〉春夏夢亡上者、兇。
（第十簡）
〈上〉夢亡下者、吉。

同様に、第三十一簡上段と、第三十二簡上段も、「灑人」という共通点がある。

（第三十一簡）

〈上〉夢以弱（溺）灑人、得其亡奴婢。

（第三十二簡）

〈上〉夢以泣灑人、得其亡子。

また、第四十一簡上段と第四十二簡上段には、「羊」「犬」という動物名が連続するとともに、「傷」「行」といった神名も連続する。

（第四十一簡）

〈上〉夢見羊者、殤（傷）欲食。

（第四十二簡）

〈上〉［夢］見犬者、行欲食。

以上は上段同士の連続性であるが、同様のことは、下段についても言える。次の第十八簡下段と第十九簡下段は、「蛇」が共通する。

（第十八簡）

〈下〉夢蛇入人口、肓（舌）不出、丈夫為祝、女子為巫。

（第十九簡）

〈下〉夢蛇則蚃（蜂）蠆赫（螫）之、有芮（退）者。

また、第三十一簡下段と第三十二簡下段は、「桃」「李」という類似性がうかがえる。

（第三十一簡）

〈下〉夢見桃、為有苛憂。

（第三十二簡）

〈下〉夢見李、為復故吏。

更に、第三十七簡から第四十簡までは、下段に「衆羊」「虎豹」「熊」「蝕」という動物の夢が連続する。

（第三十七簡）

〈下〉夢見衆羊、有行乙里。

（第三十八簡）

〈下〉夢見虎豹者、見貴人。

（第三十九簡）

〈下〉夢見熊者、見官長。

（第四十簡）

〈下〉夢見蝕者、魄君為祟。


このように、横断式に読むと仮定した場合には、すべての竹簡とは言えないまでも、イメージの連続性が認められる箇所がある。もっとも、横断式で完璧に読めるかと言えば、必ずしもそうとは言えない。その原因としては、二つの可能性が考えられる。

第一は、竹簡の残り具合である。岳麓秦簡『占夢書』には、竹簡背面に劃痕や墨線がなく、竹簡配列が確実かどうかだけではなく、これら四十八簡が『占夢書』のすべてであったかどうかについても全く確証はない。内容も、一簡一簡の独立性が高いので、仮に脱簡があっても気づきにくい性格の文献である。従って、他にも、本来『占夢書』として配列される残簡があったという可能性も充分に考慮しておかなければならない。

また第二は、そもそも厳密な連続的筆写が意識されていなかったという可能性である。占夢書の内容が「天」「地」「人」

の三部に大別されているというのは、後世の占夢書からの推測に過ぎず、この『占夢書』において、そうした整然とした分類に基づく筆写が強く意識されていたかどうかは分からない。先に確認したように、所々に連続した箇所が見られるのは、あくまで緩やかな内容の連鎖にとどまっていたからかもしれないのである。

次に、第五の問題として、占夢の記述パターンに注目してみよう。

この『占夢書』の記述のパターンは、大きくは、「夢象（A）＋占断（B）」であるが、細かく言えば、次のように分類できる。

まず、「夢にAを見れば、B」という記述である。

・夢見A、B

（第二十二簡上段）夢見項（鴻）者、有親道遠所來者。

（第二十八簡下段）夢見大反兵・黍粟、其占自當也。

（第三十簡下段）夢見五幣、皆為苛憂。

（第三十一簡下段）夢見桃、為有苛憂。

（第三十二簡下段）夢見李、為復故吏。

（第三十三簡下段）夢見豆、不出三日家（嫁）。

（第三十四簡下段）夢見棗、得君子好言。

この省略型と言えるのが、「Aを夢みれば（あるいは夢にAなれば）、B」というものである。

・夢A、B

（第九簡下段）夢夫婦相反負者、妻若夫必有死者。

（第十一簡下段）夢歌於宮中、乃有内資。

（第十三簡上段）夢歌帯軫玄、有憂、不然有疾。
（第十五簡下段）夢為女子、必有失也、婢子兇。
（第十八簡下段）夢蛇入人口、育（舌）不出、丈夫為祝、女子為巫。
（第十九簡下段）夢蛇則蟄（蜂）蠆赫（螫）之、有芮（退）者。

これらの若干の変形と言えるのが、「夢に以てAなれば、B」というものである。

・夢以A、B
（第三十一簡上段）夢以弱（溺）灑人、得其亡奴婢。
（第三十二簡上段）夢以泣灑人、得其亡子。

ただ、これら三者には、形式上の大差はない。

これに対して、「夢」字の前に更に語句を置き、夢を限定するものがある。例えば、次の第六簡・第九簡・第十五簡では、「春夢」「夏夢」「秋冬夢」と季節を限定し、第七簡では、「吏夢」と夢見る主体を限定している。

・○夢A、B
（第六簡上段）春夢飛登丘陵、縁木生長燔（繁）華、吉。
（第九簡上段）春夏夢亡上者、兇。
（第十五簡上段）秋冬夢亡於上者、吉。亡於下者、兇。是謂□兇。
（第七簡下段）吏夢企匕（上）、其占□□

一方、占断であるBの部分に注目すると、更に、直接吉凶を記すものと、吉凶の具体的内容を記すものとに区分されることが分かる。

直接吉凶を記すものには、次のような例が見られるが、少数派である。

（第六簡上段）春夢飛登丘陵、緣木生長燔（繁）華、吉。
（第九簡上段）春夏夢亡上者、兇。
（第十簡上段）夢亡下者、吉。
（第九簡上段）春夏夢亡上者、兇。
（第十五簡上段）秋冬夢亡於上者、吉。亡於下者、兇。是謂□兇。

これ以外は、すべて吉凶の具体的内容を記すものである。

このようにして、A、Bのパターンは整理されるのであるが、なお例外として、冒頭に「夢」字が見られないものがある。それらは以下の三種に大別されるが、多くは、「夢」字を補えるのではないかと推測される。

第一は、整理者が、竹簡の欠損部に「夢」字があったとして、原釈文に「夢」字を補っているものである。もしこの通りに「夢」字を補うことができるとすれば、右の「夢見A、B」と同一パターンとなる。

・十一簡上段「[夢] 見□雲」
・十八簡上段「[夢] □産毛者」
・二十三簡上段「[夢] □其腹」
・二十四簡上段「[夢] 市人」
・四十三簡上段「[夢] 見□□、竈欲食」
・四十四簡下段「[夢見] 彭者」
・四十五簡上段「[夢見] □□、大父欲食」
・四十六簡上段「[夢] 見馬者」

第二は、整理者は、「夢」字を補っていないが、竹簡冒頭の欠損部に「夢」字があったのではないかと推測されるものである。

・十二簡上段「□□叟書……」
・十四簡上段「□□□□將發」
・二十一簡上段「□□□者、□入寒秋」
・三十簡上段「□□□□□□為大壽」
・四十七簡上段「□□□中有五□為」

竹簡の残欠により、何字分の文字が欠損しているのか判然としないものもあるが、これらは、「夢」字のある可能性を一応考慮できるものである。とすれば、これらも右の「夢見A、B」や「夢A、B」と同一パターンとなる。

第三は、整理者は、竹簡の欠損と「夢」字とを認定していないが、図版を確認すると竹簡冒頭に欠損があり、そこに「夢」字があったのではないかと推測できるものである。

該当するのは、第三十七簡上段の「其兵卒不占」である。この竹簡は上端がわずかに欠損しており、他の簡との比較から、「其」の前にもう一～二字あったと思われる。ここに「夢」字があった可能性はあろう。

なお、最終簡の四十八簡「不占」（以下、留白）は、上端がわずかに欠損しているようにも見えるが、そこに文字が入るスペースがあったかどうかは分からない。あるいは、他の竹簡（残簡）の下端から文意が接続している可能性もある。陳偉氏は、この竹簡について、本来『占夢書』の序論に接続する竹簡だったと推測する。[8] いずれにしても、この竹簡だけは唯一、「夢」字があったとは思われない簡である。陳松長氏も、この取り扱いに困って最後に仮配置しているのである。[9]

以上、占夢の記述方式について検討してきたが、若干の例外はあるものの、全体としては、一定のパターンが見られることが判明した。『占夢書』として明確な体裁を整えた書物であったと評価できよう。

四、『占夢書』の思想史的位置

それでは、こうした『占夢書』は、中国の占夢書の歴史の上で、どのような位置にあると言えるであろうか。そこで検討しなければならないのは、敦煌本『新集周公解夢書』との関係である。これまで、古代のまとまった占夢書として、敦煌本『新集周公解夢書』が注目されてきた。そこで、時代は相当異なるが、この両者を比較することによって、岳麓秦簡『占夢書』の特色を探ってみよう。

まず第一に注目されるのは、序論部分の論理の違いである。『新集周公解夢書』では約百五十字から成る序文があり、そこでは夢の発生原因が「夢是神游、依附彷彿（夢は是れ神游、依附し彷彿たり）」（睡眠中の精神が肉体を離れて浮遊し、他の事物を見聞することによって夢が生ずる）と説かれる。また、後半部では、夢の意義・結果について、「善夢宜説、悪夢理之。夫夢見好夢即喜、悪夢即憂。若何。智者解之、悪夢即吉、向愚人説之、好夢變為凶也（善夢は宜しく説ぶべく、悪夢は之を理《おさ》むべし。夫れ夢に好夢を見れば即ち喜び、悪（しきことを見れば）即ち憂う。若何。智者之を解すれば、悪夢も即ち吉（となり）、愚人に向かいて之を説けば、好夢も変じて凶と為るなり）」と説かれる。つまり、比較的単純に夢が「好夢」「悪夢」に二分され、またその好・悪は決定的なものではなく、それを解する人間によって変化しうるとされている。夢自体よりも、夢見た後の人為が問題にされているのである。こうした道徳的とも言うべき夢観は、『太平御覧』引く『夢書』佚文や王符『潜夫論』夢列篇等にも見られる[10]。

これに対して、岳麓秦簡『占夢書』の序論該当部分（第一簡～第五簡）は、夢と日時・天候などとの関係をまず重視し、占いの条件を提示している[11]。

【1】若晝夢亟發、不得其日、以來為日、不得其時、以來為時。醉飽而夢、雨、變氣不占。晝言而莫（暮）夢之、有

☐【2】□□□□□□始□□之時、亟令夢先。春日發時、夏日陽、秋日閉、冬日臧（藏）。占夢之道、必順四時而豫

【3】其類。毋失四時之所宜。五分日、三分日夕、吉凶有節、善羛（義）有故。甲乙夢、開臧事也。丙丁夢、憂也。【4】戊己夢、語言也。庚辛夢、喜也。壬癸夢、生事也。甲乙夢伐木、吉。丙丁夢失火高陽、吉。戊己［夢］【5】宮事、吉。庚辛夢［攻］山鑄（鐘）、吉。壬癸夢行川爲橋、吉。晦而夢三年至、夜半夢者二年而至、鶏鳴夢者［一年而至］。

若し昼の夢亟《しばしば》発して、其の日を得ざれば、来るを以て日と為し、其の時を得ざれば、来るを以て時と為せ。酔飽して夢み、雨ふり、変気なれば、占わず。……

春は発時と曰い、夏は陽と曰い、秋は閉と曰い、冬は蔵と曰う。占夢の道は、必ず四時に順いて其の類に豫《したが》う。其の四時の宜しくする所を失うこと毋かれ。

日を五分し、夕を三分し、吉兇に節有り、善邪に故有り。甲乙の夢は蔵事を開くなり。丙丁の夢は憂うるなり。戊己の夢は語言するなり。庚辛の夢は喜ぶなり。壬癸の夢は事を生ずるなり。甲乙、夢に木を伐れば、吉。丙丁、夢に高陽に失火するは、吉。戊己、宮事を夢みれば、吉。庚辛、夢に山を攻めて鐘を鋳れば、吉。壬癸、夢に川に行きて橋を為れば、吉。晦くして夢みれば三年にして至り、夜半に夢みれば二年にして至り、鶏鳴に夢みれば一年にして至る。

ここで特に注目されるのは、まず、天候や日時に留意して占夢が行われるということである。「雨」の時や「変気」（異常気象）の時の夢は占いの対象にしないという。また、春夏秋冬の四季ごとの夢を区別した上で、その四時に従って占断するという。

また、占夢の時が「日（昼）」と「夕」とに区分されている点も注目される。『左伝』昭公五年に「日之數十」、その杜預注に「甲至癸」と、一日を十干で分割する説は見える。しかし、このように、まず「日（昼）」と「夕」とを区分した上で、「日」を「五分」し、それを「甲乙」「丙丁」「戊己」「庚辛」「壬癸」の十干の組み合わせで表示するとともに、「夕」を「晦」「夜半」「鶏鳴」に三分するという例は、他に見られない。先述の通り、睡虎地秦墓竹簡「日書」乙種の「夢」では、

「甲乙」「丙丁」「戊己」「庚辛」「壬癸」の夢を計五条列挙する。これらは恐らく、夢見た日を表していると思われ、十干を使用するという点では、岳麓秦簡『占夢書』とも類似するが、一日（昼）を五分割したものではない点が異なる。

一方、一日（昼）を五分割するものとしては、放馬灘秦簡「日書」の「禹須臾所以見人日」篇に、「旦」「安食」「日中」「日失」「夕日」とあり、また、睡虎地秦墓竹簡「日書」甲種の「吏」篇に「朝」「晏」「昼」「虒日」「夕」と見えるが、干支や夢との関係は示されない。

なお、十干によって日を示す例は、もちろんある。包山楚簡「卜筮祭禱簡」第十一組（二二〇号簡）に「庚辛に間あり」（庚・辛の日に病気は小康を得る）、睡虎地秦墓竹簡「日書」甲種の「病」篇に、「甲乙」（木）、「丙丁」（火）、「戊己」（土）、「庚辛」（金）、「壬癸」（水）と、五行に組み合わせて日を表示しているが、いずれも夢との関係は説かれない。[12]

このように、類似の表現は多々見られるものの、岳麓秦簡『占夢書』の占夢理論は独自のものであり、日時や天候に留意するという点では、「占夢掌其歳時、観天地之會、辨陰陽之氣、以日月星辰占六夢之吉凶」（『周礼』春官・占夢）とする『周礼』の夢観に類似すると言えよう。『周礼』によれば、古代の王制下では、「占夢」の官が配置され、天文気象等に留意しつつ王の見た夢について占断を下していたという。天文と占夢とが密接な関係にあったと推測されるわけであるが、こうした性格を岳麓秦簡『占夢書』も一部備えていたと評価できる。

次に、夢の配列と分類について検討してみよう。『新集周公解夢書』は、序文の後、本文が「天文章」「地理章」「山林草木章」など全二十三章に整然と分類されている。[13] こうした分類は、魏晋以降生産されるようになる類書の分類の影響を受けたものと考えられる。

例えば、『北堂書鈔』は、完本として現存する中国最古の類書であるが、その分類は、帝王、后紀、政術、刑法、封爵、設官、礼儀、芸文、楽、武功、衣冠、儀飾、服飾、舟、車、酒食、天、歳時、地、となっている。

また、『芸文類聚』は、「天部」「歳時部」「地部」に始まり、「獣部」「鱗介部」「蟲豸部」「祥瑞部」「災異部」に終わり、その巻数はちょうど百巻である。『初学記』も同様に「天部」「歳時部」「地部」から「獣部」「鳥部」まで、全体を二十三の部門に分け、三一三の子目に分ける。以降も大量に生産される各時代の類書でも、概ね天地人の分類・配列を行っている[14]。

明らかに、『新集周公解夢書』の構成は、こうした類書の分類の影響を受けていると思われる。これに対して、岳麓秦簡『占夢書』には、章題も明確な分類も見られず、まだそうした整然とした部分けは行われていなかったと推測される。

第三に、悪夢への対応という点について確認しておく。『新集周公解夢書』には、末尾の二つの章に、「悪夢為無禁忌等章」（悪夢避けとなる二十の禁忌を記す）、「厭攘悪夢章」（見てしまった悪夢を払う方法を記す）があり、「厭攘悪夢章」末尾には呪符も附記されている。悪夢への対応が強く意識されていると言えよう。これは、呪文や呪符により悪事を払うという道教儀礼の影響を強く受けたものではないかと推測される。これに対して、岳麓秦簡『占夢書』には、「悪夢」と表記する例は見られず、「不占」という場合も、先述の通り、飲酒時や異常な天候の場合に限られていた。

もっとも、『占夢書』にも、「門」（第十四簡）、「行」（第十四簡、第四十二簡）「傷（殤）」（第四十一簡）、「明（盟）」（同）、「癘（厲）」（同）、「租（詛）」（同）など鬼神・神名が登場する（神が祭祀を欲しているという占断が記される）場合があり、「祟」があるとの占断が記される場合もある（第十四簡、第四十簡）。また、睡虎地秦墓竹簡「日書」でも、前記の通り、悪夢への対応が説かれる例があった。「悪夢」自体は、必ずしも道教の影響ということでなく、古くから意識されてきた内容かもしれない。

しかしながら、岳麓秦簡『占夢書』には、「悪夢」と明記するものは皆無であり、悪夢を払うという内容は見られない。そこに道教の影響があるとまでは言えないであろう。

最後に、岳麓秦簡『占夢書』の思想史的位置をまとめておきたい。この『占夢書』は、時代的にも、思想的にも、『周礼』に見えるような古代の夢観・『占夢書』と、類書や道教の影響を強く受けたと推測される敦煌本『新集周公解夢書』との間に位置すると思われる。天候や日時に配慮した占夢には『周礼』的な要素が見られると言えるが、一方で、個物を主体に夢象が記される点は、類書的分類を示す後世の『夢書』の性格をすでに先取りしていたとも言える。

では、「日書」との関係はどうであろうか。両者は、夢を占うという点で類似するが、その構成や分量に明らかな相違がある。「日書」は、あくまで様々な占いの中の一つとして夢に注目したまでであり、『占夢書』は、その序論部分に明らかなように、占夢の理論を説くことに意を注いでおり、加えて、具体的な夢象・占断を総合的に記述する点に特色があった。従って、睡虎地秦墓竹簡「日書」の「夢」篇などが分岐して『占夢書』となったのではなく、『占夢書』は「日書」と一部性格を共有しながらも、系統を別にして成立・展開していったものと推測される。

結語

以上、本章では、岳麓秦簡『占夢書』について基礎的な検討を加えてきた。『占夢書』は、現存最古の占夢書であり、思想史的には、後の占夢書の先駆とも言える性格を備えていた。序論部分に占夢の理論を記述し、また、夢象の内容に基づき個々に占断を下している点は、占夢書としての体裁を明確に備えていたと評価できよう。

それでは、この『占夢書』が岳麓秦簡に含まれていた点については、どのような意味があるのであろうか。岳麓秦簡は、その出土地が明確ではなく、所収文献すべてが同一墓からの出土資料であったかどうかは分からない。ただ、仮に同一墓からの出土であったとすれば、そこに一定の共通点が見られるように思われる。岳麓秦簡には、この『占夢書』の他、『質日』（暦譜）、『為吏治官及黔首』（睡虎地秦墓竹簡「為吏之道」に類似する内容）、『数』書（古代における数術を記すもの）、『奏讞書』『秦律雑抄』『秦令雑抄』（秦の法律関係文書）などが含まれている。これらに共通するのは、「技術書」としての性格である。この点は、睡虎地秦墓竹簡に最も類似しており、墓主を推測する重要な手がかりともされている。

従って、『占夢書』も、単なる個人の趣味や秘術としてではなく、吏が携帯すべき技術書として扱われていた可能性がある。人々は、夢に一喜一憂した。我々が想像する以上に、夢は大きな力を持っていたと思われる。現場で統治に当たる役人は、民の習俗や迷信にも配慮する必要があった。占夢も、有力な統治技術の一つだったのではなかろうか。

注

（1）『晏子春秋』内篇雑下には、斉の景公と晏子、占夢者の三者が登場する故事が次のように見える。「景公病水、臥十數日、夜瞢與二日鬭、不勝。晏子朝、公曰、「夕者瞢與二日鬭、而寡人不勝、我其死乎」。晏子對曰、「請召占瞢者」。出于閨、使人以車迎占瞢者。至曰、「曷為見召」。晏子曰、「夜者、公瞢二日與公鬭、不勝。公曰、『寡人死乎』。故請君占瞢、是所為也」。占瞢者曰、「請反具書」。晏子曰、「毋反書。公所病者、陰也、日者、陽也。一陰不勝二陽、故病將已。以是對」。占瞢者入、公曰、「寡人瞢與二日鬭而不勝、寡人死乎」。占瞢者對曰、「公之所病、陰也、日者、陽也。一陰不勝二陽、公病將已」。居三日、公病大愈、公且賜占瞢者。占瞢者曰、「此非臣之力、晏子教臣也」。公召晏子、且賜之。晏子曰、「占瞢者以占之言對、故有益也。使臣言之、則不信矣。此占瞢之力也、臣無功焉。」公兩賜之、曰、「以晏子不奪人之功、以占瞢者不蔽人之能」。晏子の智恵を顕彰するのが主題であろうが、ここには、景公お抱えの占夢者と、その占夢者が参照しようとした占夢書の存在がうかがえる。

（2）敦煌本『新集周公解夢書』の詳細については、拙稿「夢の書の行方―敦煌本『新集周公解夢書』の研究―」（『待兼山論叢』第二十九号哲学篇、一九九五年）、および鄭炳林・羊萍編著『敦煌本夢書』（甘粛文化出版社、一九九七年）参照。なお、ここで言う『新集周公解夢書』とは、ペリオ3908号として整理されている敦煌文書であるが、これとは別に、敦煌文書には、スタイン5900号として整理されている『新集周公解夢書残巻』やペリオ3281号の『周公解夢書残巻』などもある。

（3）北京大学出土文献研究所編『北京大学蔵西漢竹書〔貳〕』（上海古籍出版社、二〇一二年十二月）参照。

（4）以下、引用は、睡虎地秦墓竹簡整理小組編『睡虎地秦墓竹簡』（文物出版社、一九九〇年）による。

（5）この学術調査の詳細については、中国出土文献研究会「中国新出簡牘学術調査報告―上海・武漢・長沙―」（『中国研究集刊』第五十五号、二〇一二年）参照。なお、その後、陳松長氏は、「嶽麓秦簡《占夢書》的結構略説」（《国際簡牘学会会刊》第七号、二〇一三年二月）においてこの点をより明確にし、岳麓秦簡『占夢書』は、（一）夢理論の部分（冒頭の竹簡五枚）、（二）夢占に関わる内容（竹簡三十五枚、概ね天地人の配列）、（三）神霊祭祀に関する夢占の内容（末尾の六簡）、の三部からなると整理している。

（6）以下、原文の引用に際しては、朱漢民・陳松長主編『岳麓書院蔵秦簡〔壹〕』（上海辞書出版社、二〇一〇年十二月）による。（　）内の文字は、原釈文が字形の類似などを理由に改めているもの、□は竹簡欠損により読み取れない文字。［　］内の文字は、竹簡欠損箇所を推測により補ったものである。また、〈上〉〈下〉はそれぞれ竹簡の上段、下段であることを示す。

（7）原釈文は文字欠損として□記号を入れる。直後の占断の言葉から、ここには「田」字があったのではないかと推測される。

（8）陳偉「《占夢書》一五二五號等簡的編連問題」（簡帛網、二〇一一年四月九日）は、次のように竹簡を再配列する。「……若晝夢亟發、不得其日、以來爲日。不得其時、以來爲時。醉飽而夢、雨、變氣、不占。晝言而莫夢之、有▨不占」。

（9）注5前掲の陳松長氏論考参照。

（10）詳細については、注2前掲の拙稿参照。

（11）記号については、前記とほぼ同様である。【　】内の数字は、竹簡番号、［　］の文字は、欠損箇所を推測により補ったもの。□は竹簡残欠により不明の文字。（　）内の文字は、字形の類似から読み替えたもの、である。

（12）これらの詳細については、工藤元男『占いと中国古代の社会』（東方書店、二〇一一年）参照。

（13）『新集周公解夢書』の分章は次の通りである。天文章、地理章、山林草木章、水火盗賊章、官禄兄弟章、人身梳鏡章、飲食章、仏道音楽章、荘園田宅章、衣服章、六畜禽獣章、龍蛇章、刀剣弓弩章、夫婦花粉章、楼閣家具銭帛章、舟車橋市穀（物）章、生死疾病章、冢墓棺材凶具章、十二支日得夢章、十二時得夢章、建除満日得夢章、悪夢為無禁忌等章、厭攘悪夢章。

（14）詳細については、拙著『故事成語の誕生と変容』（角川学芸出版、二〇一〇年）の附録「主要類書解説」参照。

【附記】

本稿を入稿した後、森和氏に、岳麓秦簡『占夢書』を対象とした論考があることを知った。本稿には盛り込めなかったが、以下に紹介しておきたい。

森和「秦人の夢―岳麓書院蔵秦簡『占夢書』初探」（『日本秦漢史研究』第十三号、二〇一三年）

第二章　銀雀山漢簡「論政論兵之類」考釈

序　言

一九七二年、中国山東省銀雀山で前漢時代の墓が発見され、その一号墓には大量の竹簡が副葬されていた。これが、中国古代思想史研究に衝撃を与えた銀雀山漢墓竹簡である。内容は、『孫子兵法』『孫臏兵法』などの古代兵書であり、一九八五年、『銀雀山漢墓竹簡〔壹〕』（銀雀山漢墓竹簡整理小組、文物出版社）として公開された。

但し、この第一輯に収録されたのは、銀雀山漢墓竹簡の内の『孫子兵法』『孫臏兵法』『尉繚子』『晏子』『六韜』『守法守令等十三篇』[1]であった。もちろん、これらが銀雀山漢墓竹簡の中心をなす文献であるが、『銀雀山漢墓竹簡〔壹〕』の説明によれば、これ以外にも、第二輯に「佚書叢残」が、また第三輯に「散簡」「篇題木牘」「元光元年暦譜」が収録される予定とのことであった。

中国・台湾では、その後、主として『孫子兵法』『孫臏兵法』の研究が進み、一九七五年には、『孫臏兵法』（銀雀山漢墓竹簡整理小組、文物出版社）、『竹簡兵法』（台湾・河洛図書出版社編集部、河洛図書出版社）、一九七六年には、『孫子兵法』（銀雀山漢墓竹簡整理小組、文物出版社）、一九八四年には、『孫臏兵法校理』（張震沢、中華書局）、二〇〇二年には『孫臏兵法解読』（楊玲、軍事科学出版社）、二〇〇五年には『銀雀山兵学』（銀雀山兵学研究会・銀雀山漢墓竹簡博物館、解放軍出版社）が刊行された[2]。

一方、日本では、銀雀山漢墓竹簡の公開を受けて、一九七六年に、『孫臏兵法』（金谷治、東方書店）が刊行され、また、一九九九年には、銀雀山漢墓竹簡の諸文献を活用した拙著『中国古代軍事思想史の研究』（研文出版）が刊行された。

そして、二〇一〇年一月、『銀雀山漢墓竹簡〔貳〕』（銀雀山漢墓竹簡整理小組、文物出版社）が刊行された。第一輯で予告されていたとは言え、第二輯はほとんど何の前触れもなく、突然公開されたのである。それは、銀雀山漢墓竹簡の発見から三十七年後、『銀雀山漢墓竹簡〔壹〕』の刊行から二十四年後のことであった。(3)

その内容は、第一輯で予告されていた「佚書叢残」に該当するもので、全体は、「論政論兵之類」「陰陽時令・占候之類」「其他」の三部に類別されている。この三つは、内容的に密接な関連があるというわけではなく、たまたま第一輯から漏れたものがまとめて収録されたと考えられる。従って、第二輯収録文献に対する研究も、この三部について、まずは一つずつ個別的な考察を加える必要がある。

そこで本章では、この内の「論政論兵之類」を取り上げて、その成立時期や思想的特質について考察することを目的とする。

一、「論政論兵之類」十二篇の体系性

『銀雀山漢墓竹簡〔貳〕』の第一部として収録された「論政論兵之類」は全五十篇からなる。「論政論兵之類」とは、編者（銀雀山漢墓竹簡整理小組）による便宜的な名称で、竹簡自体に記載があったわけではない。ただ、後述のように、これらはいずれも、政治・軍事について様々に説くもので、この仮称に大きな問題は感じられない。

ただ、気になるのは、全体の体系性である。全五十篇には何らかの体系性があるのか。またその篇の前後関係に深い意味はあるのか。そうした点が疑問となる。周知の通り、銀雀山漢墓竹簡の発見には一つの悲劇があった。竹簡群を竹籠の残骸と勘違いした農民たちが手荒くすくっては墓外に搬出したのである。そのため、残簡が多い。この第二輯に収録された文献も、「佚書叢残」と総称される通り、その体系性や配列には不明確な点がある。

しかし、編集説明によれば、第三輯に収録される予定の篇題木牘残片に篇名が記載されているという。そして、その篇名が、この第二輯に収録された「論政論兵之類」の第一から第十二篇までに該当しているという。つまり、「論政論兵之類」第一から第十二篇までは、とりあえず、ひとまとまりの文献ではなかったかと推定されるのである。具体的には、「将敗」「【将失】」[4]「兵之恒失」「王道」「五議」「効賢」「為国之過」「務過」「観卑」[5]「持盈」「分士」「三乱三危」の各篇である。

もっとも、これらが本当にひとまとまりの文献なのかどうかについては、内容の分析を待たなければならない。しかし、かつて『孫子兵法』や『守法守令等十三篇』が篇題木牘の記載をもとに復元され、一定のまとまりを持つ文献であると考えられたのは、極めて重要である。篇題木牘に篇名が列挙されているということは、少なくとも、篇題木牘が記載された時点においては、それらがひとまとまりの文献であると強く意識されていたことを示しているであろう。

そこで、これら十二篇が体系性を持つ文献であるかどうか、別角度から検討してみよう。

まず、十二篇全体の篇名を概観して気づくのは、政治や軍事の「失」「乱」に関する内容が多いということである。「将敗」「将失」「兵之恒失」や「為国之過」「務過」「三乱三危」などは、篇名からもすぐにその内容が推測できる。政治や軍事を論ずる際、極端に言えば、こうすれば必ず成功するという論述の仕方と、こうすれば必ず失敗するという論述の仕方があるが、これら十二篇はどちらかと言えば、後者の論述を基調とする点で共通しているように思われる。成功よりも失敗に留意しようという内容の共通性である。

第二として注目されるのは、箇条書き風の文体である。例えば、将敗篇は、「将敗、一曰……、二曰……、三曰……」という書き出しで、最後は「廿曰……」まで続く。同様に、将失篇も、「将失、一曰……、二曰……、三曰……」から始まり、以下延々と箇条書きが続き、最後は「卅二曰……」で終わる。

兵之恒失篇は、「一曰」「二曰」という書き出しではないが、逆に文末が「……、〇兵也」「……、〇兵也」と統一されていて、これもやはり箇条書き風の文体である。王道篇は「王道有五」と初めに宣言し、以下、「一曰……」「二曰……」から「五曰……」まで五箇条を記載する。五議篇も同様で、初めに「有國之五議」と記し、以下、「一曰……」「二曰……」から「五曰……」まで五箇条を記載する。效賢篇はほとんどが残欠しており、未詳であるが、残簡部分で確認できる「……國賢之二效也」という文言から推測すれば、これもやはり、「一效」「二效」……と列挙する篇であったと考えられる。

為国之過篇は、明確な箇条書きである。各条の冒頭に円形墨点「●」を記し、「一、爲國之過……」「二、爲國之過……」「三、爲國之過……」という書き出しで、最後は「十五」まで記す。務過篇は五議篇と同様で、初めに「有國之務過」と記し、以下、「一曰……」から「三曰……」まで三箇条を記載する。観卑篇は竹簡の残欠があり、何箇条あるか未詳であるが、やはり文体は、「有國之観庳」に続いて「一也、……」「二也、……」とあり、「八也……」まで竹簡が残っている。三乱三危篇は竹簡の残欠が激しく、具体的な内容は未詳であるが、篇名からも明らかなように、国の「三乱」「三危」を三箇条ずつ列挙していると思われる。[6]

このように、「論政論兵之類」十二篇は、箇条書き風の文体という点で、共通している。政治・軍事の失敗を整理して提示しようとする意識が濃厚である。内容については、次節以下で検討を加えることとするが、少なくとも以上の検討結果によれば、これら十二篇は、一応のまとまりを持つ文献であると推測してよかろう。

二、十二篇の時代性

それでは、これら十二篇に一定のまとまりがあるとすれば、その時代性はどうであろうか。内容からうかがうことのできる共通の時代性はあるか。この点について検討してみよう。

まず、将失篇を検討する。[7]

・將失。一曰、失所以往來、可敗也。二曰、收亂民而還用之、止北卒而還鬬之、无資而九九五有資、可敗也。三曰、是非爭、謀事辯訟、可敗也。四曰、令不行、衆不壹、可敗也。五曰、九九六下不服、衆不爲用、可敗也。六曰、民苦其師、可敗也。七曰、師老、可敗也。八曰、師懷、可九九七敗也。九曰、兵遁、可敗也。十曰、兵□不□、可敗也。十一曰、軍數驚、可敗也。十二曰、兵道九九八足陷、衆苦、可敗也。十三曰、軍事險固、衆勞、可敗也。十四【曰、□□】□備、可敗也。十五九九九曰、日暮路遠、衆有至氣、可敗也。十六曰、自私自亂、可敗也。十七曰、卑壘无其資、一〇〇〇衆恐、可敗也。十八曰、令數變、衆偸、可敗也。十九曰、軍淮、衆不能其將吏、可敗也。廿曰、一〇〇一多幸、衆怠、可敗也。廿一曰、多疑、衆疑、可敗也。廿二曰、惡聞其過、可敗也。廿三曰、與不一〇〇二能、可敗也。廿四曰、暴露傷志、可敗也。廿五曰、期戰心分、可敗也。廿六曰、恃人之傷一〇〇三氣、可敗也。廿七曰、事傷人、恃伏詐、可敗也。廿八曰、軍輿无□、可敗也。廿九曰、羣一〇〇四下卒衆之心惡、可敗也。卅曰、不能以成陣、出於夾道、可敗也。卅一曰、兵之前行後一〇〇五行之兵、不參齊於陣前、可敗也。卅二曰、戰而憂前者後虛、憂後者前虛、憂左一〇〇六者右虛、憂右者左虛。戰而有憂、可敗也。一〇〇七

・将失は、一に曰く、往来する所以を失えば、敗るべきなり。二に曰く、乱民を収めて還って之を用い、北卒を止めて還って之を闘わせ、資无きも資有りとすれば、敗るべきなり。三に曰く、是非もて争い、事を謀るに弁訟すれば、敗るべきなり。四に曰く、令行われず、衆一ならざれば、敗るべきなり。五に曰く、下服さず、衆用を為さざれば、敗るべきなり。六に曰く、民其の師に苦しめば、敗るべきなり。七に曰く、師老《ひさ》しければ、敗るべきなり。八に曰く、師懐えば、敗るべきなり。九に曰く、兵遁ぐれば、敗るべきなり。十に曰く、兵□せざれば、敗るべきなり。十一に曰く、軍数《しば》しば驚けば、敗るべきなり。十二に曰く、兵道足陥り、衆苦しめば、敗るべきなり。十三に曰く、軍険固を事にして、衆労すれば、敗るべきなり。十四【に曰く、□□】□備、敗るべきなり。十五に曰く、日暮れ

て道遠く、衆に怪気有れば、敗るべきなり。十六に曰く、自ら私し自ら乱るれば、敗るべきなり。十七に曰く、卑塁にして其の資无く、衆恐るれば、敗るべきなり。十八に曰く、令数しば変わり、衆偸なれば、敗るべきなり。十九に曰く、軍乖き、衆其の将吏を能くせざれば、敗るべきなり。廿に曰く、幸《ねが》うこと多く、衆怠れば、敗るべきなり。廿一に曰く、疑うこと多く、衆疑えば、敗るべきなり。廿二に曰く、其の過ちを聞くを悪めば、敗るべきなり。廿三に曰く、不能を挙ぐれば、敗るべきなり。廿四に曰く、暴露して志を傷えば、敗るべきなり。廿五に曰く、戦いを期して心分かるれば、敗るべきなり。廿六に曰く、人の気を傷うを恃めば、敗るべきなり。廿七に曰く、人を傷うを事とし、伏詐を恃めば、敗るべきなり。廿八に曰く、軍輿□无なけば、敗るべきなり。廿九に曰く、群下卒衆の心悪しければ、敗るべきなり。卅に曰く、以て陣を成す能わず、夾道に出づれば、敗るべきなり。卅一に曰く、兵の前行後行の兵、陣前に参斉せざれば、敗るべきなり。卅二に曰く、戦いて前を憂うる者は後虚しく、後を憂うる者は前虚しく、左を憂うる者は右虚しく、右を憂うる者は左虚し。戦いて憂い有れば、敗るべきなり。

この篇は、かつて『孫臏兵法』に分類されていた篇である。その後、篇題木牘の記載を重視して『孫臏兵法』から外し、今回、改めて「論政論兵之類」に編入し直したものである。そこで、『孫臏兵法』という先入観を排除して、改めてその時代性を問う必要が出てきたのである。

この将失篇では、「二に曰く、……資无きも資有りとすれば、敗るべきなり」のように物資の充足と兵站が重視され、「二に曰く、乱民を収めて還って之を用い、北卒を止めて還って之を闘わせ」や「九に曰く、兵遁ぐれば、敗るべきなり」のように民の大量動員に留意し、またその脱走が懸念されている。更に、「七に曰く、師老《ひさ》しければ、敗るべきなり」「十五に曰く、日暮れて道遠く、衆に怪気有れば、敗るべきなり」や「十三に曰く、軍険固を事にして、衆労すれば、敗るべきなり」のように、長距離侵攻作戦や堅固な要塞の構築が念頭に置かれていると思われる箇所など、長期戦・総力戦が想定されていると感じられる文章もある。こうした兵学的記述は、『孫子』よりはやや後の時代の戦国期を前提とするものではなかろうか。

また、兵之恒失篇では、次のような点が注目される。

・兵之恒失、政爲民之所不安爲……一〇〇九

・欲以敵國之民之所不安、正俗所……之兵也。欲以國【兵一〇一〇之所短】、難敵國兵之所長、耗兵也。欲强多國之所寡、以應敵國之所多、速屈一〇一一之兵也。備固、不能難敵之器用、陵兵也。器用不利、敵之備固、挫兵也。兵不一〇一二稱、内疲之兵也。多費不固□一〇一三……【兵不能】長百功、不能大者也。兵不能昌大功、不知會者也。兵失民、不知過者一〇一四也。兵用力多功少、不知時者也。兵不能勝大患、不能合民心者也。兵多悔、信一〇一五疑者也。兵不能見禍福於未形、不知備者也。兵見善而怠、時至而疑、去非而一〇一六處邪、是是而弗能居、不能斷者也。一〇一七……使天下利其勝者也。一〇一八

・兵の恒失は、政民の安んぜざる所を為して……

・敵国の民の安んぜざる所を以て、俗の……する所を正さんと欲するは、……の兵なり。国【兵の短なる所を】以て、敵国の兵の長ずる所を難《せ》めんと欲するは、耗兵なり。強いて国の寡なき所を多しとして、以て敵国の多き所に応ぜんと欲するは、速屈の兵なり。備固きも、敵の器用を難むる能わざるは、陵兵なり。器用利ならず、敵の備え固きは、挫兵なり。兵称わざるは、内疲の兵なり。費多きも固からず……【兵】百功を長ずること【能わざるは】、大なること能ざる者なり。兵大功を昌らかにする能わざるは、会するを知らざる者なり。兵民を失うは、過ちを知らざる者なり。兵力を用いること多きも功少なきは、時を知らざる者なり。兵大患に勝つ能わざるは、民心に合する能

わざる者なり。兵悔ゆること多きは、疑わしきを信ずる者なり。兵禍福を未だ形われざるに見る能わざるは、備えを知らざる者なり。兵善を見るも怠り、時至るも疑い、非を去るも邪に処り、是を是とするも居る能わざるは、断ずる能わざる者なり。……天下をして其の勝ちを利せしむる者なり。

ここでは、「国【兵の短なる所を】以て、敵国の兵の長ずる所を難めんと欲するは、耗兵なり」とか、「強いて国の寡なき所を多しとして、以て敵国の多き所に応ぜんと欲するは、速屈の兵なり」のように、「(自)国」と「敵国」との対峙を前提とし、兵の形態を類別している。ただ同時に、「天下をして其の勝ちを利せしむる者なり」と、「天下」全体への視野が存在する。これも、戦国期、特に戦国後半期を前提とする記述ではないかと推測される。

次に、王道篇を取り上げてみよう。

王道有五。一曰能知爲君爲國之致。二曰能以國家□【□□□】【鄰】一〇二四國之君親、遠方之君至。三曰能神化。四曰能除天下之共憂。五一〇二五曰能持尚功用賢之成功。一〇二六

王道に五有り。一に曰く、能く君と為り国を為むるの致を知る。二に曰く、能以国家□【□□□□】【隣】[8]国の君親しみ、遠方の君至る。三に曰く、能く神化す。四に曰く、能く天下の共憂を除く。五に曰く、能く功を尚び賢を用いるの功を成すを持す。

ここでは、「王道」と言いながら「能く君と為り国を為むるの致を知る」、つまり、よく君主となって国家を統治することをその条件とする。また、「隣国の君」「遠方の君」との親交関係を説いている。そして、「天下」全体の「共憂」を問題

にしている。これについても、兵之恒失篇とほぼ同じ時期を想定しておく必要があろう。

こうした「国」と「天下」との併記は、五議篇にも見られる。

・有國之五議。一曰、百言有本、千言有要、萬言有總。能總言、能知言之所至者也。一〇二八能知言之所至、能爲有天下有國者定治之高卑。不能知言之所至、【不能爲有一〇二九天】下有國者定治之高卑。有國之一議也。一〇三〇

【・二曰、□□□□□能知知之所】至者也。能知知之所至、能爲有天下有國者定可與一〇三一不可。不能知知之所至、不能爲有天下有國者定可與不可。有【國之二議也】。一〇三二

・三曰、言用行、行而天下安樂、能極得。能極得、萬民親之、天【地與之、鬼神相】一〇三三助。不能極得、萬民弗親、天地弗與、鬼神弗助。有國之三議也。一〇三四

・四曰、天不言、萬民走其時、地不言、萬民走其財。能知此、知治之所至【者也。能知治】一〇三五之所至、能不以國亂、能不以國危。不能知治之所至、不能不以國亂、不能不以國一〇三六危。有國之四議也。一〇三七

【・五曰】……【能知極不可亂】之治也。能知極不可亂【之治、能不以國惑】、一〇三八能不以國怠。不能知極不可亂之治、不能不以國惑、不能不以國怠。有國之五一〇三九議也。五議、有國之所以觀……一〇四〇

・国を有つの五議。一に曰く、百言に本有り、千言に要有り、万言に総有り。能く言を総ぶれば、能く言の至る所の者を知るなり。能く言の至る所を知れば、能く天下を有ち国を有つを為す者治の高庳（卑）を定む。言の至る所を知る能わざれば、【天】下を【有ち】国を有つを為す能わざる者治の高卑を定む。国を有つの一議なり。

【・二に曰く、……能知知之所】至者也。能く知の至る所を知れば、能く天下を有ち国を有つを為す者可と不可とを定む。知の至る所を知る能わざれば、天下を有ち国を有つを為す能わざる者可と不可とを定む。【国を】有つ【の二議

なり】。

・三に曰く、言用て行い、行いて天下安楽なれば、能く得を極む。能く得を極むれば、万民之に親しみ、天【地之に与え、鬼神相】助く。得を極むる能わざれば、万民親しまず、天地与えず、鬼神助けず。国を有つの三議なり。

・四に曰く、天言わざるも、万民其の時に走り、地言わざるも、万民其の財に走る。能く此を知るは、地の至る所を知る【者なり。能く知】の至る所を【知れば】、能く以て国乱れず、能く以て国危うからず。治の至る所を知る能わざれば、以て国乱れざる能わず、以て国危うからざる能わず。国を有つの四議なり。

【・五に曰く】、……【能く乱るべからざる】の治を【極むるを知れるなり】。能く乱るべからざる【の治】を極むるを知れば、【能く以て国惑わず】、能く以て国怠らず。乱るべからざるの治を極むるを知る能わざれば、以て国惑わざる能わず、以て国怠らざる能わず。国を有つの五議なり。五議は、国を有つの……を観る所以……。

このように、「天下を有つ」ことと「国を有つ」ことが併記されている。また、「天下」の「安楽」を志向する一方、「万民」や「国乱」「国危」への憂慮が表明されている。

次に、注目されるのは、為国之過篇である。

【・一】、爲國之過、欲下之上合、民之上親也、而法令不行、其下易得而進也、易得【而退】一〇四五也、其民易得而利、易得而害也。故其下无道上合、民无道上親。一〇四六

・二、爲國之過、欲士之用、民之固也、而國利所在失宜。故其士无以□一〇四七……

【・三、爲國之過】、欲民之易牧也、不定國風、而欲徒以名數・連伍・刑罰牧之。故其民一〇四八……數、遯伍、行姦、避事一〇四九……

・四、爲國之過、欲民之和勸、不可與慮它也、而民无恃上之心、不固而輕變。故其民一〇五〇易動、可與慮它。一〇五一

・五、爲國之過、欲士卒之輯睦□□也、而其勞佚人也不等等進一〇五二……不如无辯、賞罰不信、功不貴、勞不利。故其士卒以遠敵去危避勞爲故、其吏便以爲一〇五三重利。一〇五四

・六、爲國之過、欲國之富、有大事可以持久也、而以厚使。厚使則民相隔。民相隔也、則所有一〇五五□物見者病、匿者利。所有□物見者病、匿者利、則損於田疇、損於畜長、損於樹藝、損於畜積、損於器一〇五六□。五者曲損、則國貧、有大事不可以持久、其吏便以爲重利一〇五七。

・七、爲國之過、欲吏之毋穫民利也、而其所以使民之勢易姦也、不可以應大事、一〇五八有大事必畏、其吏便以爲重利。一〇五九

・八、爲國之過、欲其吏大夫之毋進退禁令以相爲、驅以爲重利也、而无以審其吏治之一〇六〇失。故其吏大夫多進退禁【令以】相爲、驅以爲重利。一〇六一

・九、爲國之過、欲吏之廉忠毋【□】官也、欲民之毋行姦要利也、而无以論其吏大夫之士非一〇六二士。故其吏大夫多不矜節、民多姦。一〇六三

・十、爲國之過、欲下之盡智竭能也、而无數以知合與不合、中與不中。故其下无道一〇六四爲上盡智竭能。一〇六五

【・十】一、爲國之過、欲國之治強也、而其所貴非君之所以尊也。其所富非國之所以富一〇六六也。故其國亂弱。一〇六七

・十二、爲國之過、欲國德之及遠也、而驕其士曰「士非我无道貴富」。其士驕其君曰「國一〇六八非士无道安强」。其君至於失國而不悟、其士至於飢寒而不進。上下不合、國德无【以及遠】一〇六九……。

・十三、爲國之過、其所欲與其端計相詭也。何以言之。以城量財物以易其國、端計一〇七〇无予者、而人君之所以侵民者之爲財物也不央、如以城量之、而人君以亡其國、故其一〇七一……。

・十四、爲國之過、欲有國之長久也、而不務其所以取尊安於民。萬民之有君而共一〇七二尊之安之也、求得治焉也。夫君

萬民而以貇畜之、故其一〇七三……。
・十五、爲國之過、欲有國之長久也、而行速失之道。其所以然、務過也。何謂務過。聖一〇七四王明君之爲國也、務不可奪。夫不可奪、故人莫之務取。失國者之爲國也、不務一〇七五不可奪、而務察奪、不一〇七六……□守戦。何謂不可奪。聖王明君之爲國也、下上合、民上一〇七七親、孰能取之。一〇七八

【・一】、国を為《おさ》むるの過ち。下の上に合し、民の上に親しまんと欲するも、而して法令行われず、其の下得て進み易く、得て【退き】易く、其の民得て利し易く、得て害し易きなり。故に其の下道《よ》りて上に合すること无く、民道りて上に親しむこと无し。
・二、国を為むるの過ち。士の用、民の固を欲するも、而して国の利の在る所、宜しきを失う。故に其の士以て□する无し……
【・三、国を為むるの過ち。】民の牧し易きを欲するや、国風を定めずして、徒らに名数・連伍・刑罰を以て之を牧せんと欲す。故に其の民……数、伍を遯れ、姦を行い、事を避け……
・四、国を為むるの過ち。民の和勧して与に它を慮るべからざるを欲するも、而して民に上を恃むの心无く、固からずして軽々しく変ず。故に其の民動き易く、与に它を慮るべし。
・五、国を為むるの過ち。士卒の輯睦□□を欲するも、而して其の人を労佚せしむるや等しからず等進……不如无辯、賞罰信ならず、功貴ばれず、労利ならず。故に其の士卒敵を遠ざけ危きを去り労を避くるを以て故と為し、其の吏便ち利を重んずるを為す。
・六、国を為むるの過ち。国の富、大事有るも以て持久すべきを欲するも、而して以て使を厚くす。使を厚くすれば則ち民相隔たる。民相隔たれば、則ち有る所【の】物見わる者は病み、匿れる者は利す。有る所【の】物見わる者

は病み、匿れる者は利すれば、則ち田疇を損ない、畜長を損ない、樹芸を損ない、蓄積を損ない、器【用】を損なう。五者曲く損なえば、則ち国貧しく、大事有れば以て持久すべからず、其の吏便ち以て利を重んずるを為す。

・七、国を為むるの過ち。吏の民利を穫ること毋からしめんと欲して、而して其の民を使う所以の勢、姦たり易く、以て大事に応ずるべからず、大事有るも必ず畏れ、其の吏便《たや》すく以て利を重んずるを為す。

・八、国を為むるの過ち。其の吏大夫の進退禁令以て相為し、駆して以て利を重んずるを為すこと毋からんと欲するも、而して以て其の吏の治の失を審らかにすること无し。故に其の吏大夫進退禁【令以て】相為すこと多く、駆して以て利を重んずるを為す。

・九、国を為むるの過ち。吏の廉忠、官を□する毋からんと欲し、民の姦を行い利を要むること毋からんと欲するも、而して以て其の吏大夫の士と士に非ざるとを論ずる无し。故に其の吏大夫、節を矜《ほこ》らざること多く、民姦なること多し。

・十、国を為むるの過ち。下の智を尽くし能を竭《つ》くさんと欲するも、而して数しば以て合と不合と中と不中とを知る无し。故に其の下道りて上の為に智を尽くし能を竭くす无し。

【・十】一、国を為むるの過ち。国の治強を欲するも、而して其の貴ぶ所、君の尊ぶ所以に非ず、其の富まんとする所、国の富む所以に非ざるなり。故に其の国乱弱なり。

・十二、国を為むるの過ち。国徳の遠く及ばんと欲するや、而して其の士に驕りて曰く、「士我に非ずんば道りて貴富なる无し」と。其の士其の君に驕りて曰く、「国士に非ずんば道りて安強なる无し」と。其の君国を失うに至るも悟らず、其の士飢寒に至るも進まず。上下合せず、国徳无……。

・十三、国を為むるの過ち。其の欲する所と其の端計と相詭《たが》うなり。何を以て之を言うか。城を以て財物を量り以て其の国を易《かろ》んじ、端計予めする无き者なり。而して人君の民を侵す所以の者の財物を為すや央《つ》きず。如し城を以て之を量れば、而ち人君以て其の国を亡す。故に其……。
・十四、国を為むるの過ち。国を有つの長久を欲するも、而して其の尊安を民に取る所以に務めず。万民の君を有して共に之を尊び之を安ずるや、求めて焉を治むるを得るなり。夫れ万民に君たりて懇ろに之を畜い、故其……。
・十五、国を為むるの過ち。国を有つの長久を欲するも、而して速失の道を行う。其の然る所以は、過ちに務むるなり。何をか「務過」と謂う。聖王明君の国を治るや、奪うべからざるに務む。夫れ奪うべからざるに務む、故に人之を取るに務むる莫し。国を失う者の国を為むるや、奪うべからざるに務めずして、奪うを察するに務め、……。守戦。何をか奪うべからずと謂う。聖王明君の国を為むるや、下上に合し、民上に親しめば、孰か能く之を取らん。

ここでは、政治を執り行う際の失敗の原則が列挙されているが、その中で、「三、……徒らに名数・連伍・刑罰を以て之を牧す」のように、連座制や刑罰の施行を前提とする記述がある。篇名からして、この篇は「国」の存亡を念頭に置いているが、特に、「五、……故に其の士卒敵を遠ざけ危きを去り労を避くるを以て故と為し」という態度は「国」と「敵」とが対峙した状況を前提としているであろう。また、「十二、……其の君国を失うに至るも悟らず」のように、「国を失う」という一国家の衰亡を念頭に置いた発言も見られる。これらは、戦争の勝敗によって諸国の統廃合が急速に進みつつあった時代を前提としているであろう。

こうした傾向は、務過篇にも見える。

有國之務過。一曰、不知城之不可以守地。一〇八〇
二曰、不知治之不可爲萬民先者。一〇八一
三曰、不知民之不可以應堅敵。一〇八二

国を有つの務過。一に曰く、城の以て地を守るべからざるを知らず。
二に曰く、治の万民を為むるを先とせざるべからざるを知らず。
三に曰く、民の以て堅敵に応ずべからざるを知らず。

ここでは、自国の「民」と「堅敵」との関係が説かれている。

同様に、観卑篇も、敵国との戦争により、国家が衰亡するとの危機感を前提としている。

有國之觀卑。一也、不見亡地。二也、不見亡理。三也、不見將亡之一〇八四國。四也、不見忘民之國。五也、不見【□□、六也】、不見危國。七也、一〇八五不見亡國。八也、一〇八六不見失俗之一〇八六……

国を有つの観卑。一は、亡地を見ず。二は、亡理を見ず。三は、将に亡びんとする国を見ず。四は、民を忘るるの国を見ず。五は、【□□。六は】、危国を見ず。七は、亡国を見ず。八は俗を失うの【　】を見ず。

すなわち、「将に亡びんとする国」「危国」「亡国」などという表現に、その危機感が表わされている。

このように、「論政論兵之類」十二篇は、基本的には、自国と敵国とが軍事的に厳しく対峙している状況を前提とし、場合によっては、自国が「亡国」となるかもしれないとの危機感を抱きつつ、同時に、「天下」全体への視野を持つ文献である。

もっとも、「天下」的視野や戦争による国家の衰亡は、古くから見られると言えよう。ただ、「民」の大量動員や長距離侵攻作戦や連座制の施行が想定されていることなどを総合的に考慮すれば、これら十二篇の前提とする時代性として最も相応しいのは、『孫子』よりもやや後の戦国時代後半期の様相であると言えよう。

なお、「論政論兵之類」全五十篇全体に視野を拡大すると、更に重要な論拠を見いだすこともできる。例えば、第十四の客主人分篇には、「帯甲数十万」という表現が見える。これは、『孫子』作戦篇の「凡そ用兵の法は、馳車千駟、革車千乗、帯甲十万、千里にして糧を饋るときは、則ち内外の費、賓客の用、膠漆の材、車甲の奉、日に千金を費やして、然る後に十万の師挙がる」とか、同・用間篇の「凡そ師を興すこと十万、師を出だすこと千里ならば、百姓の費、公家の奉、日に千金を費やす」などに見える「十万」という数値よりはやや大きく、戦国時代中期以降の時代相を反映していると考えられる。

また、第二十八の選卒篇には、「秦は四世以て勝つ」とある。これは、『荀子』議兵篇にも見える表現で、戦国時代中期以降における秦（孝公、恵王、武王、昭王の時代）の常勝の様を説く内容である。

これらも、右の検討結果に抵触するものではなく、むしろそれを傍証する表現や内容であると思われる。ただ、篇題木牘には十二篇以降の篇名は記されていないようなので、現時点では、あくまで、十二篇に限定してその時代性を論じておきたい。

三、兵学思想史上の特質

このように、「論政論兵之類」十二篇は、文体、内容、時代性とも、大きく矛盾することはなく、やはり篇題木牘に記されているとおり、一定のまとまりを持つ文献であると推定して良さそうである。

それでは、思想的特質の面からこの点を考証してみよう。そこで注目されるのは、十二篇の兵学思想としての特質である。

『孫子』は、当時としては突出した合理的思考を有し、権謀術数を旨とする兵学を説いた。『呉子』や『孫臏兵法』『尉繚子』なども、基本的にはそうした兵学思想を継承し、それらは後に「兵権謀」の兵法と称された。しかし、今ひとつの思想的潮流として「兵陰陽」を無視することはできない。「兵陰陽」とは、『漢書』芸文志に、「陰陽とは、時に順いて発し、刑徳を推し、斗撃に随い、五勝に因り、鬼神を仮りて、助けと為す者なり」と定義される呪術性の高い兵法である。こうした兵法は、戦国時代において強い影響力を持っていた。

そこで、この「兵陰陽」に対し、他の兵書がどのような態度をとったのかについてまとめておこう。まず、『孫子』『孫臏兵法』『呉子』『司馬法』『三略』などの古代兵書は、いずれも人為と権謀に基づく兵学思想を説き、その中に「兵陰陽」的要素をほとんど含まない。春秋戦国の当時、開戦前に吉凶を占ったり、作戦の是非や勝敗を様々な占術によって予測するというのはむしろ当然の行為であった。これに対して、右の兵書は、そうした呪術的要素をほとんど含まない。合理的思考に貫かれていたのである。

次に、同じく合理的思考とは言っても、やや様相を異にするのが、『尉繚子』である。『尉繚子』は、人為主体の思想的基盤に立脚し、極めて現実的な富国強兵思想を表明する。またその一方で、「兵陰陽」思想への激烈な批判を展開するという点に大きな特色を示す。例えば、「賢を挙げて能に任ずれば、時日ならずして事利あり、法を明らかにして令を審らかにすれば、卜筮せずして事吉なり。功を貴び労を養えば、祷祠せずして福を得」（『尉繚子』戦威篇）と説く。すなわち、有能な人材を登用すれば、日時の吉凶によらず事業には必ず利がついてくる。法令を明らかにしておけば、卜筮に頼らなくても事業は吉となる。功績ある者を尊び養えば、お祈りをしなくても福を得ることができる、と説くもので、「時日」「卜筮」「祷祠」が明確に否定されている。『尉繚子』は、「兵陰陽」の呪術的兵法を、人為的努力を放棄する欺瞞・詐術と見なし、厳しく非難しているのである。

しかし、このことは、「兵陰陽」の兵法が当時いかに強い影響力を持っていたか、また、それにとらわれていた君主や将軍がいかに多かったかを逆に暗示しているであろう。この点について参考となるのは、『韓非子』の言である。

龜筴鬼神不足舉勝、左右背鄉不足以專戰。然而恃之、愚莫大焉。（『韓非子』飾邪篇）

（兵陰陽家が説く）「亀筴鬼神」で勝利を得ることはできない。「左右背郷」の原則に従って戦うことはできない。それなのに世の多くの将軍はこれを頼みとしている。これより愚かなことはない。

「亀筴鬼神」とは、亀卜や筮竹による占い、そして鬼神の祭祀である。また「左右背郷」とは、自軍と敵軍との位置関係。左か右か、逆か順かという空間的位置による吉凶の判断である。これらにすがる世の将軍たちを『韓非子』は愚かなことだとあざ笑う。『韓非子』は兵家の書ではないが、兵権謀の兵書と同じく、徹底した合理主義を貫いている。兵陰陽の兵法は、これら合理主義に立つ思想家たちから痛烈に批判されたのである。そして、『尉繚子』や『韓非子』が声高に批判しなければならなかった現実があったことをも想定しなければならない[9]。

それでは、こうした「兵権謀」と「兵陰陽」との鋭い対立の中で、「論政論兵之類」十二篇は、どのような思想的立場をとっているであろうか。

まず、将敗、為国之過、務過、観卑の各篇には、「兵陰陽」的要素がまったく見えない。これらの篇は、政治や軍事、将軍の過失を列挙するが、それらは、『孫子』流の合理的思考に基づいて説かれている。

更に、「兵陰陽」的要素を否定しているような箇所もある。例えば、将失篇では、将軍の失敗として次のように説く。

廿曰、多幸、衆怠、可敗也。廿一曰く、多疑、衆疑、可敗也。

廿に曰く、幸《ねが》うこと多く、衆怠れば、敗るべきなり。廿一に曰く、疑うこと多く、衆疑えば、敗るべきなり。

ここに指摘される「幸うこと」「疑うこと」の中には、祈祷や占いなども含まれるのではなかろうか。将敗篇は、そうした神頼みや心理的不安が軍隊に蔓延すれば、必ず敗れると指摘するのである。

同様に、兵之恒失篇も次のように「疑」について指摘する。

兵多悔、信疑者也。

兵悔ゆること多きは、疑わしきを信ずる者なり。

ここに言う「疑わしき」ものの中には、やはり、呪術で得られた頼りない情報も含まれるであろう。そんなものを信用すれば、後悔することになると警告するのである。

また、「天」や「地」の語は、場合によっては「兵陰陽」の兵法で重要な役割を果たすこともある。これらが人格神的な性格を持ち、人々に禍福を与えるという意味で使用される場合もあるからである。しかし、十二篇に説かれる天地は、決してそのような意味ではない。

例えば、五議篇では次のように説かれる。

四曰、天不言、萬民走其時、地不言、萬民走其財。

四に曰く、天言わざるも、万民其の時に走り、地言わざるも、万民其の財に走る。

ここでは、天も地も「言わざる」存在だとされている。しかも、天も地も言わないにも関わらず、民は時宜をわきまえ、理財を求める存在だとされている。ここにはむしろ、人為の側に重点を置く思考が見られよう。

但し、注意を要する語も二三見られる。例えば、王道篇に、「三に曰く、能く神化す」とある。この「神化」を文字通り受け取れば、呪術の兵法となる。しかし、王道篇全体は決して呪術を説いているのではない。ここで言われる「神化」とは、すばらしい王者の治世は、民の目から見ると神妙な変化として映るという意味であろう。これは、『孫子』虚実篇の「神なるかな神なるかな、無声に至る」に近い性格の語だと考えられる。この「神」とは文字通りの神様の意味ではない。「神」という表現が使われるのは、こうした至上の軍隊の行動が、敵側にとってはとても人智の枠内のこととは思えないからである。敵は、その敗北を、天命とか、偶然とか、神秘などとして納得せざるを得ないのである。ここもそうした意味での「神化」であろう。

また今ひとつ注意を要するのは、五議篇の「鬼神」である。五議篇に、「得を極むる能わざれば、万民親しまず、天地与えず、鬼神助けず。国を有つの三議なり」とある。確かに、「兵陰陽」の兵法とは、鬼神の力を借りて勝利を得ようとするものであった。だが、ここで説かれる鬼神とは、必ずしも、軍事的勝利をもたらす超越的存在ではなかろう。適切な政治が行われないと、万民は親しまず、天地の恩恵は受けられず、祖先の霊魂の助けも受けられないという程度の発言である。人為的努力を放棄して、ひたすら鬼神にお祈りする、という思考を表明するものではない。

このように、十二篇全体を概観してみると、その兵学思想としての特質が明らかになるであろう。「論政論兵之類」十二篇は、「兵権謀」と「兵陰陽」とを指標として見た場合、明らかに「兵権謀」型の思想に分類されるのである。

もっとも、『銀雀山漢墓竹簡〔貳〕』に収録された佚書の中には、第二部として「陰陽時令・占候之類」がある。従って、『銀雀山漢墓竹簡〔貳〕』全体の思想的性格については、改めて検討する必要がある。ただ、「論政論兵之類」としてまとめられた第一部の諸篇、特に篇題木牘に篇名が列挙された十二篇については、同一の思想的性格を持つものと理解して良いであろう。この十二篇の中には、将敗篇、将失篇のように、かつて『孫臏兵法』の一篇として紹介されていたものもある。しかし、そのことにこれまで大きな疑問が提出されなかったのは、これらが『孫臏兵法』の一篇と考えて何ら不自然ではなかったからであろう。これら十二篇は、その思想的傾向に関する限り、『孫子』『孫臏兵法』との間に大きな齟齬は感じられないのである。

四、十二篇の意義

最後に、「論政論兵之類」十二篇の意義についてまとめてみよう。今回、『銀雀山漢墓竹簡〔貳〕』として公開された「論政論兵之類」は五十篇にもおよぶ長編であった。それらは、政治・軍事の要諦を箇条書き風にまとめるという文体上の特色を持つ。特に、篇題木牘にその名が列挙される十二篇については、その文体および思想的特質が共通していた。これらは少なくとも、篇題木牘が記された時点においては、一定のまとまりを持つ文献と意識されていたのであろう。

その思想的傾向は、おおむね『孫子』『孫臏兵法』と同一であるが、その内容は更に豊富である。これらは、おそらく、戦国時代の多くの戦争体験を基に、具体的な戦例から得られた教訓を整理し、それらを帰納して箇条書き風にまとめて提示したものであろう。戦国時代において、いわゆる「武経七書」以外にも、こうした多くの兵学的著作があったことが明らかになった。これが、第一の意義である。

また、古代兵書の中で特徴的なのは、政治と軍事とを一体のものとして考える傾向である。『孫子』はもとよりであるが、『司馬法』も、「国容」「軍容」という概念を提出し、平時における内政と有事における戦闘とを表裏一体のものとする。[10]「論政論兵之類」もまさにそうした文献である。戦国期における政治思想と軍事思想との密接な関係を示す。これが第二の意義であろう。

結語

以上、本章では、『銀雀山漢墓竹簡〔貳〕』に収録された「論政論兵之類」全五十篇の内、篇題木牘に篇名が列挙された十二篇について考察を加えてきた。これらは、その文体という点からも、思想的性格という観点からも、一応のまとまりを持つ文献であると推測される。戦国期における政治思想・軍事思想の状況を伝える重要な文献として再評価すべきであろう。

ただ、「論政論兵之類」の中にはかつて『孫臏兵法』に編入されていた篇もある。確かに、『孫臏兵法』が公開された際（一九七五年）、なぜ『孫臏兵法』にそれらの篇が編入されるのかについては、若干の疑問があった。少なくとも、その確証はなかったのである。しかし、このたび刊行された『銀雀山漢墓竹簡〔貳〕』の説明によれば、「論政論兵之類」の内十二篇は、篇題木牘にその名が列挙されているという。明らかに、これは、初期の編入作業時における誤りであった。少なくとも、いくつかの篇は、『孫臏兵法』ではないことが判明したのである。

とすれば、この十二篇以外にも、かつて『孫臏兵法』として紹介された篇（例えば、第十四の客主人分篇、十五の善者篇、十八の奇正など）について、改めて考察を加える必要があろう。『孫臏兵法』であるという先入観を捨てて、分析し直さなければならない。また、一方、『孫臏兵法』の側についても、新たな考察の必要性が生じてくるであろう。かつて『孫臏兵法』と考えられていたいくつかの篇が実は「論政論兵之類」という別文献の一部であった。従って、それらを差し引いた上で、今一度『孫臏兵法』の体系性や思想的特質を再考するという作業が必要となってくるのである。

こうした見直しを進めることによって、中国古代兵学思想史の研究は更に前進することであろう。

注

（1）『守法守令等十三篇』とは、『銀雀山漢墓竹簡〔壹〕』の編者（銀雀山漢墓竹簡整理小組）が篇題木牘に列挙された篇名を基に付けた仮称である。しかし、その篇数の認定には問題があり、実は、十二篇ではないかと筆者は考える。この点の詳細については、拙著『中国古代軍事思想史の研究』（研文出版、一九九九年）参照。

（2）その他、『孫臏兵法新編注釈』（劉心健、河南大学出版社、一九八九年）、『《孫臏兵法》白話今釈』（栄挺進・李丹、中国書店、一九九四年）などがある。

（3）『銀雀山漢墓竹簡〔貳〕』の「後記」によれば、第二輯の定稿は、一九八一年に完成していたという。とすれば、その定稿が刊行されるまでに二十八年かかったことになる。

（4）竹簡の篇題部分が欠損していて篇名を確認できないが、本文の内容から、編者（銀雀山漢墓竹簡整理小組）が補ったものである。【　】は原文にない文字を補った記号。ここでもそれに従い、篇名については以下、【　】記号を省略する。

（5）原文は「観庳」。編者（銀雀山漢墓竹簡整理小組）はこれを「観卑」と釈読しており、ここでもそれに従う。

（6）その他、持盈篇は、竹簡欠損により内容がほとんど確認できない。また、分士篇も竹簡残欠が激しく内容未詳であるが、「湯王」と「伊尹」との問答体で構成されているらしく、この篇のみが唯一例外の文体と言えるかもしれない。ただ、伊尹の発言の中身が箇条書き風になっていた可能性はある。

（7）以下、原文の引用に際しては、『銀雀山漢墓竹簡〔貳〕』の釈文および注釈を参考にし、最終的には筆者が確定した文章を掲載する。「九九五」「九九六」などの漢数字は、原釈文に記された竹簡番号。□は竹簡欠損により判読できない文字、【　】は原文で確認できない文字を補ったもの。また、本節で後述する重要部分については傍線を引き、次節以降で言及する重要部分については波線を引く。

（8）『銀雀山漢墓竹簡〔貳〕』は、この部分を空白のままとしているが、前後の文脈から考えて、「隣」字の入る可能性が高いであろう。

（9）なお、こうした「兵権謀」と「兵陰陽」との思想的対立や展開の様相の詳細については、拙著『戦いの神―中国古代兵学の展開―』（研文出版、二〇〇七年）参照。

（10）この点の詳細については、拙著『中国古代軍事思想史の研究』（研文出版、一九九九年）参照。

第三章　興軍の時―銀雀山漢簡「起師」―

序　言

一九七二年、中国山東省臨沂銀雀山の漢墓から大量の竹簡が出土した。それらは「銀雀山漢墓竹簡」と命名され、一九八五年、『銀雀山漢墓竹簡〔壹〕』（銀雀山漢墓竹簡整理小組、文物出版社）として、その一部が公開された。

この第一輯に収録されたのは、銀雀山漢墓竹簡の内の『孫子兵法』『孫臏兵法』『尉繚子』『晏子』『六韜』『守法守令等十三篇』であったが、その際、これ以外にも、第二輯に「佚書叢残」が、また第三輯に「散簡」「篇題木牘」「元光元年暦譜」が収録されるとの予告があった。

そして、二〇一〇年一月、『銀雀山漢墓竹簡〔貳〕』（銀雀山漢墓竹簡整理小組、文物出版社）が刊行された。それは、銀雀山漢墓竹簡の発見から三十七年後、『銀雀山漢墓竹簡〔壹〕』の刊行から二十四年後のことであった。

その内容は、第一輯で予告されていた「佚書叢残」に該当するもので、全体は、「論政論兵之類」「陰陽時令・占候之類」「其他」の三部に類別されている。この三つは、内容的に密接な関連があるというわけではなく、たまたま第一輯から漏れたものがまとめて収録されたと考えられる。従って、第二輯収録文献に対する研究も、この三部について、まずは一つずつ個別的な考察を加える必要がある。

筆者は先に、この「論政論兵之類」全五十篇の内、篇題木牘にその名が記されている冒頭の十二篇を取り上げて考察を加えた[1]。そして、これらが基本的には『孫子』兵法と同一基調にありながら、更に独自の展開を遂げたものであるとの仮説を得た。

そこで、本章では、引き続き、「論政論兵之類」の内から「起師」篇を取り上げ、分析を進めてみる。「起師」篇を取り上げるのは、そこに、独特の興軍の論理が見られるからである。

一、銀雀山漢墓竹簡「起師」釈読

まず、「起師」篇全体を釈読する。原文の引用に際しては、『銀雀山漢墓竹簡〔貳〕』の原釈文および注釈を参考にし、最終的には筆者が確定した文章を掲載する。小字で記した「一一七〇」～「一一七五」の漢数字は、原釈文に記された竹簡番号。「背」は竹簡の背面（裏面）であることを示す。□は竹簡欠損により判読できない文字、【　】は原文で確認できない文字を筆者が補ったもの、①②などの丸数字は筆者が加えた語注である。以下、原文、書き下し文、現代語訳、語注の順に掲げる。

〈原文〉

起①師[一一七〇背]

明王之起師也、必以春。春則溝澮②枯、□③徐（途）達、者④君（諸郡）嬰兒桑蠶巨事⑤在[一一七〇正]外、六畜散而在野。故⑥□□爲客者利矣。秋則主人小城并、法（廢）邑移、大木[一一七一]□、□木伐、清徐（途）道、焚□⑦澤、𢿘（撤）廬屋、□⑧外利、注之城中、則爲客者不[一一七二]利矣。冬則主人策會、脩（修）戍要塞、移水并險、竭戟而守沮（阻）、謀士達於[一一七三]上、游士出交、起吏動勸、合交結親、定其内慮、合其外交、則爲客者危[一一七四]矣。百⑨廿九[一一七五]

〈書き下し文〉

明王の師を起こすや、必ず春を以てす。春は則ち溝澮《こうかい》枯れ、【道】途達し、諸郡の嬰児桑蚕巨事 外に在り、六畜散じて野に在り。故に【春を以て】客と為る者利あり。秋は則ち主人 小城もて并せ、廃邑もて移し、大木もて□し、□木もて伐り、途道を清くし、【沛】沢を焚き、廬屋を撤し、外利を【収め】、之を城中に注げば、則ち客為る者利あらず。冬は則ち主人 会を策し、要塞を修戍し、水を移して険を并せ、戟を竭《つ》くして阻を守り、謀士を上に達し、游士出て交わり、吏を起こして動かし勧め、交わりを合して親を結び、其の内慮を定め、其の外交を合すれば、則ち客為る者危うし。百廿九

〈現代語訳〉

英明な王が興軍するのは必ず春である。春は溝の水が枯れ、道路も通達し（て行軍が容易になり）、諸郡の児童・桑の蚕・物資が屋外に出ており、家畜も放牧されて郊外にいる（物資の収奪も容易である）。だから春は客の側に有利なのである。

秋は主人が小城を整理し、廃邑を移し、大木を……し、……木を伐り、道路を清掃し、山沢を焼き、（野外の）廃屋を撤収し、城外の利（となるもの）を収め、それらを城中に集約するので、客の側が不利となる。

冬は主人が（他国との）会合を画策し、要塞を修繕し、水路を移して険阻な地を繋ぎ、戟（武器）を総点検して険しい山（戦略拠点）を守り、謀略の士を上（王）に推薦し、游士が外交に努め、役人を発動して仕事をさせ（内政に努め）、（他国と）外交して親交を結び、国内の憂慮を安定させ、国外の外交関係を統合するので、客の側は危険にさらされる。

〈語注〉

①起師……一一七〇簡の背面に記された篇題。『銀雀山漢墓竹簡〔貳〕』では、これを「論政論兵之類」の第十七番目の篇として掲載している。

②溝澮……田間のみぞ。澮は小溝。一説に大溝。『孟子』離婁下に「七八月之間雨集、溝澮皆盈」。七八月は新暦の六七月に当たる。梅雨時。「溝澮枯」とは、この梅雨時の前だから泥濘がないという意味であろう。

③□途……「道」途（塗）、「征」途、「長」途などの可能性が考えられる。

④者君……字形を重視し、「諸郡」と釈読する原釈文に従う。

⑤巨事……伝世文献に見られない語であるが、「巨」には多いの意があるので、ここでは、様々な事物・物資の意味に取りたい。

⑥故□□爲客者利矣……欠損の二字分は文脈からは「以春」の可能性が考えられるが、写真版（図1）では上の字の左端が「イ」（にんべん）のように見え、また下の字の左半分が「東」のように見える。

図1　一一七一簡「故□□爲客者利矣」

⑦□澤……「沛」沢（草木の茂った湿地）あるいは「山」沢の可能性が考えられる。『管子』揆度篇に「至於黄帝之王、謹逃其爪牙、不利其器、燒山林、破增藪、焚沛澤、逐禽獸、實以益人」、『孟子』滕文公上に「益烈山澤而焚之、禽獸逃匿」とある。写真版の欠損字左側は「シ」（さんずい）のようにも見えるので、ここでは「沛」を入れてみた。なお、『孫子』軍争篇には「山林險阻沮澤之形」とあり、「沮澤」の可能性もある。

⑧□外利……「収」外利、「刈」外利、「内」外利などの可能性が考えられる。

⑨百廿九……この数字は、本文の文字数に合致する。しかし、本文には「夏」に関する記述が漏れている可能性がある。誤って全体を筆写した後に計数し、この数字を記入したものと推測される。また、この数字が記されている一一七五簡（図2）は「矣　百廿九」とだけあり、果たして「起師」の文末なのかどうか確定しづらいとも言える。もし、この簡が「起師」の文末ではないとすれば、一一七〇簡と一一七一簡の間に「夏」に関する竹簡がもう一枚あり、総字数は百五十を超えていた可能性も考えられる。

図2　一一七五簡「矣　百廿九」

このように、「起師」は、行軍の主体を「客」と「主人」とに分けた上で、挙兵の時期を客の側の「利」の有無という合理的な発想に基づいて論述する。

その場合の具体的な「利」とは、「客」が「主人」の側に侵攻しやすいこと、「客」の側が「主人」の側から利益（食糧・物資など）を収奪しやすいことなどである。

例えば、春は梅雨時と違って泥濘もなく、道路も通達して行軍が容易になるという。また、秋冬に収蔵されていた様々な物資が屋外・城外に出されていて、収奪が容易であるという。こうした観点から、「客」の側が有利になるという。

また、秋は収斂の季節。「主人」の側が、小城・廃邑・材木などを整理し、城外の物資を城内に集約するという。それ故に「客」の側は、物資の収奪が困難となり、不利であるという。

更に、冬は「主人」の側が内政を充実させ、また外交をも画策して、国家の基盤整備に努める。そのような国にわざわざ侵攻すれば、「客」は単に「不利」というに止まらず、「危」険にさらされるという。

但し、ここには、夏に関する記述が見られない。これは意図的に省略したとか、無視したとかいうものではなかろう。全体は明らかに四時について論じているので、誤写（筆写漏れ）の可能性が指摘できる。そうすると、文末の「百廿九」という数字はどのように理解すれば良いであろうか。

文献の末尾に数字を記すのは、この銀雀山漢墓竹簡だけではなく、上博楚簡など他の出土竹簡にも散見される手法で、錯簡・誤脱を避けるための書写上の工夫であろう。この場合、「百廿九」は確かに本文の文字数に合致している。しかし、この本文には明らかに誤写（記載漏れ）があると考えられる。とすれば、この数字は、竹簡の書写者が誤って全体を筆写した（夏の部分を筆写漏れにした）後に計数し、記入したものと推測される。(2)

二、興軍の論理―時令説と『孫子』―

「起師」の最大の特色は、「客」の側に有利な季節として「春」を挙げる点である。こうした主張は中国古代思想史の上で、どのような意味を持つのであろうか。

そこでまず想起されるのは、時令説における軍事の位置づけである。興軍の時節、特に四時について説いたものとして、『呂氏春秋』十二紀、『礼記』月令篇などの記述が見られる。両者の記述はほぼ同様なので、ここでは、『呂氏春秋』を取り上げて検討してみよう。

『呂氏春秋』十二紀は、春夏秋冬それぞれに行うべき人事を記す。例えば、夏に音楽関係諸篇が、秋に軍事関係諸篇が配置される、といった具合である。

では、軍事は秋の部においてどのように記述されているであろうか(3)。

是月也、以立秋。先立秋三日、大史謁之天子曰、「某日立秋、盛徳在金」。天子乃齋。立秋之日、天子親率三公九卿諸侯大夫以迎秋於西郊。還乃賞軍率武人於朝。天子乃命將帥、選士厲兵、簡練桀儁。專任有功、以征不義、詰誅暴慢、以明好惡、巡彼遠方。（孟秋紀孟秋篇）

是の月や、立秋を以てす。立秋に先だつこと三日、大史之を天子に謁げて曰く、「某日立秋なり。盛徳金に在り」と。天子乃ち斎す。立秋の日、天子親ら三公九卿諸侯大夫を率い以て秋を西郊に迎う。還りて乃ち軍率武人を朝に賞す。天子乃ち将帥に命じて、士を選び兵を厲まし、桀儁を簡練せしむ。専ら有功に任じ、以て不義を征し、暴慢を詰誅して、以て好悪を明らかにし、彼の遠方を巡（順）う。

是月也、命有司、修法制、繕囹圄、具桎梏、禁止姦、慎罪邪、務搏執。命理、瞻傷察創、視折審斷、決獄訟、必正平。戮有罪、嚴斷刑。天地始肅、不可以贏。（同）

是の月や、有司に命じて、法制を修め、囹圄を繕《おさ》め、桎梏を具え、姦を禁止し、慎みて邪を罪し、搏執を務めしむ。理に命じて、傷を瞻、創を察し、折を視、断を審らかにし、獄訟を決して、必ず正平ならしむ。有罪を戮し、断刑を厳にす。天地始めて粛なり、以て贏《ゆる》むべからず。

このように、『呂氏春秋』は、軍事と刑罰の執行を、「秋」に行うべき人為として記述するのである。秋は様々な物事が収斂していく時節。具体的な人事で言えば、それは、悪事を制圧する刑罰と軍事なのである。では、こうした人為を逸脱するとどうなるというのであろうか。

孟秋行冬令、則陰氣大勝、介蟲敗穀、戎兵乃來。行春令、則其國乃旱、陽氣復還、五穀不實。行夏令、則多火災、寒熱不節、民多瘧疾。（孟秋紀孟秋篇）

孟秋に冬令を行えば、則ち陰気大いに勝ち、介虫穀を敗り、戎兵乃ち来る。春令を行えば、則ち其の国乃ち旱し、陽気復た還り、五穀実らず。夏令を行えば、則ち火災多く、寒熱節あらず、民に瘧疾多し。

このように、四時と人事の関係を間違えると、様々な災禍が起こるという。例えば、孟秋に「冬令」を行うと、陰気が優り、害虫が穀物を食い荒らし、外敵の来襲があると警告する。

では、十二紀では、春・夏・冬における軍事行動はどのように評価されているであろうか。まず、春の記述を確認してみよう。

是月也、不可以稱兵、稱兵必有天殃。兵戎不起、不可以從我始。無變天之道。無絶地之理。無亂人之紀。（孟春紀孟春篇）

是の月や、以て兵を称《あ》ぐべからず。兵を称ぐれば必ず天殃有り。兵戎起きざれば、以て我より始むべからず。天の道を変ずる無かれ。地の理を絶つ無かれ。人の紀を乱す無かれ。

孟春行夏令、則風雨不時、草木早槁、國乃有恐。行秋令、則民大疫、疾風暴雨數至、藜莠蓬蒿並興。行冬令、則水潦為敗、霜雪大摯、首種不入。（同）

孟春に夏令を行えば、則ち風雨時ならず、草木早く槁れ、国乃ち恐れ有り。秋令を行えば、則ち民大いに疫し、疾風暴雨数しば至り、藜莠蓬蒿並び興る。冬令を行えば、則ち水潦 敗を為し、霜雪大いに摯《いた》り、首種入らず。

季春行冬令、則寒氣時發、草木皆肅、國有大恐。行夏令、則民多疾疫、時雨不降、山陵不收。行秋令、則天多沈陰、淫雨早降、兵革並起。（同）

季春に冬令を行えば、則ち寒気時に発し、草木皆粛《ちぢ》み、国に大恐有り。夏令を行えば、則ち民に疾疫多く、時雨降らず、山陵収まらず。秋令を行えば、則ち天 沈陰多く、淫雨早く降り、兵革並び起こる。

このように、春における興軍は厳しく否定されている。挙兵すれば必ず「天殃」があり、決して自分の方から興軍してはならないという。そして、もし春に「秋令」を行うと（すなわち軍事を興せば）、民に疫病が発生し、疾風や暴風がしばしば発生するなど、混乱が生ずるという。また、春に「冬令」を行うと、冬に興すべきではない「兵革」が複数発生することになるという。春は軍事の季節ではないのである。

では、夏はどうであろうか。

是月也、樹木方盛、乃命虞人入山行木、無或斬伐。不可以興土功、不可以合諸侯、不可以起兵動衆。無擧大事、以搖蕩于氣。無發令而干時、以妨神農之事。水潦盛昌、命神農、將巡功。擧大事則有天殃。（季夏紀季夏篇）

是の月や、樹木方《まさ》に盛んなれば、乃ち虞人に命じて山に入り木を行《めぐ》り、斬伐すること或る無からしむ。以て土功を興すべからず、以て諸侯を合すべからず、以て兵を起こし衆を動かすべからず。大事を挙げて、以て気を搖蕩する無かれ。令を発して時を干《おか》し、以て神農の事を妨ぐる無かれ。水潦盛昌なれば、神農に命じて、将て功を巡らしむ。大事を挙ぐれば則ち天殃有り。

夏もやはり、軍事を興し大衆を動員すべき季節ではないとされている。「神農の事」すなわち農業を妨害してはならないという。そして、「大事」（軍事）を興せば、「天殃」があるという。

最後に、冬も確認しておこう。

仲冬行夏令、則其國乃旱、氣（氛）霧冥冥、雷乃發聲。行秋令、則天時雨汁、瓜瓠不成、國有大兵。行春令、則蟲螟為敗、水泉減竭、民多疾癘。（仲冬紀仲冬篇）

仲冬に夏令を行えば、則ち其の国乃ち旱し、氛霧冥冥、雷乃ち声を発す。秋令を行えば、則ち天　時に汁を雨らし、瓜瓠成らず、国に大兵有り。春令を行えば、則ち虫螟敗を為し、水泉減竭し、民に疾癘多し。

冬は物事を蔵する季節。冬に「秋令」を行うと、霙が降り続き、国内で大きな戦争が勃発するという。

このように、十二紀では、「秋」を軍事の季節とし、それ以外の春・夏・冬に軍事行動をとれば、「天殃」が下り、様々な弊害があると警告するのである。

時令説は、それぞれの時節にふさわしい人事があるとした上で、時節にはずれた人事を行うと天の災禍が下るとする天人相関思想である。こうした立場から、『呂氏春秋』や『礼記』は、軍事を「秋」に限定して認めるのである。

それでは、『孫子』十三篇ではどうであろうか。『孫子』はこうした天人相関思想からは全く異なる視点で軍事の時を論じている。すなわち、「利」に合致するか否かが興軍の可否の基準とされているのであり、季節を特定するような記述は見られない。次の九地篇の主張はその端的な例である。

古之善用兵者、能使敵人前後不相及、眾寡不相恃、貴賤不相救、上下不相收（扶）、卒離而不集、兵合而不齊。合於利而動、不合於利而止。（『孫子』九地篇）

古の善く兵を用いる者は、能く敵人をして前後相及ばず、衆寡相恃まず、貴賤相救わず、上下相扶けず、卒離れて集まらず、兵合して斉わざらしむ。利に合えば而ち動き、利に合わざれば而ち止まる。

軍事行動の可否を「利」に合うか合わないかで論じている。次の火攻篇の記述も同様であるが、そこでは更に、興軍の動機としてはならないものとして、君主や将軍の個人的な怨みが挙げられている。

故曰、明主慮之、良將修之。非利不動、非得不用、非危不戰。主不可以怒而興師、將不可以慍而致戰。合於利而動、不合於利而止。怒可以復喜、慍可以復悅、亡國不可以復存、死者不可以復生。故明主慎之、良將警之、此安國全軍之道也。（火攻篇）

故に曰く、明主は之を慮り、良将は之を修む。利に非ざれば動かず、得るに非ざれば用いず、危うきに非ざれば戦わず。主は怒りを以て師を興すべからず、将は慍りを以て戦いを致すべからず。利に合えば而ち動き、利に合わざれば而ち止まる。怒りは以て復た喜ぶべく、慍りは以て復た悦ぶべきも、亡国は以て復た存すべからず、死者は以て復た生くべからず。故に明主は之を慎み、良将は之を警《いまし》む。此れ国を安んじ軍を全うするの道なり。

君主が怒りに任せて開戦を命じたり、将軍が個人的な恨みに報いるために戦ってはならない。要するに利益にかなえば発動し、利益に合わなければ中止する。怒りはいつか喜びに転じ、恨みもいつか楽しみに変わることはあるが、滅亡した国家は再興できず、死者も二度とはよみがえらない。

これは、戦いを発動する契機が、客観的な条件でなければならないと主張するものである。『孫子』が強調するのは、「利」に合致するか否かの一点である。

では、その「利」とは、具体的に何を指すのであろうか。まず考えられるのは、戦略拠点となる城塞や重要な行軍路、軍事行動を支える食糧・物資などであろう。この内の物資・食糧について『孫子』は、敵から奪取すべきだと説く。

・善用兵者、役不再籍、糧不三載。取用于國、因糧于敵。故軍食可足也。（作戦篇）
善く兵を用いる者は、役は再びは籍せず、糧は三たびは載せず。用を国に取り、糧を敵に因る。故に軍食足るべきなり。

・智將務食于敵。食敵一鍾、當吾二十鍾、萁秆一石、當吾二十石。（同）
智将は務めて敵に食む。敵の一鍾を食むは、吾が二十鍾に当たり、萁秆一石は、吾が二十石に当たる。

・取敵之貨者、利也。故車戰、得車十乘已上、賞其先得者、而更其旌旗、車雜而乘之。卒善而養之、是謂勝敵而益強。（同）
敵の貨を取る者は、利なり。故に車戦に、車十乗以上を得れば、其の先ず得たる者を賞し、而して其の旌旗を更め、車は雑えて之に乗らしめ、卒は善くして之を養わしむ。是れを敵に勝ちて強を益すと謂う。

この作戦篇で説かれるのは、物資・食糧などの現地調達の原則である。自軍が国境を越えて他国に侵攻する場合、兵站戦は伸びて、自国からの物資の調達は困難を来す。そこで、軍隊は「糧」「貨」などの「利」を「敵」から奪取せよというのである。こうした「利」の獲得が容易であると判断される時こそ、『孫子』にとって軍を発動すべき一つの時なのである。

なお、『孫子』にも、「時」の語は見える。ただそれは、時令説におけるような四時ではない。例えば、計篇では、「五事」の一つに「天」を挙げ、その内訳を「天者、陰陽・寒暑・時制也」と説く。また、火攻篇では、「孫子曰、凡火攻有

五、……発火有時、起火有日。時者、天之燥也。日者、月在箕・壁・翼・軫也。凡此四宿者、風起之日也」と述べ、風の起こりやすい日を、火攻めに有効な日だとする。

このように『孫子』に説かれる「時」や「利」を確認すると、「春」を挙兵の時節だとする起師篇は、「利」を重視する『孫子』の思想を基盤としながらも、それを更に具体化しようとした一つの思索であったと考えられる。

春は食糧や物資を敵から奪うのに有利な季節だというのが「起師」の主張であった。しかし、季節を春に特定することの弊害はなかっただろうか。『孫子』が「時」の重要性を主張しながらも、決して特定の季節を挙げるようなことをしなかったのに対して、「起師」は春こそ興軍の季節だとした。『孫子』が普遍性・応用性を持つのに対して、「起師」は極めて具体的である。これが、『孫子』と「起師」との重要な相違点でもある。春が興軍に有利な季節だと言っても、実際の戦争では、必ずしもそうならないこともあったであろう。夏や秋に挙兵して勝利した例もあったであろう。そうすると、「起師」のような主張は、具体性を持つという点で評価されるものの、実戦・実体験との間で齟齬を来たし、こうした思考は次第に伝承されなくなったと推測される。他の古代兵書でこうした主張をするものは見あたらないのではなかろうか。

そこで、次節では、他の兵書にも視野を広げて検討してみよう。

三、古代兵書の説く興軍の時

まず、『呉子』では、挙兵の儀式（手続き）としてやや呪術的な要素も見られるが、基本的には『孫子』同様、利に合するかどうかという合理的思考が貫かれている。

是以有道之主、將用其民、先和而造大事。不敢信其私謀、必告於祖廟、啓於元龜、參之天時、吉乃後舉。（『呉子』図国

篇）

是を以て有道の主、将に其の民を用いんとすれば、和を先にして大事を造す。敢て其の私謀を信ぜず、必ず祖廟に告げ、元亀に啓して、之を天時に参し、吉なれば乃ち後挙ぐ。

ここでは、「天時」（自然の時節）を考慮して、吉であれば挙兵すると述べる。もう少し具体的な時節について述べるのは、料敵篇である。

呉子曰、凡料敵、有不卜而與之戰者八。一曰、疾風大寒、早興寤遷、刋木濟水、不憚艱難。二曰、盛夏炎熱、晏興無間、行驅飢渇、務於取遠。（料敵篇）

呉子曰く、凡そ敵を料るに、卜せずして之と戦うこと八有り。一に曰く、疾風大寒なるに、早く興き寤めて遷り、木を刋りて水を済り、艱難を憚らず。二に曰く、盛夏炎熱なるに、晏く興きて間無く、行駆して飢渇し、遠きを取るに務む。

大寒や盛夏に困難な行軍をしているような敵は、撃破することができるという。換言すれば、厳寒期や猛暑の時節は興軍の時としてふさわしくないとされているのである。

次に、『孫臏兵法』も、基本的には人事を重視する『孫子』の合理的思考を継承している。ただ月戦篇に、勝率と天体との関係を説く部分がある。

孫子曰、間於天地之間、莫貴於人。戰□□□□不單。天時、地利、人和、三者不得、雖勝有央（殃）。（中略）孫子曰、十戰而六勝、以星也。十戰而七勝、以日者也。十戰而八勝、以月者也。十戰而九勝、月有……【十戰】而十勝、將善而生過者也。（『孫臏兵法』月戰篇）

孫子曰く、天地の間に間するは、人より貴きは莫し。戰□□□不単。天の時、地の利、人の和、三者得ざれば、勝つと雖も殃有り。（中略）孫子曰く、十戦して六勝するは、星を以てするなり。十戦して七勝するは、日を以てする者なり。十戦して八勝するは、月を以てする者なり。十戦して九勝するは、月有……【十戦して】十勝するは、将に善からんとして過を生ずる者なり。

月は、陰気の集積であり、物事の刑殺を象徴している。そこで、戦争は月の盛んな時に行うべきだとの思考が促されたと思われる。勝率七割とされており、「月戦」の優位性が主張される。但し、この『孫臏兵法』月戦篇でも、その冒頭に「天地の間に間するは、人より貴きは莫し」と明言されていて、最も重要なのは人事であると説かれている。ここでも大事なのは人事の利であり、単純に月の時が有利だというわけではない。

次に『六韜』を見てみよう。『六韜』農器篇に、農事と軍事との関係を説く一節がある。

太公曰、戰攻守禦之具、盡在於人事。……春鏺草棘、其戰車騎也。夏耨田疇、其戰小兵也。秋刈禾薪、其糧食儲備也。冬實倉廩、其堅守也。……春秋治城郭修溝渠、其塹壘也。故用兵之具、盡於人事也。……武王曰善哉。（『六韜』農器篇）

太公曰く、戦攻守禦の具は、尽く人事に在り。……春　草棘を鏺《か》るは、其の車騎を戦わしむるなり。夏　田疇を耨《くさぎ》るは、其の小兵を戦わしむるなり。秋　禾薪を刈るは、其の糧食の儲備なり。冬　倉廩を実たすは、其の堅守なり。……春秋に城郭を治め溝渠を修むるは、其の塹壘なり。故に用兵の具は、人事に尽くるなり。……武王曰く善いかな。

ここでは、農事と戦事とを対照させ、それぞれの季節に大切な行動があると説く。「起師」のように、単に春を興軍の季節とするのではない。そして、最も重要なのは「人事」であると主張する。

次に、『司馬法』はどうであろうか。『司馬法』は興軍が「時」に違わないようにと説き、具体的には、冬と夏には行軍してはならないとしている。

戰道不違時、不歷民病、所以愛吾民也。不加喪、不因凶、所以愛夫其民也。冬夏不興師、所以兼愛民也。故國雖大、好戰必亡、天下雖安、忘戰必危。天下既平、天子大愷、春蒐、秋獮、諸侯春振旅、秋治兵、所以不忘戰也。（『司馬法』仁本篇）

戦道 時に違わず、民に病を歴ざるは、吾が民を愛する所以なり。喪に加えず、凶に因らざるは、夫《か》其の民を愛する所以なり。冬夏に師を興さざるは、民を兼愛する所以なり。故に国大なりと雖も、戦いを好めば必ず亡ぶ。天下安しと雖も、戦を忘るれば必ず危し。天下既に平らかにして、天子大いに愷《たの》しむも、春に蒐し、秋に獮し、諸侯は春に振旅し、秋に治兵するは、戦を忘れざる所以なり。

農繁期や疫病を避け、冬夏に挙兵しないのは民を愛するからだ、という。この点は、厳冬期や猛暑の時節に挙兵することを戒めた『呉子』と同様である。なお、この『司馬法』仁本篇では、平時の際にも、春秋に軍事演習を行うべきだとするが、それは、平時にあっても戦争を忘れないようにとの心構えを説くもので、春や秋の興軍を勧奨するものではない。

では次に、銀雀山漢墓竹簡「論政論兵之類」の中から「兵失」篇を取り上げてみよう。この篇は、発見後の整理で一旦『孫臏兵法』に編入されたものの、その後、一九八五年刊行の『銀雀山漢墓竹簡［壹］』で外され、このたび『銀雀山漢墓竹簡［貳］』で「論政論兵之類」の中に新たに編入されたものである。

・兵用力多功少、不知時者也。（銀雀山漢墓竹簡「兵失」）

兵　力を用いること多きも功少きは、時を知らざる者なり。

・兵見善而怠、時至而疑、去非而弗能居、止道也。（同）

兵　善を見るも怠り、時至るも疑い、非を去るも居る能わざるは、止道なり。

ここでは、興軍の「時」が説かれている。但し、それは具体的な四時ではない。『孫子』の説くような「利」に合致する「時」なのであろう。

最後に、新出資料である張家山漢簡『蓋廬』を取り上げてみる。一九八〇年、中国の湖北省江陵の張家山で多くの副葬品を伴う漢代の墓が見つかった。張家山第二四七号墓と命名されたこの墓の中には、竹簡に記された古代文書が副葬されており、『蓋廬』も、その一つである。

張家山漢簡『蓋廬』（第一簡～第三簡）（『張家山漢墓竹簡〔二四七号墓〕』による）

『蓋廬』は、全五十五枚の竹簡からなる。竹簡の長さは、およそ三十㎝。内容は、全九章に分かれる。「蓋廬」とは、第五十五簡の裏面に記されていたもので、文献のタイトルと推測される。各章は、呉王闔廬（原文では「蓋廬」と記される）の問題提起に始まり、それに、臣下の伍子胥（原文では「申胥」と記載される）が答える、という体裁で統一されている(4)。

冒頭の第一章では、闔廬が「天下を有《たも》つ」方法について問う。これに答えて伍子胥はこう述べる。

凡有天下、無道則毀、有道則舉。行義則上、廢義則下。

凡そ天下を有つは、道無ければ則ち毀れ、道有れば則ち挙ぐ。義を行えば則ち上り、義を廃すれば則ち下らん。

「道」「義」に従う者は、機運が上昇するが、それを無視する者は降下していくという理屈である。ここまでは、人為的な努力を言っているようで、『孫子』『呉子』のような兵書が説いてもまったく違和感のない主張であろう。

だが、『蓋廬』は、その具体的内容について、「天の時」との関係を説く。

循天之時、逆之有禍、順之有福。

天の時に循《したが》うに、之に逆らえば禍有り、之に順えば福有り。

禍福吉凶は、「天の時」に従うかどうかにかかっているという。これは、人事の枠内だけで戦争を考えるものではない。人智を超えた「天の時」が勝敗の帰趨を握っているという思考である。

では「天の時」とは、具体的にどのようなものを指しているのか。それは、伍子胥の説明によれば、春夏秋冬の「四時」、木火土金水の「五行」である。四時や五行の循環法則に従うかどうかが勝敗の分かれ目だというのである。

こうした観念は、空間や時間の関係についても適用される。伍子胥は闔廬の問いに答えてこう述べる。

（1）左青龍、右白虎可以戰。
青龍を左にし、白虎を右にして以て戦うべし。

（2）太白入月、熒惑入月可以戰。日月並食可以戰。是謂從天四殃、以戰必慶。
太白《たいはく》月に入り、熒惑《けいわく》月に入りて以て戦うべし。日月並びに食して以て戦うべし。是れ天の四殃《しおう》に従うと謂《い》い、以て戦えば必ず慶す。

（3）彼興之以木、吾擊之以金。
彼之《これ》を興すに木を以てすれば、吾れ之を撃つに金を以てす。

（4）春擊其右、夏擊其裏、秋擊其左、冬擊其表。此謂背生擊死、此四時勝也。
春には其の右を撃ち、夏には其の裏を撃ち、秋には其の左を撃ち、冬には其の表を撃つ。此れを生を背にして死を撃つと謂う。此れ四時の勝なり。

例えば、（1）の「青龍」と「白虎」の関係について。陰陽五行説によれば、青龍は東、白虎は西の守護神である。とすれば、伍子胥の（1）の主張は、自軍が北側、敵軍が南側にいることを前提にしているであろう。北から南を見て左手が青龍、右手が白虎となるからである。こうした位置関係を保てば、四神の加護を得て勝利できるというのである。

また、（2）の太白（金星）と月が重なり、熒惑（火星）と月が重なるという天体の位置関係、更に太陽と月との「食」などは、必勝の時に当たるという。これは、こちらが相手を食す（覆う）という形が勝利を連想させるからであろう。（3）は、相手が「木」で来れば、こちらは「金」で応戦する。つまり、「金は木に勝つ」という五行相剋の関係を前提としたものである。

そして、本章との関係で最も注目されるのが、（4）の四時と戦争との関係である。春は敵陣の右側を攻撃し、夏は相手の背後を襲い、秋は左側を攻撃し、冬は相手の正面から攻撃をしかけるという。

これらはみな、典型的な「兵陰陽」の兵法である。[5] これまで、兵陰陽の兵法については、その断片が伝わる程度で、まとまった兵書は残っていなかった。『蓋廬』はその原理と具体的な言説を見事に伝えているのである。ただ、この思想において、軍事の季節は特定されていない。「起師」のように「春」とするのでもなく、時令説のように「秋」に特定するわけでもない。四時五行が常に運行転変するように、それぞれの季節に従ってそれぞれの興軍の方法があるというのである。


このように、古代兵書における興軍の時節について概観してみると、興軍に適切な時節として「春」を主張するのが「起師」の最大の特色であると、改めて理解されよう。強いて言うならば、厳冬期と猛暑の時節は、誰が考えても興軍にふさわしくはない。しかし、「春」が興軍に有利だとする主張は、銀雀山漢墓竹簡「起師」以外には見えないのである。

一方、『呂氏春秋』や『礼記』などに見える時令説は、「秋」を軍事の季節とするものであったが、これは、天人相関思想の一つの理念型として伝えられていったと推測される。実際に「秋」だけが軍事の季節とはならないわけであるが、時令説という理念そのものは、その後も継承されていったと考えられる。

これに対して、「起師」は天人相関思想という理念ではなく、現実の「利」という観点から「春」を興軍の時節とする。しかし、春に興軍しても実際には敗れる場合もあったと推測される。ここに思想としての「起師」の限界があったと考えられる。「起師」のような主張が影響力を持たなかった要因の一つは、この点にも求められよう。

それでは、こうした「起師」の思想は、『孫子』や『孫臏兵法』とどのような関係にあると理解すれば良いであろうか。

まず、成立時期については次のような推測が可能となる。竹簡が出土した銀雀山漢墓の年代は前漢武帝の初期に属し、竹簡の筆写時期は文帝・景帝期頃ではないかと推測されている。[6] 従って、これが銀雀山漢墓竹簡成立の下限となる。ただ、「起師」が「客」と「主人」とを区分した上で興軍の利を説くという点は、それが先秦期の著作物であった可能性を示唆していよう。こうした主張は、戦国諸国の敵対関係を前提として初めて説得力を持つからである。

一方、上限については、それを直接示す資料は見あたらないものの、やはり『孫子』以降の著作物と考えておくのが穏当であろう。なぜなら、「客」「主人」という軍事用語は、長距離侵攻作戦の存在を前提として構築された『孫子』ならではのものであり、『孫子』以前の戦争形態においては、そもそも存在理由が薄いからである。(7)

従って、最も可能性が高いのは、『孫子』以降の戦国期において成立した兵学的著作物という推定であろう。ただ、『孫子』は、『漢書』芸文志によると、「呉孫子兵法八十二篇」「斉孫子兵法八十九篇」があったという。とすれば、「起師」も、現在伝わる十三篇以外の「呉孫子」や、「斉孫子」（すなわち『孫臏兵法』）の一部であった可能性はないであろうか。確かに、そうした可能性も棄てきれない。ただ、十三篇『孫子』や『孫臏兵法』には、興軍の時として「春」を特定するという思考は見られない。同一書内で、一方では「時」が大切だと言っておきながら、一方では、それを「春」だと特定するのは、やや理解に苦しむところである。こうした思考は、時を重視する『孫子』や『孫臏兵法』を基盤としつつも、それを独自に展開させ、具体化したものと考えておくのが、今のところ最も妥当な見方であろう。

四、中国古代兵法の展開

それでは、このように「起師」が『孫子』や『孫臏兵法』のような思考を基盤として更に独自の展開を遂げた兵書であるとすれば、銀雀山漢墓竹簡「論政論兵之類」の中には、他にもそうした性格を持つ文献があるのではないか。最後にそのことを、「将義」篇を例に検証してみたい。

まず、「将義」篇全体を釈読する。釈読に際しての凡例は、先の「起師」篇の時と同様である。なお、『銀雀山漢墓竹簡［貳］』では、これを「論政論兵之類」の第十九番目の篇として掲載している。(8)

〈原文〉

義將[1] 一一九四背

將者不可以不義、【不】義則不嚴、【不嚴】則不威、【不威】則卒弗死。故義者、兵之首也。將者不可以不仁、不仁則軍不剋（克）、軍不剋（克）一一九四正 則軍无功。故仁者、兵之腹也。將者不可以无德、无德則无力、无力則三軍之利不得。故德者、兵之手 一一九五 也。將者不可以不信、不信則令不行、令不行則軍不槫[2]、軍不槫則无名。故信者、兵之足也。將者不可以[3]智（知）勝、不智（知）勝 一一九六 ……則軍无□。故夬（決）者、兵之尾也。・將義 一一九七

〈書き下し文〉

将なる者は以て義ならざるべからず、義ならざれば則ち厳ならず、厳ならざれば則ち威あらず、威あらざれば則ち卒死せず。故に義なる者は、兵の首なり。

将なる者は以て仁ならざるべからず、仁ならざれば則ち軍克たず、軍克たざれば則ち軍に功无し。故に仁なる者は、兵の腹なり。

将なる者は以て徳无かるべからず、徳无ければ則ち力无く、力无ければ則ち三軍の利得られず。故に徳なる者は、兵の手なり。

将なる者は以て信ならざるべからず、信ならざれば則ち令行われず、令行われざれば則ち軍専らならず、軍専らならざれば則ち名无し。故に信なる者は、兵の足なり。

将なる者は、以て勝ちを知らざるべからず、勝ちを知らざれば、……則ち軍に□无し。故に決なる者は、兵の尾なり。・将義

〈現代語訳〉

将たる者には必ず義がなければならない。義がなければ厳しくなく、厳しくなければ恐くなく、恐くなければ兵卒は（将のために）死ぬことはない。だから義は兵の首である。

将たる者には必ず仁がなければならない。仁がなければ軍は戦勝して平和を克復できない。軍が克復できなければ、軍に功績は認められない。だから仁は兵の腹である。

将たる者には必ず徳がなければならない。徳がなければ力がなく、力がなければ全軍の利を手に入れることはできない。だから徳は兵の手である。

将たる者には必ず信がなければならない。信がなければ命令は行われず、命令が行わなければ軍は専一にならず、軍が専一でなければ功名もない（足跡も残せない）。だから信は兵の足である。

将たる者は必ず勝利の法則を知らなければならない。勝利の法則を知らなければ、……軍に……はない。だから決断は兵の尾である。　・将義

〈語注〉

①義将……一一九四簡背面に記された篇題。但し、文末には「将義」とあり、ここと語順が逆転している。内容から考えて、篇題としては「将義」が正しく、ここは筆写の際に誤って転倒したものと推測される。

②槫……ひつぎ車、丸いの意であるが、ここでは通じない。原釈文は「団」に釈読するが、ここでは、字形を尊重して「専」に読んでおきたい。

③不智（知）勝……「智」「勝」には各々重文符号がある。これが一一九六簡の下端であり、次の一一九七簡は上端から「則軍无」と文字が記されているが、原釈文は、ここに脱簡があると推測してであろうか、「……」記号を入れて

いる。ここまでの文章の展開からすれば、「……故に勝ちを知るは兵の…なり」という「知勝」に関するまとめの言葉があり、次に「決」に関する文脈が続くと推測され、やはり脱簡の可能性を指摘しうる。なお、「知勝」の語は、『孫子』謀攻篇に、「故知勝有五、知可以與戰不可以與戰者勝、識衆寡之用者勝、上下同欲者勝、以虞待不虞者勝、將能而君不御者勝。此五者、知勝之道也」と見える。

「将義」の文章構成は極めて明快である。「將者不可以不○、不○則不△、不△則不◇、……。故○者、兵之◎也」という構文で統一されている。

内容は、将軍として持つべき重要な資質についてであり、ここでは、「義」「仁」「徳」「信」「知（勝）」「決」が挙げられている。また、それぞれの資質を体の部位に関連づけて説いている。(9)

それでは、こうした主張は、他の兵書とどのような関係にあるのだろうか。まず『孫子』では、周知の通り、計篇に「將者、智、信、仁、勇、嚴也」と、将軍の資質を五つ掲げる。「智」を筆頭に挙げるのは『孫臏兵法』も同様であり、次のように見える。

孫子曰、知不足、將兵自恃也。勇不足、將兵自広也。不知道、數戰不足、將兵、幸也。（『孫臏兵法』八陣篇）

孫子曰く、知（智）足らざれば、将兵は自ら恃むなり。勇足らざれば、将兵自ら広む。道を知らざれば、数々戦いて足らず、将兵、幸うなり。

このように、将軍の要件として、「知（智）」「勇」「知道」が挙げられている。『孫子』が掲げた五つの内、特に「智」と「勇」を重視するものであろう。

次に、『呉子』は、まず次のように、「義」と「仁」の重要性を説く。

明主鑒茲、必内修文徳、外治武備。故當敵而不進、無逮於義矣。僵屍而哀之、無逮於仁矣。（『呉子』図国篇）

明主茲に鑒み、必ず内に文徳を修め、外に武備を治む。故に敵に当たりて進まざるは、義に逮ぶ無し。僵屍ありて之を哀れむは、仁に逮ぶ無し。

敵に直面しているのに進撃しないのは「義」が不十分、敵の屍を見てから哀れむのは、「仁」という点で不十分という主張である。

また、同じく図国篇において、「聖人」の「四徳」として次のように説く。

是以聖人綏之以道、理之以義、動之以禮、撫之以仁。此四德者、修之則興、廢之則衰。故成湯討桀、而夏民喜悦、周武伐紂、而殷人不非。舉順天人。故能然矣。（図国篇）

是を以て聖人は之を綏んずるに道を以てし、之を理むるに義を以てし、之を動かすに礼を以てし、之を撫するに仁を以てす。此の四徳は、之を修むれば則ち興り、之を廃すれば則ち衰う。故に成湯 桀を討ちて、夏の民喜悦し、周武 紂を伐ちて、殷人非とせず。挙 天人に順う。故に能く然る。

すなわち、「道」「義」「礼」「仁」を四徳とし、この四徳を修めた者が隆盛し、それらを廃した者は衰亡するというのである。ここで説かれる「四徳」の主体は「聖人」ではあるが、「討」「伐」の記述が見られることから、将軍の資質としても応用できる内容である。『呉子』では、このように「義」「仁」を挙げるところが、「将義」篇に類似している。

ただ、同じく『呉子』でも、論将篇では次のように説く。

呉子曰、夫總文武者軍之將也。兼剛柔者兵之事也。凡人論將、常觀於勇、勇之於將、乃數分之一爾。夫勇者輕合。輕合而不知利未可也。故將之所愼者五。一曰理、二曰備、三曰果、四曰戒、五曰約。（論将篇）

呉子曰く、夫れ文武を総ぶる者は軍の将なり。剛柔を兼ぬる者は兵の事なり。凡そ人の将を論ずるに、常に勇に観るも、勇の将に於けるは、乃ち数分の一のみ。夫れ勇者は合を軽んず。合を軽んじて利を知らざれば未だ可ならざるなり。故に将の慎む所の者は五。一に曰く理、二に曰く備、三に曰く果、四に曰く戒、五に曰く約。

『孫子』でも、「勇」は将軍の資質として、ようやく四番目に挙げられていたが、この『呉子』論将篇でもあまり高く評価されていない。人々は将軍をとかく「勇」という観点からのみ見るが、勇は将軍の資質の内の「数分の一」に過ぎないと言うのである。勇を過信する将軍はとかく合戦を容易に考えてしまう。だから、将軍が真に慎むべきは、「理」「備」「果」「戒」「約」の五つだとするのである。

この内、「理」とは大衆を動員して統率するのに、あたかも少人数を統制するかのように整然としているということ。「備」とは、一旦出軍したら敵がいるかのように常に万全の備えをすること。「果」は敵に臨んで生還を思わない果断さ。「戒」とは仮に勝利したとしても、開戦時の気持ちを忘れず警戒すること。「約」とは、軍令が簡素で分かりやすいことである。[10]

また、同じ論将篇では、軍事における「四機」（四つの要諦）を知る者が更に四つの資質を備えていれば「良将」と評価できるという。

呉子曰、凡兵有四機。一曰氣機、二曰地機、三曰事機、四曰力機。……知此四者乃可爲將。然其威徳仁勇、必足以率下安衆、怖敵決疑。施令而下不犯、所在寇不敢敵。得之國強、去之國亡。是謂良將。（論将篇）

呉子曰く、凡そ兵に四機有り。一に曰く気機、二に曰く地機、三に曰く事機、四に曰く力機。……此の四者を知れば乃ち将為るべし。然れども、其の威徳仁勇は、必ず以て下を率い衆を安んじ、敵を怖れしめ疑いを決するに足る。令を施して下犯さず、在る所は寇も敢て敵せず。之を得れば国強く、之を去れば国亡ぶ。是れを良将と謂う。

良将に求められる資質として、ここでは、「威」「徳」「仁」「勇」が挙げられている。それらは、下の者を統率し大衆を安心させ、敵を恐れさせ、疑念を払い、命令を下して違犯がなく、敵もあえて向かってこないような資質である。

このように、『呉子』では、将軍の条件・資質を複数の観点から説いている。『孫子』と共通するのは、「勇」を資質の一つと認めながらも、それを最重要の資質とはしない点であろう。

次に『司馬法』では、次のように説かれている。

古者以仁爲本、以義治之。之謂正、正不獲意則權。權出於戰、不出於中人。是故殺人安人、殺之可也。攻其國、愛其民、攻之可也。以戰止戰、雖戰可也。故仁見親、義見説、智見恃、勇見身（方）、信見信。内得愛焉、所以守也。外得威焉、所以戰也。（『司馬法』仁本篇）

古は仁を以て本と為し、義を以て之を治む。之を正と謂い、正 意を獲ざれば則ち権す。権は戦に出で、中人に出でず。是の故に人を殺して人を安んずれば、之を殺して可なり。其の国を攻めて、其の民を愛すれば、之を攻めて可なり。戦を以て戦を止めば、戦うと雖も可なり。故に仁は親しまれ、義は説ばれ、智は恃まれ、勇は方《むか》われ、信は信ぜらる。内 愛を得るは、守る所以なり。外 威を得るは、戦う所以なり。

ここでは、「仁」「義」を兵道の「正」とした上で、戦争の意義を「権」（臨機応変の措置）として認める。そして、その際、大切なのは、「仁」「義」「智」「勇」「信」であると説く。「仁」「義」を入れるのは、『呉子』に類似し、また、「勇」を四番目に挙げるのは『孫子』に類似すると言えよう。

これと同様なのが、同じく仁本篇の次の記述である。

古者逐奔、不過百歩、縦綏不過三舍、是以明其禮也。不窮不能而哀憐傷病、是以明其仁也。成列而鼓、是以明其信也。争義不争利、是以明其義也。又能舍服、是以明其勇也。知終知始、是以明其智也。六徳以時合教、以爲民紀之道也。自古之政也。（仁本篇）

古は奔るを逐うこと、百歩に過ぎず、綏《しりぞ》くを縦《お》うこと三舎に過ぎず。是を以て其の礼を明らかにするなり。不能を窮めずして傷病を哀憐す。是を以て其の仁を明らかにするなり。列を成して鼓（鼓）す。是を以て其の信を明らかにするなり。義を争い利を争わず。是を以て其の義を明らかにするなり。又た能く服するを舎《ゆる》す。是を以て其の勇を明らかにするなり。終わりを知り始めを知る。是を以て其の智を明らかにするなり。六徳時を以て合せ教え、以て民紀の道と為すなり。古よりの政なり。

ここでは、右の五つの資質に「礼」を加え、「礼」「仁」「信」「義」「勇」「智」を古代軍事における「六徳」とする。また、厳位篇にも、これに類似する記述が見える。

凡民以仁救、以義戰、以智決、以勇闘、以信專、以利勸、以功勝。故心中仁、行中義。堪物智也、堪大勇也、堪久信也。（厳位篇）

凡そ民は仁を以て救い、義を以て戦い、智を以て決し、勇を以て闘い、信を以て専らにし、利を以て勧め、功を以て勝つ。故に心は仁に中《あた》り、行いは義に中る。物に堪えるは智なり。大に堪えるは勇なり。久しきに堪えるは信なり。

これも右の記述と同じく、将軍の資質として、「仁」「義」「智」「勇」「信」を挙げ、更に、勝利の条件として「利」と「功」とを加えている。「仁」「義」を挙げるのは『呉子』や「将義」篇に類似する。この点は、『孫子』とは必ずしも合致しないが、将軍の資質を端的な徳目として表そうとする意識は共通している。

次に、『尉繚子』はどうであろうか。兵談篇では、次のように説く。

將者、上不制於天、下不制於地、中不制於人、寛不可激而怒、清不可事以財。夫心狂、目盲、耳聾、以三悖率人者難矣。（『尉繚子』兵談篇）

将たる者は、上は天に制せられず、下は地に制せられず、中は人に制せられず、寛にして激して怒るべからず、清くして事うるに財を以てすべからず。夫れ心は狂、目は盲、耳は聾、三悖を以て人を率いる者は難し。

すなわち、将軍の資質として、天地人に制せられない権威、「寛」大さ、「清」廉さを挙げるのである。ただ、『孫子』『呉子』や『司馬法』の定義に比べると、やや端的さを欠く嫌いはある。攻権篇に「故善將者、愛與威而已（故に善く将たる者は、愛と威とのみ）」と説くのは、将軍の資質というよりは、いわゆる飴と鞭の使い分けを説いたものであろう。

次に、『六韜』における将軍の資質を見てみよう。

武王問太公曰、論將之道奈何。太公曰、將有五材十過。武王曰、敢問其目。太公曰、所謂五材者、勇智仁信忠也。勇

則不可犯。智則不可亂。仁則愛人。信則不欺。忠則無二心。（『六韜』論将篇）

武王 太公に問いて曰く、「将を論ずるの道は奈何」。太公曰く、「将に五材十過有り」。武王曰く、「敢て其の目を問う」。太公曰く、「所謂五材とは、勇智仁信忠なり。勇なれば則ち犯すべからず。智なれば則ち乱すべからず。仁なれば則ち人を愛す。信なれば則ち欺かず。忠なれば則ち二心無し」。

ここでは、周の武王と太公望呂尚との問答により、呂尚が将の「五材」を説くという内容となっている。そして、将の「五材」として「勇」「智」「仁」「信」「忠」が挙げられている。『孫子』や『呉子』では筆頭とはされなかった「勇」がまず第一に挙げられ、「忠」が加わっているところに特色がある。

故曰、將不仁、則三軍不親。將不勇、則三軍不鋭。將不智、則三軍大疑。將不明、則三軍大傾。將不精微、則三軍失其機。將不常戒、則三軍失其備。將不強力、則三軍失其職。（奇兵篇）

故に曰く、将仁ならざれば則ち三軍親しまず。将勇ならざれば則ち三軍鋭ならず。将智ならざれば則ち三軍大いに疑う。将明ならざれば則ち三軍大いに傾く。将精微ならざれば則ち三軍其の機を失う。将常に戒めざれば則ち三軍其の備えを失う。将強力ならざれば則ち三軍其の職を失う。

ここでは、「仁」「勇」「智」「明」「精微」「常戒」「強力」などが将軍の条件として必要だとされている。特に、「仁」が冒頭に挙がっているのは、「三軍」の親和という観点から最重要だとされたからである。また、「勇」が「智」の前に置かれているのは、先の論将篇と同様である。

このように、古代兵書を概観してみると、それぞれの兵書が将軍の資質について様々な角度から論説していることが分かる。特に『孫子』『呉子』『司馬法』は、将軍の資質を端的な徳目として表明しようとする意識が濃厚であった。こうした中で、銀雀山漢墓竹簡「将義」の説く将軍の資質は、『孫子』など他の兵書とも一部類似しながら、独自の内訳を示していると言えよう。「義」「仁」「徳」「信」「知（勝）」「決」という内訳、特に「義」を筆頭に挙げるのは、他の文献からの引き写しではなく、「将義」独自の主張であったと推測される。

結語

以上、本章では、『銀雀山漢墓竹簡〔貳〕』として公開された「論政論兵之類」の内、まず「起師」篇を取り上げ、その興軍の論理について検討を加えてきた。「客」にとって「春」が興軍に有利な季節であると断定するのが、「起師」の最大の特色であった。こうした思考は、「時」の重要性を説く『孫子』のような思想を具体化しようとしたものであると推測される。ただ、有利な季節を春に特定することは、具体性を持つという点で評価できる一方、思想としての普遍性を欠き、実戦・実体験との間で齟齬を来す恐れもあった。「起師」のような思考が他の兵書に見られず、その後も伝承されなかった一つの理由は、こうした点にあると言えよう。

また、同じく銀雀山漢墓竹簡の「将義」篇は、将軍の資質を「義」「仁」「徳」「信」「知（勝）」「決」と列挙し、それを動物の部位に関連づけて説いていた。これも、「将者、智信仁勇嚴也」と説く『孫子』のような将軍論を独自に展開させたものと推測される。

このように、銀雀山漢墓竹簡「論政論兵之類」の中には、『孫子』や『孫臏兵法』と基調を同じくしながらも、更に独自の展開を遂げたと思われる著作が含まれている。(11) 古代中国には、いわゆる「武経七書」以外にも、様々な兵学的著作があり、それらが互いに影響を与えながら、中国兵学思想史を形成していたのである。銀雀山漢墓竹簡「論政論兵之類」諸篇は、改めてそうした状況を解明してくれると期待される。

注

（1）本書第三部第二章「銀雀山漢簡「論政論兵之類」考釈」参照。

（2）ただ、更に想像を逞しくすれば、他の可能性も想定される。まず、「百廿九」を筆写者が初めて記入したのではなく、筆写元のテキストにすでにそう記してあったという可能性がある。また誤写後の竹簡の文字数を後人が計数し、記入したという可能性もある。更には、語注⑨に記したように、この数字が記されている一一七五簡がそもそも「起師」の末尾ではないという可能性も考えられる。

（3）以下、特に注意を喚起したい点については、書き下し文の一部に傍線を引く場合がある。

（4）以下、『蓋廬』の釈読・引用に際しては、『張家山漢墓竹簡［二四七号墓］』（張家山二四七号漢墓竹簡整理小組編、文物出版社、二〇〇一年）を基にし、邵鴻『張家山漢簡《蓋廬》研究』（文物出版社、二〇〇七）などを参考にした。

（5）『漢書』芸文志は兵書を四部に大別し、その内の「兵陰陽」について「陰陽者、順時而發、推刑徳、隨斗擊、因五勝、假鬼神、而爲助者也」（陰陽とは、時に順いて発し、刑徳を推し、斗撃に随い、五勝に因り、鬼神を仮りて、助けと為す者なり）と定義する。

（6）『銀雀山漢墓竹簡［壹］』（銀雀山漢墓竹簡整理小組、文物出版社、一九八五年）参照。

（7）二〇〇四年、『上海博物館蔵戦国楚竹書』第四分冊として公開された『曹沫之陳』は、斉に領土を奪われたのに失地回復に努めることなく音楽にふけっていた魯の荘公（在位前六九三～前六六二）が、曹沫の勧めに従って斉との戦いを決意し、曹沫に対して具体的な陣法を次々に問い、曹沫がそれに答えるという内容である。『孫子』に先立つかもしれないまとまった兵書として、初めて発見されたものである。それによれば、『曹沫之陳』の兵法は、中原で行われていた戦車中心の戦争形態を前提としている。戦争の目的は、失地の回復であるから、戦場は国境付近に限定され、戦闘の期間も短い。敵国領内の奥深くに進攻したり、長距離進撃した部隊に物資を補給するなどの局面は想定されていない。従って、こうした春秋時代の戦争を基本的な場面設定とした兵書では、「客」「主人」という概念も登場する必然性がないのである。

（8）なお、この「将義」篇は、銀雀山漢墓竹簡発見直後においては『孫臏兵法』に編入されていたが、一九八五年に刊行された

『銀雀山漢墓竹簡〔壹〕』では、『孫臏兵法』から外され、このたび刊行された『銀雀山漢墓竹簡〔貳〕』において、改めて「論政論兵之類」に編入し直されたという経緯がある。

（9）「首」「腹」「手」「足」「尾」とあるので、将軍を勇猛な動物に比定し、将軍の資質を動物の部位で喩えていると考えられる。なお、広く軍事を動物に喩えるものとしては、『六韜』（龍韜、虎韜、豹韜、犬韜）がある。

（10）該当部分の原文は次の通りである。「理者治衆如治寡、備者出門如見敵、果者臨敵不懷生、戒者雖克如始戰、約者法令省而不煩」。

（11）このほか、「論政論兵之類」には、「客主人之分」「奇正」など、重要な軍事用語に関わる篇がある。これらの篇はかつて『孫臏兵法』下篇とされていたものであるが、今後は、「論政論兵之類」の諸篇として改めて検討し直す必要があろう。その点については、本書の次章参照。

第四章　先秦兵学の展開―『銀雀山漢墓竹簡〔貳〕』を手がかりとして―

序　言

二つの章にわたり、『銀雀山漢墓竹簡〔貳〕』所収の「論政論兵之類」諸篇について検討を加えてきた。次に本章では、更に、兵学思想の重要なキーワードを手がかりとして、その体系性や思想的特質について考察を進めることとする。具体的には、重要な兵学用語である「客・主人」「奇・正」について論じている諸篇を取り上げて検討してみよう。

一、「客」と「主人」―「客主人分」篇―

まず、重要な軍事用語である「客」と「主人」について検討してみよう。この語については、先に取り上げた「起師」篇にも登場していたが、「論政論兵之類」の中には、この用語について専論している「客主人分」篇がある。その冒頭部分を取り上げてみよう。原文は、『銀雀山漢墓竹簡〔貳〕』に基づく。なお、同書の釈文により、文字を通行字に読み替えた部分がある。

〈原文〉

・兵有客之分、有主人之分。客之分衆、主人之分少。客倍主人半、然可敵也。負……定者也。客者、後定者也。主人安地抚（撫）勢以胥。夫客犯隘逾険而至。

〈書き下し文〉

兵に客の分有り、主人の分有り。客の分は衆く、主人の分は少なし。客は倍し主人は半ばにして、然して敵すべきなり。負……定者也。客なる者は、後に定まる者なり。主人は地に安んじ勢いを撫して以て胥《ま》つ。夫の客は隘を犯し険を逾《こ》えて至る。

〈現代語訳〉

戦闘には客（他国の領域内に侵攻する部隊）の分と主人（自国の領域内にあって防衛する部隊）の分とがある。客の分は多く必要となり、主人の分は少なくてすむ。客は二倍の兵力、主人は半分の兵力で、ようやく匹敵する。負……（客は先に防衛体制を）定めているものである。客は後から攻撃態勢を定めるものである。主人は地形を助けとし形勢を保って敵の到来を待つ。かの客は隘路を犯し危険を越えてやって来る。

この篇の特色は、客と主人の「分」（分量・能力）について端的な解説をしている点である。遠征軍を編成して他国の領域内に深く侵攻する「客」の側には、多くの兵力が必要であり、客は二倍の兵力、主人は半分の兵力で、ようやく「敵」（対等）の関係になると説く。また、主人の側は、先に防衛態勢を整えることができるのに対して、客は後から攻撃態勢を定めることになり、また、主人の側は、地形や形勢の利を活かして敵の到来を待つことができるのに対して、客は危険の待ち受ける遙かな道程を強行しなければならないという。

もっとも、客の側に必死の覚悟が必要となる点については、すでに『孫子』にも次のように説かれている。

凡爲客之道、深入則專、主人不克。掠于饒野、三軍足食。謹養而勿勞、併氣積力、運兵計謀、爲不可測。投之無所往、死且不北。死焉不得。士人盡力。（『孫子』九地篇）

凡そ客為《た》るの道、深く入れば則ち専らにして、主人克《か》たず。饒野に掠《かす》むれば、三軍も食に足る。謹め養いて労すること勿く、気を併せ力を積み、兵を運らして計謀し、測るべからざるを為す。之を往く所無きに投ずれば、死して且つ北《に》げず。死焉《いずく》んぞ得ざらん。士人力を尽くさん。

およそ遠征軍を編成して敵地に赴く場合（客）の原則は、敵の国境を越えてはるかに深く侵攻すれば、士卒は気力を充実させ必死となって戦うので、本国にあって迎え撃つ敵（主人）はこちらに対抗することができない。肥沃な土地で農作物を掠奪すれば、軍隊の食糧も充足する。その食糧で士卒を充分に休養させて疲れさせず、士卒の気をみなぎらせ全力を尽くさせ、軍隊を巧みに運用して策略をめぐらし、敵にこちらの動きを予測させないようにする。兵をあえて敵中深く侵攻させ、勝利のみが帰還を約束するという状況に追い込めば、かれらは死力をつくして奮戦し、敵前逃亡するようなことはない。どうして必死の覚悟をいだかないことがあろうか。かれらは全力を尽くして働くであろう。

『孫子』がこのように説くのは、基本的には、客の側が決定的に不利だと考えられたからに他ならない。更に『孫子』は、同じく九地篇で、「凡そ客為るの道は、深ければ則ち専らにして、浅ければ則ち散ず（国境線を越えて深く敵地に侵攻した場合は、士卒は一致団結するが、中途半端に浅く侵攻した場合には、逃散してしまう）」とも説いている。やはり、客の側に大きな懸念を感じたからであろう。

この「客主人分」篇は、もと『孫臏兵法』の一篇とされていたものであるが、このたび、『銀雀山漢墓竹簡［貳］』の刊行に際して、「論政論兵之類」として再編されたものである。仮に『孫臏兵法』ではなかったとしても、この篇はやはり、基本的には『孫子』の「客・主人」観を継承し、更に、その力関係を「倍」「半」という具体的な比率で示したものと言えよう。

二、「奇」と「正」―「奇正」篇―

次に、もう一つの重要な軍事用語である「奇」「正」について検討してみよう。銀雀山漢墓竹簡「奇正」篇も、もと『孫臏兵法』に編入されていたものであるが、このたび「論政論兵之類」の一篇として『孫臏兵法』から外されたという経緯がある。

「奇」「正」を端的に定義した部分を取り上げてみよう。

〈原文〉

形以應形、正也。無形而制形、奇也。奇正無窮、分也。分之以奇數、制之以五行、鬬之以□□。分定則有形矣、形定則有名【矣、□□□】則用矣。同不足相勝也。故以異爲奇。是以靜爲動奇、佚爲勞奇、飽爲飢奇、治爲亂奇、衆爲寡奇。發而爲正、其未發者奇也。奇發而不報、則勝矣。

〈書き下し文〉

形以て形に応ずるは、正なり。無形にして形を制するは、奇なり。奇正窮まり無きは、分なり。之を分かつに奇数を以てし、之を制するに五行を以てし、之を闘わすに□□を以てす。分定まれば則ち形有り、形定まれば則ち名有り、【名定まれば】則ち用あり。同は以て相勝つに足らず。故に異を以て奇と為す。是を以て静は動の奇と為り、佚は労の奇と為り、飽は飢の奇と為り、治は乱の奇と為り、衆は寡の奇と為る。発して正と為り、其の未だ発せざる者は奇なり。奇の発して報ぜられざれば、則ち勝つ。

〈現代語訳〉

明確な形によって形に対応するのが、正（正攻法）である。形をとらずに形を制御するのが、奇（奇襲）である。奇と正とが窮まりなく展開されるのは、分（部隊の編成）による。部隊を区分けするには奇数により、部隊を制御するのは五行により、部隊を戦闘させるのは□□による。部隊の区分け（編成）が定まれば形が整い、形が定まれば名称が明らかになり、名が定まれば運用が可能となる。同（正攻法に対して正攻法）の方法では相手に勝つには不十分である。そこで相手とは異なる方法をとるのを奇という。従って、静は動の奇であり、佚は労の奇であり、飽は飢の奇であり、治は乱の奇であり、衆は寡の奇である。発動して（明確な形をとって）正となるのであり、まだ発動していないの（無形のもの）は奇である。奇を発動しているにもかかわらず敵に知られていなければ、勝つことができる。

こうした奇正の定義は、『孫子』と比較した場合、どのような特徴を有するであろうか。『孫子』でも、整然たる部隊の編成や、奇正の絶妙な運用については、明確に主張されている。

孫子曰、凡治衆如治寡、分數是也。鬪衆如鬪寡、形名是也。三軍之衆、可使畢受敵而無敗者、奇正是也。兵之所加、如以碫投卵者、虛實是也。（勢篇）

孫子曰く、凡そ衆を治むること寡を治むるが如きは、分数是れなり。衆を闘わしむること寡を闘わしむるが如きは、形名是れなり。三軍の衆、畢《ことごと》く敵に受《こた》えて敗る無からしむべき者は、奇正是れなり。兵の加うる所、碫《たん》を以て卵に投ずるが如き者は、虚実是れなり。

また、「奇正」の配合が窮まりない点についても、次のように説かれている。

凡戰者、以正合、以奇勝。故善出奇者、無窮如天地、不竭如江河。（勢篇）

凡そ戦いは、正を以て合し、奇を以て勝つ。故に善く奇を出す者は、窮まり無きこと天地の如く、竭《つ》きざること江河の如し。

敵兵力を前にして布陣するには、まず定石通りの「正」兵による。しかし、最後の勝利の鍵を握るのは「奇」兵である。巧みに奇兵を繰り出す軍隊は、天地の運行のように窮まりなく、大河の流れのように尽きることがない。

こうした主張は、銀雀山漢墓竹簡「奇正」と基本的には同様である。ただ、「奇正」篇は『孫子』の説く「奇正」を更に展開させているのではないかと思われる。

まずは、「無形にして形を制するは、奇なり」と奇を「無形」に関連させている点である。これは、『淮南子』兵略訓に見られる、奇・正と有形・無形との関係を先取りするような主張である。(1) また、「同」という概念も注目される。「奇正」篇では、正攻法で正攻法に当たる方法を「同」と定義し、それでは勝利を得ることができないとする。そして様々な事象について「正」に対する「奇」を提示した上で、更に、発動されて有形となったものが「正」、未発で無形のままのものが「奇」であると説く。そして、「奇」を発動しているにもかかわらず、敵がそれを察知できなければ、自軍の勝利になるという。

こうした奇正に対する詳細な議論は、『孫子』の奇正観念を基本としながらも、それを更に展開させたものだと評価できよう。

結語

以上、この第三部の第二章から第四章では、二〇一〇年に公開された『銀雀山漢墓竹簡［貳］』所収「論政論兵之類」諸篇を手がかりとして、古代兵学思想の展開の様相を追究してみた。全体で五十篇にも及ぶ「論政論兵之類」について検討してみると、その思想的傾向は、おおむね『孫子』『孫臏兵法』と同一であるが、その内容は更に豊富である。これらは、おそらく、戦国時代の多くの戦争体験を基に著述されたものであろう。戦国時代において、いわゆる「武経七書」以外にも、こうした多くの兵学的著作があったことが明らかになった。

また、「論政論兵之類」の仮称が示すとおり、これらに特徴的なのは、政治と軍事とを一体のものとして考える傾向である。『孫子』はもとよりであるが、『司馬法』も、「国容」「軍容」という概念を提出し、平時における内政と有事における戦闘とを表裏一体のものとしている。[2]「論政論兵之類」もまさにそうした文献である。戦国期において、政治思想と軍事思想とが密接な関係を保ちながら展開していったことを明らかにしているのである。

注

（1）『淮南子』兵略訓の兵学思想の詳細については、拙著『戦いの神―中国古代兵学の展開―』（研文出版、二〇〇七年）参照。

（2）『司馬法』の思想の詳細については、拙著『中国古代軍事思想史の研究』（研文出版、一九九九年）参照。

第五章　北京大学蔵西漢竹書『老子』の特質

序　言

二〇一〇年、筆者の研究グループは北京大学を訪問し、いわゆる「北大簡」を実見する機会を得た（詳細については本書第三部序章参照）。その後、北大簡は分冊方式により公開されることとなったが、その第一弾として、『北京大学蔵西漢竹書［貳］』が、二〇一二年十二月の奥付で刊行された。［壹］よりも［貳］が先行したのは、各分冊の執筆・編集が分担作業によって行われており、韓巍氏が担当する北大簡『老子』の巻が先に整い、［貳］として刊行するに至ったもののようである。

この書については、北京大学出土文献研究所のご厚意により、筆者も恵贈を受け、二〇一三年十月、北京大学で開催された「簡帛《老子》與道家思想国際学術研討会」にも招待されて研究発表する機会を得た。以下では、その発表論文を基に、『北京大学蔵西漢竹書［貳］』すなわち北大簡『老子』に関する初歩的な考察を掲げる。

さて、北大簡『老子』の基本的性格については、すでに韓巍氏が、「西漢竹書『老子』的文本形態介於帛書甲、乙本與傳世本之間，而更接近於帛書本」（『北京大学蔵西漢竹書［貳］』、二〇一二年）と指摘している。筆者の見解も、その大枠を外れるものではないが、本章では、韓巍氏の言及していない点を中心にして若干の考察を加え、その特質を更に明らかにしてみたい。

そこで注目したいのは、『老子』の構成に関わる上経第一章（現行本第三十八章）と下経第四十五章（現行本第一章）、文章

や語彙に関わる上経第二章（現行本第三十九章）、第四章（現行本第四十一章）、第五章（現行本第四十二章）、第九章（現行本第四十六章）、第十章（現行本第四十七章）、第十二章（現行本第四十九章）、第十四章（現行本第五十一章）、下経第六十章（現行本第十八章、第十九章）などである。

一、『老子』の構成

馬王堆帛書本の発見により、漢代の『老子』写本において、「徳」「道」のまとまりがあり、かつ、「徳」→「道」の前後関係が存在した可能性が判明した。ただ、帛書本については、「老子」という書名がどこにも記載されていなかったことにより、日本の学界の中には、当時はまだ書名や構成は確定していなかったとの見方もあった。しかし、北大簡『老子』の発見により、この見方は通用しなくなった。なぜなら、北大簡には、「老子上経」「老子下経」の篇題が明記されているからである。しかも、そのまとまりと順番は、馬王堆帛書本と同様であった。遅くとも漢代初期にはすでに、「老子」という文献は、構成と内容をほぼ確定して、流布していたと推測される。

「老子上経」篇題（第二簡背面）

では、上経第一章（すなわち現行本第三十八章）が当時、『老子』の冒頭章とされていたのは、なぜであろうか。これについては、二つの見方が想定される。第一は、古代の文献の特徴として、それほど深い意味を持っていないという可能性である。例えば、『論語』の学而篇冒頭章は、確かに名言ではあるが、『論語』の冒頭に位置しないと以降の各章が理解できないということはない。ゆるやかな編纂だったと考えられる。『老子』も、そうした編纂物だったと考えることが可能であろう。

もう一つの見方は、やはり、この章には『老子』全体を象徴するような深い意味があり、冒頭に置く必然性があったという可能性である。そこで、そうした可能性が想定されるのかどうか、検討してみよう。以下、韓巍氏の作成した「『老子』主要版本全文對照表」を参考にして、諸本の必要部分を比較してみる。[1]

上経第一章（現行本第三十八章）

［北京］上徳不徳、是以有徳。下徳不失徳、是以無徳。
［馬甲］□□□□、□□□□。□□□□□、□□□徳。
［馬乙］上徳不徳、是以有徳。下徳不失徳、是以无徳。
［王弼］上徳不徳、是以有徳。下徳不失徳、是以無徳。
［河上］上徳不徳、是以有徳。下徳不失徳、是以無徳。
［厳遵］上徳不徳、是以有徳。下徳不失徳、是以無徳。
［傅奕］上徳不徳、是以有徳。下徳不失徳、是以無徳。

ここには大きな異同はない。「徳」から説き始めているので、後に「徳経」と認識されるようになったのであろう。古代文献の特質の一つとして、篇題は最初の数文字、あるいは冒頭部の特徴的な一文字を附けるという原則が見られる。この点は、近年発見され研究が進められている上博楚簡、清華簡などでも明らかになった。ここにも、「徳」とか「徳経」などの篇題が附けられていった可能性が考えられる。

［北京］上徳無爲而無以爲、下徳□之而無以爲、上仁爲之而無以爲、
［馬甲］上徳无□□无以爲也、上仁爲之□□以爲也、
［馬乙］上徳无爲而无以爲也、上仁爲之而无以爲也、
［王弼］上徳無爲而無以爲、下徳爲之而有以爲、上仁爲之而無以爲、
［河上］上徳無爲而無以爲、下徳爲之而有以爲、上仁爲之而無以爲、
［厳遵］上徳無爲而無不爲、下徳爲之而有以爲、上仁爲之而無以爲、
［傅奕］上徳無爲而無不爲、下徳爲之而無以爲、上仁爲之而無以爲、

ここでは、一句目と二句目に異同が多いことが分かる。意味が通りやすいのは、厳遵本や傅奕本であるが、いずれが原型であったかは即断できない。いずれにしても、恐らく、類似の語句が連続することにより、テキストに大きな乱れが生じたのであろう。

［北京］上義爲之而有以爲、上禮爲之而莫之應、則攘臂而乃之。
［馬甲］上義爲之而有以爲也、上禮□□□□□□□、□攘臂而乃之。
［馬乙］上徳爲之而有以爲也、上禮爲之而莫之應也、則攘臂而乃之。
［王弼］上義爲之而有以爲、上禮爲之而莫之應、則攘臂而扔之。

［河上］　上義爲之而有以爲、　上禮爲之而莫之應、　則攘臂而仍之。
［厳遵］　上義爲之而有以爲、　上禮爲之而莫之應、　則攘臂而仍之。
［傅奕］　上義爲之而有以爲、　上禮爲之而莫之應、　則攘臂而仍之。

［北京］　故失道而後德、失德而後仁、失仁而後義、失義而後禮。
［馬甲］　故失道而后德、失德而后仁、失仁而后義、□□□□。
［馬乙］　故失道而后德、失德而句仁、失仁而句義、失義而句禮。
［王弼］　故失道而後德、失德而後仁、失仁而後義、失義而後禮。
［河上］　故失道而後德、失德而後仁、失仁而後義、失義而後禮。
［厳遵］　故失道而後德、失德而後仁、失仁而後義、失義而後禮。
［傅奕］　故失道而後德、失德而後仁、失仁而後義、失義而後禮。

ここでは、「道」と「徳」の序列が明示されている。同様に「道」と「徳」の関係を説くものとしては、第十四章（現行本第五十一章）に「道生之、徳畜之」とある。但し、同章の後句では「故道生之畜之」と、「生・畜」の主体が「道」に一本化されている。「徳」から説き始めているが、結局、『老子』の中で最重要の概念は「道」であることを示唆しているであろう。

このように、上経第一章は、『老子』の最大のキーワードである「道」と「徳」について説き、しかも、儒家思想との関係でも注目される「仁」「義」「礼」などについて触れていることが分かる。本章が『老子』の冒頭に置かれていたのは、こうした思想的必然があったからだという可能性も高い。残念ながら、郭店本では、この点が確認できないので、想定される原本がどうなっていたのか、確定的なことは言えないが、本来は、この章こそが冒頭章であった可能性は充分に考えられる。

それでは、現行本第一章すなわち北大簡下経第四十五章は、どのような位置づけになるであろうか。

下経第四十五章（現行本第一章）

［北京］道可道、非恒道殹、名可命、非恒名也。無名萬物之始也、有名萬物之母也。

［馬甲］道可道也、非恒道也、名可名也、非恒名也。无名萬物之始也、有名萬物之母也。

［馬乙］道可道也、□□□□、□□□□、□恒名也。无名萬物之始也、有名萬物之母也。

［王弼］道可道、非常道、名可名、非常名。無名天地之始、有名萬物之母。

［河上］道可道、非常道、名可名、非常名。無名天地之始、有名萬物之母。

［傅奕］道可道、非常道、名可名、非常名。無名天地之始、有名萬物之母。


まずここで注目されるのは、北大簡と馬王堆本が「無名―万物之始」、「有名―万物之母」となっている点である。現行本は、「無名―天地之始」、「有名―万物之母」とあり、大きな相違がある。現行本に基づく従来の解釈では、道↓天地↓万物、という宇宙の生成過程が説かれていると理解されるが、馬王堆本では異なっていたため、そうした流出論的宇宙論は単純に考えられないのではないか、との疑いも持たれていた。北大簡は、そうした見方を裏付けるものとなった。宇宙の本源は「道」である。「無名」（我々人間が対象世界に対して認識しないこと）こそ万物の始めなのであり、そこに「有名」（認識行為）を加えることによって、万物が生成される、という理解が可能となる。つまり、より認識論的な宇宙生成論が説かれている可能性が考えられるのである。

仮にこうした想定が妥当であるとすれば、『老子』には本来認識論的宇宙論も説かれていたが、後に流出論的宇宙論へと統一的に改変されたということになる。もしそうだとすれば、その最大の原因は、現行本第四十二章の「道は一を生じ、一は二を生じ、二は三を生じ、三は万物を生ず」など明らかに流出論的宇宙論を説く章との整合性が図られたためであろう。

いずれにしても、この章は、宇宙の本源と万物の生成を説いており、『老子』を、より形而上的に理解しようとする立場からは、極めて重要な章と理解されていった可能性がある。そこで、いつかの時点で、漢代写本の序列が逆転し、「道」「徳」の構成になったと想定される。その最大の思想的要因は、上記の宇宙論である。

北大簡『老子』は、馬王堆帛書本とともに、こうした『老子』の構造の大きな変化を示唆しているのである。

二、文章と語彙

『老子』諸本を対照してみると、重要な文章・語彙に相違があることに気づく。韓巍氏もすでにいくつかの点を指摘しているが、更に以下では、「万物」「天象」などの語にも注目してみたい。

上経第二章（現行本第三十九章）

［北京］　昔　得一者、天得一以精、地得一以寧、神得一以靈、谷得一以盈、

［馬甲］　昔之得一者、天得一以清、地得□以寧、神得一以霝、浴得一以盈、

［馬乙］　昔　得一者、天得一以清、地得一以寧、神得一以霝、浴得一以盈、

［王弼］　昔之得一者、天得一以清、地得一以寧、神得一以靈、谷得一以盈、萬物得一以生、

［河上］　昔之得一者、天得一以清、地得一以寧、神得一以靈、谷得一以盈、萬物得一以生、
［厳遵］　昔之得一者、天得一以清、地得一以寧、神得一以靈、谷得一以盈、
［傅奕］　昔之得一者、天得一以清、地得一以寧、神得一以靈、谷得一以盈、萬物得一以生、

まず、この上経第二章（現行本第三十九章）では、北大簡・馬王堆本・厳遵本には「萬物……」の句がなく、王弼本・河上公本・傅奕本には存在する。以下に掲げる「神毋已靈……」のブロックも同様である。これはどう理解したら良いであろうか。そこで考慮すべきは、「天」「地」「神」「谷」（自然物）と「侯王」（人間）との間にやや隔絶があると感じられる点である。従って、本来、ここに「萬物」の句がなかったとすれば、「天」「地」「神」「谷」（自然物）と「侯王」（人間）との間を埋めるために後から挿入されたのではないか、との推測が可能になる。

［北京］　侯王得一　以爲　　正。
［馬甲］　侯□□□而以爲□□正。
［馬乙］　侯王得一　以爲天下正。
［王弼］　侯王得一　以爲天下貞。
［河上］　侯王得一　以爲天下正。
［厳遵］　侯王得一　以爲天下正。
［傅奕］　王侯得一　以爲天下貞。

［北京］　其致之　也、　天毋已精將恐死、　地毋已寧將恐發、

[馬甲]　其致之　也、胃天毋已清將恐□、　胃地毋□□將恐□、
[馬乙]　其至　　也、胃天毋已清將恐蓮、　地毋已寧將恐發、
[王弼]　其致之、　　天無以清將恐裂、　地無以寧將恐發、
[河上]　其致之、　　天無以清將恐裂、　地無以寧將恐發、
[嚴遵]　其致之、　　天無以清將恐裂、　地無以寧將恐發、
[傅奕]　其致之一也、　天無以清將恐裂、　地無以寧將恐發、

[北京]　神毋已靈將恐歇、　谷毋已盈將恐渇、
[馬甲]　胃神毋已霝□恐歇、　胃浴毋已盈將恐渇、
[馬乙]　神毋□□恐歇、　谷毋已□將　渇、
[王弼]　神無以靈將恐歇、　谷無以盈將恐竭、　萬物無以生將恐滅、
[河上]　神無以靈將恐歇、　谷無以盈將恐竭、　萬物無以生將恐滅、
[嚴遵]　神無以靈將恐歇、　谷無以盈將恐竭、
[傅奕]　神無以靈將恐歇、　谷無以盈將恐竭、　萬物無以生將恐滅、

[北京]　侯王毋已　貴以高將恐厥。是故必貴以賤爲本、　必高以下爲基。
[馬甲]　胃侯王毋已　貴□□□□。　故必貴而以賤爲本、　必高矣而以下爲基。
[馬乙]　侯王毋已　貴以高將恐欮。　故必貴以賤爲本、　必高矣而以下爲基。
[王弼]　侯王無以爲　貴高將恐蹶。　故　貴以賤爲本、　高以下爲基。

［河上］　侯王無以爲　　貴高將恐蹷。故　貴以賤爲本、　高必以下爲基。
［嚴遵］　侯王無以爲正而貴高將恐蹷。故　貴以賤爲本、　高以下爲基。
［傅奕］　王侯無以爲貞而貴高將恐蹷。故　貴以賤爲本、　高以下爲基。

また、次の第三章（現行本第四十章）でも、北大簡・郭店本・傅奕本・馬王堆本は「天下之物」と作るのに対して、嚴遵本は「天地」、王弼本・河上公本は「天下萬物」に作り、前章との関連性がうかがわれる。但し、嚴遵本は前章と本章とを一つの章（得一章）とし、馬王堆本では、本章を現行本の四十一章と四十二章との間に記載するなど、章の位置づけに揺ぎがみられる。これに対して、北大簡は竹簡裏面の劃痕から、この順序であったことが分かり、かつ冒頭に円形墨点を打って明らかに分章していることも分かる。

上経第三章（現行本第四十章）
［北京］　反者道之動也、　弱者道之用也。天下之物生於有、有生於無。
［郭店］　返也者道僮（動）也、溺也者道之甬也。天下之勿生於又、生於亡。
［馬甲］　□□□道之動也。弱者者道之用也。天□□□□□□□□□
［馬乙］　反也者道之動也。□□者道之用也。天下之物生於有、有□於无。
［王弼］　反者道之動、　弱者道之用。天下萬物生於有、有生於無。
［河上］　反者道之動、　弱者道之用。天下萬物生於有、有生於無。
［嚴遵］　反者道之動、　弱者道之用。天地之物生於有、有生於無。
［傅奕］　反者道之動、　弱者道之用。天下之物生於有、有生於無。

次に注目したいのは、上経第四章（現行本第四十一章）である。

上経第四章（現行本第四十一章）

［北京］是以建言有之曰、明道如沫、進道如退、夷道如類、
［郭店］是以建言又之、明道女孛、遲道女繢、□道若退、
［馬乙］是以建言有之曰、明道如費、進道如退、夷道如類、
［王弼］故建言有之、明道若昧、進道若退、夷道如類、
［河上］故建言有之、明道若昧、進道若退、夷道如類、
［厳遵］故建言有之、明道若昧、進道若退、夷道如類、
［傅奕］故建言有之曰、明道若昧、夷道如類、進道若退、

ここではまず、『建言』という文献からの引用句であることが示される。引用であることを「曰」字によって明確に示すのは、北大簡・馬王堆乙本・傅奕本である。この引用という点については、改めて後述する。

注目すべきは、「天象」の語である。

［北京］大方無隅、大器勉成、大音希聲、天象無刑、道殷無名。夫唯道、善貣且成。
［郭店］大方亡禺、大器曼成、大音祗聖、天象亡坓、道□□□□□□□
［馬甲］□□道、善□□□□。
［馬乙］大方无禺、大器免成、大音希聲、天象无刑、道褒无名。夫唯道、善始且善成。

［王弼］　大方無隅、大器晩成、大音希聲、大象無刑、道隱無名。夫唯道、善貸且成。
［河上］　大方無隅、大器晩成、大音希聲、大象無刑、道隱無名。夫唯道、善貸且成。
［嚴遵］　大方無隅、大器晩成、大音希聲、大象無刑、道隱無名。夫唯道、善貸且成。
［傅奕］　大方無隅、大器晩成、大音稀聲、大象無刑、道隱無名。夫唯道、善貸且成。

北大簡・郭店本・馬王堆乙本は「天象」に作り、他は「大象」に作る。北大簡の原注は字形の類似から「大」に通用するとしているが、北大簡では、直前の句「大方」「大器」「大音」では「大」字に作り、明らかに使い分けているのではないかと思われる。むしろ、本来は「天象」で、上句の「大方」「大器」「大音」に引きずられて、後に「大象」に改変されたという可能性も考えられる。(2)

また、「殷」字について、馬王堆乙本は「褒」に作り、意味的にはともに「大」の意を示す。これに対して、他本は「隱」に作る。第六十六章（現行本第二十五章）に「吾不智其名、其字曰道、吾強爲之名曰大」とあるのを参照すれば、ここはやはり、元来は大を意味する「殷」字であった可能性が考えられる。

次は、上経第十章（現行本第四十七章）である。

上経第十章（現行本第四十七章）(3)
［北京］　不出於戸、　以智天下、不規於牖、　以智天道。
［馬甲］　不出於戸、　以知天下、不規於牖、　以知天道。
［馬乙］　不出於戸、　以知天下、不規（窺）於□、□知天道。
［王弼］　不出戸、　　知天下、不闚牖、　　見天道。

［河上］　不出戸、　知天下、不窺牖、　見天道。
［厳遵］　不出戸、　知天下、不窺牖、　見天道。
［傅奕］　不出戸、　可以知天下、不窺牖、　可以知天道。
［呂覧］　不出於戸、　而知天下、不窺於牖、　而知天道。
［喩老］　不出於戸、可以知天下、不闚於牖、　可以知天道。

ここでは、現行本で「見天道」に作る句を、北大簡・馬王堆本・傅奕本などは「知天道」に作る。元来は「知天道」であったが、上句「知天下」との反復を嫌い、後に「知」字を「見」字に改めた可能性が考えられる。

同様に考えられるのは、上経第十二章（現行本第四十九章）である。

上経第十二章（現行本第四十九章）

［北京］　聖人恒無心、以百生之心爲心。
［馬甲］　□□□□□、以百□之心爲□。
［馬乙］　□人恒无心、以百省之心爲心。
［王弼］　聖人無常心、以百姓心爲心。
［河上］　聖人無常心、以百姓心爲心。
［厳遵］　聖人無常心、以百姓心爲心。
［傅奕］　聖人無常心、以百姓心爲心。

北大簡・馬王堆乙本は「恒無（旡）心」に作るが、他本は、「無常心」に作る。北大簡と馬王堆本の類縁性を示唆するとともに、本来は、「恒無（旡）心」で、後に「無常心」に改変された可能性が考えられる。

語彙の改変の可能性が考えられるのは、次の上経第十四章（現行本第五十一章）も同様である。

上経第十四章（現行本第五十一章）

［北京］道生之、德畜之、物刑之、埶成之。是以萬物莫道而貴德。

［馬甲］道生之而德畜之、物刑之而器成之。是以萬物尊道而貴□。

［馬乙］道生之、德畜之、物刑之而器成之。是以萬物尊道而貴德。

［王弼］道生之、德畜之、物形之、勢成之。是以萬物莫不尊道而貴德。

［河上］道生之、德畜之、物形之、勢成之。是以萬物莫不尊道而貴德。

［厳遵］道生之、德畜之、物形之、勢成之。是以萬物尊道而貴德。

［傅奕］道生之、德畜之、物形之、勢成之。是以萬物莫不尊道而貴德。

北大簡の「莫道」は、字形の相似から、馬王堆本が記す「尊道」に通ずるであろう。しかし後世、この「莫」字を否定詞と捉え、それでは意味が通らないとして、王弼本や河上公本ではわざわざ文字を増やして「莫不尊道」に改変したのではないかと推測される。

いずれにしても、これらの文章、語彙からは、郭店本、北大簡、馬王堆本の高い類縁性が確認できる。もちろん、各章を個別に検討していくと、これら諸本の間にも、細かな相違点は認められるが、やはり、これらには、相当早い段階で共通の親本が存在し、それが徐々に分岐していったというテキストの系譜を想定できるであろう。特に、北大簡と馬王堆本との近接性は高く、北大簡と馬王堆本との前に、その共通の親本が存在していた可能性を考慮しなければならない。

三、「故」字の意味と『老子』の文章的特質

次に、上経第五章（現行本第四十二章）を確認してみよう。

上経第五章（現行本第四十二章）

[北京]　是故物或損　而益、或益　而損。人之所教、亦我而教人。
[馬甲]　　勿或敗（損）之□□、□之而敗（損）。故人□□教、夕議而教人。
[馬乙]　　□□□□云、云之而益。□□□□、□□□□□。
[王弼]　故物或損之而益、或益之而損。人之所教、我亦　教之。
[河上]　故物或損之而益、或益之而損。人之所教、我亦　教之。
[嚴遵]　　損之而益、　益之而損。人之所教、亦我　教之。
[傅奕]　故物或損之而益、或益之而損。人之所以教我、亦我之所以教人。

[北京]　故強梁者不得　死、吾將以爲學父。
[馬甲]　故強良者不得　死、我□以爲學父。
[馬乙]　□□□□□□□、□將以□□父。
[王弼]　強梁者不得其死、吾將以爲教父。

［河上］　強梁者不得其死、吾將以爲教父。
［厳遵］　強梁者不得其死、吾將以爲教父。
［傅奕］　彊梁者不得其死、吾將以爲教父。

この章については、従来、古語（格言）の引用を含むのではないかとの指摘があった。その箇所が、北大簡では、「是故……」とか、「故……」のように記載されている。この「故」は、前句との強い論理の接続を意味するものではなく、その後の文章が引用句であることを示すために置かれたのではないかと推測される。同様の現象は他の章でも見られる。例えば、第七章（現行本第四十四章）。

上経第七章（現行本第四十四章[4]）
［北京］　是故甚愛必大費、多臧必厚亡。故智足不辱、智止不殆、可以長久。
［郭店］　甚㤅（愛）必大賫（費）、𠩺（厚）贜（藏）必多𧴩（亡）。古智足不辱、智歨不怠、可以長舊。
［馬甲］　甚□□□、□□□□亡。故知足不辱、知止不殆、可以長久。
［王弼］　是故甚愛必大費、多藏必厚亡。知足不辱、知止不殆、可以長久。
［河上］　甚愛必大費、多藏必厚亡。知足不辱、知止不殆、可以長久。
［厳遵］　是故甚愛必大費、多藏必厚亡。故知足不辱、知止不殆、可以長久。
［傅奕］　是故甚愛必大費、多藏必厚亡。知足不辱、知止不殆、可以長久。
［韓詩］　是故甚愛必大費、多藏必厚亡。知足不辱、知止不殆、可以長久。

かつて木村英一氏は、「甚愛必大費、多藏必厚亡」と「知足不辱、知止不殆」とは、格言風の成語を用いたもの、と推測していたが(5)、北大簡は、それぞれの先頭に「是故」「故」字を置き、その可能性を裏付けているのではないかと思われる。

上経第九章（現行本第四十六章）も同様である。

上経第九章（現行本第四十六章）(6)

［北京］　故罪莫大於可欲、禍莫大於不智足、咎莫灊（惨）於欲得。
［郭店］　辠莫厚虐（乎）甚欲、咎莫僉虐（乎）谷得、化莫大虐（乎）不智足。
［馬甲］　罪莫大於可欲、⿰咼乑（禍）莫大於不知足、咎莫憯於欲得。
［馬乙］　罪莫大　可欲、禍□□□□□、□□□□□。
［王弼］　禍莫大於不知足、咎莫大於欲得。
［河上］　罪莫大於可欲、禍莫大於不知足、咎莫大於欲得。
［厳遵］　罪莫大於可欲、禍莫大於不知足、咎莫憯於欲得。
［傅奕］　罪莫大於可欲、禍莫大於不知足、咎莫憯於欲得。
［解老］　禍莫大於可欲、禍莫大於不知足、咎莫憯於欲利。
［喩老］　罪莫大於可欲、禍莫大於不知足、咎莫憯於欲得。

ここも、木村氏が文気から成語・格言と推測していた箇所である。北大簡のみ、冒頭に「故」字を置いている。

［北京］　故智足之足、　恒足矣。

［郭店］　智足之爲足、此亙足矣。
［馬甲］　□□□□□　恒足矣。
［馬乙］　□□□□□　□足矣。
［王弼］　故知足之足、常足矣。
［河上］　故知足之足、常足。
［厳遵］　知足之足、常足矣。
［傅奕］　故知足之足、常足矣。
［喩老］　知足之爲足矣。

ここも、木村氏が格言と推測していた箇所である。北大簡・王弼本・河上公本・傅奕本は「故」字を置いている。

このように、『老子』には古語・金言を引用して文章を構成していると思われる箇所が多々あり(7)、そのことを最も強く意識し、明示しようとしているのが、北大簡ではなかったかと推定される。

四、『老子』の思想的特質

この「故」字の問題に関連して、注目しておきたいのは、現行本第十七章と十八章である。すでに韓巍氏が指摘するとおり、現行本第十七章・十八章・十九章について、北大簡は分章せず、一つの章（下経第六十章）としている。

そこで、まず、現行本の章立てに従って、内容を検討してみたい。

下経第六十章（現行本第十八章）

[北京]　故大道廢、安有仁義、智慧出、安有大僞、六親不和、安有孝茲、國家捪亂、安有貞臣。
[郭店]　古大道癹（廢）、安又息（仁）義、六新（親）不和、安又孝孶、邦家緍□、安又正臣。
[馬甲]　故大道廢、案有仁義、智快出、案有大僞、六親不和、案有畜茲、邦家悶（昏）亂、案有貞臣。
[馬乙]　故大道廢、安有仁義、知慧出、安有□□、六親不和、安又孝茲、國家悶（昏）亂、安有貞臣。
[王弼]　大道廢、有仁義、智慧出、有大僞、六親不和、有孝慈、國家昏亂、有忠臣。
[河上]　大道廢、有仁義、智慧出、有大僞、六親不和、有孝慈、國家昏亂、有忠臣。
[厳遵]　大道廢、有仁義、智慧出、有大僞、六親不和、有孝慈、國家昏亂、有忠臣。
[傅奕]　大道廢、焉有仁義、智慧出、焉有大僞、六親不和、有孝慈、國家昏亂、有忠臣。

この部分、現行本の文章によれば、次のような意味になる。

大いなる道が廃れて、「仁義」の大切さが説かれるようになった。小賢しい「智慧」が大いなる偽りを生ずることとなった。近しい間柄の人間関係が崩壊して、「孝慈」が尊ばれるようになった。国家が混乱して、「忠臣」が注目されるようになった。

逆説的な表現で一見分かりづらいが、従来は、儒家思想との関係を重視して、おおよそ次のようなことを説いていると理解されてきた。

儒家は「仁義」の大切さを説くが、それは、この世に大いなる道が行われなくなったことによるのであり、「大道」が行われている良い世の中であれば、そもそも「仁義」などというものは、説かれる必然性のないものである。世間を騒がす様々な悪行・詐欺・虚偽は、そもそも人間の「智慧」によって生じたものであり、小賢しい知恵をつける以前の純朴な人の世にはなかったものである。親に対する孝行や子供への慈愛が尊ばれるのは、親子関係のような最も大切な人倫関係が崩壊しているからである。忠義の臣下が目立つのは、国が乱れ、忠誠心を持つ家臣が少なくなっているからである。

このように、『老子』は、儒家の説く「仁義」や「孝」や「忠」は、すべて乱れた世の中だからこそ、その重要性が叫ばれるようになったものであり、そもそも太平の世には、ことさら取り上げる必要のなかったものであるという。人々がみな純朴な心を失わず、他者をいたわり、親孝行に努め、主君に忠誠を尽くしていれば、「仁義」や「孝慈」や「忠臣」は、そもそも取り立てて強調するような思想にはならないというのである。これを受けて、日本の学界では、『老子』の成立を『孟子』以降と考える見方も有力であった。(8)

しかし、ここで注目されるのは、北大簡・郭店本・馬王堆本に見えて、現行本には見られない「安」字である。(9)「安」は「どうして～であろうか。いやそうではない」という反語であるから、このニュアンスを活かして解釈すると、最初の句は、「大いなる道が廃れてしまったら、どうして仁義などあろうか。いや、仁義の心は失われてしまう」というような理解になろう。同様に以下の句も、「人間の本来的な智慧を活かせば、どうして大いなる偽りなど生じようか。基本的な人倫関係が崩れてしまえば、どうして孝慈の心を持つことができようか。国家が乱れてしまえば、どうして正しい心を持つ臣下がいられようか」というように理解される。

この結果、「仁義」「智慧」「孝慈」「貞臣」などは必ずしも否定されていないこととなる。また、現行本『老子』で「忠臣」とされていた箇所が、北大簡と馬王堆本では「貞臣」、郭店本では「正臣」となっていることも重要である。果たしてこの一節は、儒家批判を説いたものと理解して良いのか。そうした疑問を抱かせるのである。

同様の問題は、次の箇所にも窺うことができる。

下経第六十章（現行本第十九章）

［北京］　絶聖棄智、民利百倍。絶仁棄義、民復孝茲。絶巧棄利、盗賊無有。
［郭店］　㡉（絶）智弃卞（辯）、民利百伓（倍）。（絶）攷（巧）弃利、覜（盗）惻（賊）亡又（有）。㡉（絶）恦（偽）弃慮（慮）、民复（復）季（孝）子（慈）。
［馬甲］　絶聲棄知、民利百負。絶仁棄義、民復畜茲。絶巧棄利、盗賊无有。
［馬乙］　絶耶（聖）棄知、而民利百倍。絶仁棄義、而民復孝茲。絶巧棄利、盗賊无有。
［王弼］　絶聖棄智、民利百倍。絶仁棄義、民復孝慈。絶巧棄利、盗賊無有。
［河上］　絶聖棄智、民利百倍。絶仁棄義、民復孝慈。絶巧棄利、盗賊無有。
［厳遵］　絶聖棄知、民利百倍。絶仁棄義、民復孝慈。絶巧棄利、盗賊无有。
［傅奕］　絶聖棄知、民利百倍。絶仁棄義、民復孝慈。絶巧棄利、盗賊無有。

この一節は、北大簡、馬王堆甲本・乙本、現行本に、ほぼ同様に見えている。そして、この中には、「聖」「智」「仁」「義」など、ただちに儒家思想を連想させるキーワードが含まれている。特に、「仁義」はそのまま儒家のスローガンといってもよい重要語である。『老子』は、「聖（英知）」を絶ち、小賢しい「智」恵を捨て去れば、民の利益は百倍になるという。また、儒家が宣揚する「仁」や「義」を捨て去れば、民は純朴な「孝慈」の心を回復するという。技巧を競ったり、法外な利益を求めることを皆がやめれば、そもそも盗賊はいなくなるであろうという。つまり、ここには、鮮明な儒家批判が見られるのである。

では、従来のこうした解釈は、出土本にもそのまま通用するであろうか。郭店本は、この部分が大いに異なる。

念のため、その原文に沿って現代語訳しておけば、次のようになるであろう。「小賢しい知恵や弁論を捨て去れば、民の利益は百倍になる。技巧や利益の追求をやめれば、盗賊はいなくなる。嘘や偽りの心を捨て去れば、民は純朴な孝慈の心を回復する」。

ここで注目されるのは、現行本に見られる「仁」「義」の語が、まったく姿を現していないということである。現行本は、「聖・智」「仁・義」「巧・利」の組み合わせがあるから、儒家思想への批判意識が表れていると解釈できた。だが、この郭店本では、「智・辯」「巧・利」「偽・慮」が批判されているのみで、「仁義」の語は見えない。批判されているのは、人間の小賢しい知恵と作為であり、「仁義」ではない。

これに比べると、北大簡と馬王堆本は、現行本同様に、「聖・智」「仁・義」「巧・利」の組み合わせとなっているので、郭店本ほどの特色は見いだせないと言えよう。しかし、前章（現行本第十八章該当部）と総合的に考えれば、「仁」「義」の語があるからと言って、ただちに儒家批判の思想を表明しているとは言えないように思われる。

いずれにしても、こうした違いが生じたのは、恐らく、『老子』の原本から、郭店本と北大簡・馬王堆の共通祖本とが早い段階で分岐したためではないかと推測される。

また、これらの章が、北大簡では一つの章（下経第六十章）として連続筆写されている点について、韓巍氏は、北大簡の「故大道廢」の「故」字に注目し、「故学者多懐疑這両章本応爲一章，而遭後人強行割裂，現在就得到漢簡本的證實」「而且漢簡本在「大道廢」之前還有一個連詞「故」，将上下文連接在一起」（『北京大学蔵西漢竹書　貳』、二〇一二年）と指摘する。妥当な見解であろう[10]。但し、本章で先に指摘したとおり、北大簡の「故」字は、必ずしも前句との論理的接続を明示するという機能だけではなく、引用句を導く働きをも果たしている。「故」字があるから直ちに前句との接続性が強く、本来一つの章だったとは即断できないように思われる。ただ、いつかの時点で、この「故」字が失われ、本来一つの章であったものが分割されてしまったのは確実であろう。

いずれにしても、現行本第十八章・十九章該当部分を手がかりに、『老子』の思想的特徴を考えてみると、特に儒家思想との関係において重要な問題があることに気づく。『老子』の思想はこれまで考えられてきたように、「反儒家の思想」と総括してよいのかという問題である。推測を逞しくすれば、郭店本の成書時期と推測される戦国時代中期以前においては、「儒家」対「道家」というような深刻な対立の構図はなく、その後、諸子百家の厳しい対立の中で、「反儒家」的要素が徐々に『老子』に付加されていったという可能性も考えられる。

結語

以上、本章では、北大簡『老子』の構成、文章、語彙に注目し、その特色について検討を加えてきた。現時点における筆者の見解は、韓巍氏の指摘の大枠を超えるものではないが、子細に検討すると、まだ多くの問題点が残っているように思われる。特に本章で追究した「故」字の用法、儒家思想との関係を中心とした思想的位置づけ、北大簡と馬王堆本との共通の親本の問題などは、今後、更に注目されてよいと考える。

注

(1) 以下、『老子』テキストの略称は次の通りである。北京……北京大学蔵西漢竹書本、郭店……郭店楚簡本、馬甲……馬王堆帛書甲本、馬乙……馬王堆帛書乙本、王弼……王弼本、河上……河上公本、厳遵……厳遵本、傅奕……傅奕本。
(2) なお、「大象」の語は、他に北大簡第七十五章（現行本第三十五章）に見える。そこでは、諸本すべて「大象」に作る。
(3) ここでは、『呂氏春秋』君主篇の該当箇所および『韓非子』喩老篇の該当箇所も、［呂覧］［喩老］の略号により参考までに掲げる。
(4) ここでは、『韓詩外伝』の該当箇所も、［韓詩］の略号によって参考までに掲げる。
(5) 木村英一氏の見解については、『老子の新研究』（創文社、一九五九年）および『老子』（講談社学術文庫、木村英一訳、野村茂夫補、一九八四年）参照。
(6) ここでは、『韓非子』解老篇および喩老篇の該当箇所も、［解老］［喩老］の略号によって参考までに掲げる。

（7）他には、上経第十三章（現行本第五十章）の「蓋聞……」も同様である。
（8）例えば、小川環樹『老子 荘子』（中央公論新社、一九七八年）など。
（9）「安」は「焉」に通ずるので、それぞれ前句末尾の終助詞であった可能性もあるが、各句の字数を勘案すると、やはり句冒頭の助詞（反語）であった可能性が高いであろう。
（10）韓巍氏が指摘するとおり、この現象は、現行本第三十二章・第三十三章該当部分にも見受けられる。

附録

書評　陳偉等著『楚地出土戦国簡冊［十四種］』

一、楚地出土資料と武漢大学

一九九三年、中国湖北省荊門市の郭店一号楚墓で大量の竹簡が発見された。「郭店楚墓竹簡（郭店楚簡）」と命名された竹簡群は、やがて中国古代史や古代思想史研究に大きな衝撃を与えていくこととなる。一九九八年、その全容が『郭店楚墓竹簡』（文物出版社）として公開されると、多くの研究論文が次々に発表されるようになった。当初は、紙媒体での発表がほとんどであったが、やがて、インターネット上に論考が掲載されるようになる。そうした発表の場を提供したのが、武漢大学簡帛研究中心の「簡帛網」（http://www.bsm.org.cn/）であった。ここに、新出土文献研究は、大きな転機を迎えることとなる。郭店楚簡や、それに続く、上海博物館蔵戦国楚竹書（上博楚簡）の発見を受けて、研究は日進月歩の活況を呈し、紙媒体での発表が研究のスピードに追いつかなくなったのである。郭店楚簡や上博楚簡は楚地出土の新資料。湖北省の省都にある武漢大学は、地の利を活かして研究を主導したのである。二〇〇六年六月には、「新出楚簡国際学術研討会」を開催し、世界の研究者約百名が三日間にわたって研究発表を行った。

こうした武漢大学の活動が、また一つ大きな果実となって提供された。『楚地出土戦国簡冊［十四種］』がそれである。武漢大学の陳偉教授を中心とする研究グループによる大作である。

二、『楚地出土戦国簡冊［十四種］』の刊行

本書は、二〇〇三年に開始された中国国家教育部の哲学社会科学研究重大課題攻関項目「楚簡綜合整理与研究」の最終成果としてまとめられたものである。標題に「楚簡」とか「楚系簡牘」などの名称を使わず、「簡冊」とするのは、竹簡の出土地に戦国時代の他の諸侯国も一部含まれるためであるという。

その特長は、第一に、竹簡の精密な読解である。早稲田大学ＣＯＥプロジェクトの協力を得て赤外線撮影装置による竹簡の撮影を行い、これまで不鮮明であった文字を確認している。釈読・注釈は、この新たな写真に基づいて行われているのである。その結果、既存の釈文などに比べて次のような点が格段に向上している。

（一）国内外の大量の文献を参考にして、最新の研究成果を反映させている。参考した文献は二〇〇八年冬の定稿直前のものまでをも含む。

（二）できるだけ竹簡の写真や現物にあたり、また赤外線撮影により不鮮明な文字を確認した。その結果、これまでにない新解釈を多く提示した。

（三）所属不明となっていた竹簡残片にも注目し、それらを含めて、竹簡の分類・配列について再検討した。

また、それぞれの竹簡ごとに説明、釈文、注釈を付し、巻末には千百にのぼる参考文献も付されている。

第二は、収録範囲の広さである。本書は、楚地出土の十四種三千五百枚の竹簡、計五万字を対象とし、それらを出土地ごとに、湖北、河南、湖南の順に配列している。これまで、楚地出土資料はさまざまな雑誌・文献等によって別々に公開されてきた。それらを一冊にまとめた本書は、きわめて利便性が高い。十四種の竹簡を概観して、改めて、楚地の重要性が理解できる。

では、その十四種の内訳を知るために、本書の目次を掲げてみよう。

『楚地出土戦国簡冊［十四種］』（経済科学出版社）

陳偉等著、二〇〇九年八月、B５、五五八頁、横組繁体字、一六八元

（一）奮㮨等数量
（二）建除
（三）叢辰
（四）成日、吉日和不吉日宜忌
（五）五子、五卯和五亥日禁忌
（六）告武夷
（七）相宅
（八）占出入盜疾
（九）太歳
（十）十二月宿位
（十一）往亡
（十二）移徙
（十三）裁衣
（十四）生、亡日
（十五）竹簡残片
六　九店六二一号墓簡冊
七　曹家崗五号墓簡冊
八　曾侯乙墓簡冊
（一）入車

（二）甲冑
（三）乗馬
（四）鞶馬及其他
（五）簽牌
九　長台関一号墓簡冊
（一）竹書
（二）遣策
（三）簽牌
十　葛陵一号墓簡冊
（一）卜筮祭禱
（二）簿書
（三）未帰類簡
十一　五里牌四〇六号墓簡冊
十二　仰天湖二五簡号墓簡冊
十三　楊家湾六号墓簡冊
十四　夕陽坡二号墓簡冊

このように、本書は、包山二号墓簡冊から夕陽坡二号墓簡冊まで十四種の竹簡を掲げる。分量的に最も多いのは、包山楚簡と郭店楚簡である。

三、楚地出土簡冊の歴史と本書の意義

五五八頁に及ぶ本書の意義を明らかにするために、以下では、収録された十四種の竹簡を、発見時を基準とした時系列に並べ替えてみよう（以下、本書の説明による発見年、竹簡名、総枚数、墓の造営年代から想定される竹簡の年代、の順で記す）。

一九五一年　五里牌四〇六号墓簡冊　三八枚　戦国
一九五三年　仰天湖二五簡号墓簡冊　三九枚　戦国
一九五四年　楊家湾六号墓簡冊　七二枚　戦国
一九五七年　長台関楚簡　一三七枚　戦国中期
一九六五年　望山一号楚簡　二〇七枚　戦国中期
　　　　　　望山二号楚簡　六六枚　戦国中期晩段
一九七八年　曾侯乙墓簡冊　二四〇枚　前四三三年頃
一九八一～一九八九年　九店五六号楚簡　二〇五枚（有字簡一四五）　戦国晩期
　　　　　　九店六二一号楚簡　一二七枚　戦国中期晩段
一九八三年　夕陽坡二号墓簡冊　二枚　戦国中晩期
一九八六年　包山楚簡　四四八枚（有字簡二七八）　前三一六年
一九九二～一九九三年　曹家崗楚簡　七枚　戦国晩期前段
一九九三年　郭店楚簡　七三〇枚　前四世紀末
一九九四年　葛陵楚簡　一五六八枚　前四〇〇年頃

この年表から、次のようなことが分かる。第一は、竹簡枚数の増加である。一九五〇年代以降、楚地からの竹簡出土は続いているが、当初は、数十枚程度であったものが、近年では数百枚単位へと増加している。これは、楚墓の大規模な考古学的調査や盗掘などにより、大量の竹簡がまとまって発見されるようになったからである。

第二は、完簡の増加である。五里牌四〇六号墓簡冊や楊家湾六号墓簡冊などのように、初期の竹簡は多くが残簡であった。切れ切れの文字が提供されても、研究の飛躍的な進展には繋がらなかったのである。これに対して、近年出土の竹簡は、数百枚という竹簡の多くが欠損のない完簡で発見される。これは、竹簡の釈読を容易にし、研究を強力に推進する。

第三は、思想文献の出土である。一九九三年に発見された郭店楚簡は、『老子』『緇衣』など伝世文献と密接な関係を持つ文献のほか、道家系の『太一生水』、儒家系の『魯穆公問子思』『窮達以時』など大量の思想文献で占められていた。初期の竹簡が断片的な行政文書であったり、遣策や簽牌であったりしたのとは大きく異なる。古代思想史そのものを書き換えるかというような画期的な資料が発見されたのである。

第四は、下葬年代の特定である。初期の資料では、その年代が戦国期であることまでは分かっても、それ以上の特定がなかなかできなかった。これに対して、近年の出土資料では、墓の造営状況の分析、副葬品の鑑定、更には同位炭素の年代測定などにより、「戦国中期」とか、「前四世紀末」といったように、年代が相当に絞り込まれている。このことは、資料の意義を解明するために重要な意味を持ち、更には伝世文献との前後関係についても重要な研究の視点を与えてくれる。

第五は、卜筮祭禱簡と思想文献との関係である。包山楚簡、望山楚簡などには、大量の卜筮祭禱簡が含まれているが、思想文献は見あたらない。一方、郭店楚簡は、七百枚を超える分量でありながら思想文献のみで構成されていて、なぜか卜筮祭禱簡は含まれていない。今のところ、出土の事例がまだ少ないので、確定的なことは言えないが、これらが共存しない点には注目しておく必要があろう。

以上は、本書収録の竹簡を時系列に配置し直してみて気づいた点である。こうした操作が可能となったのも、本書が、楚地出土資料の全容を一冊に集約してくれたからに他ならない。これまで、楚地出土資料を研究するためには、さまざまな雑誌や文献に掲載された個別の論考を逐一調査しなければならなかった。しかも、それらは断片的紹介である場合も多い。全容を紹介するという本書のコンセプトがいかに意義深いかが分かるであろう。

なお、楚地出土文献として、今ひとつ上博楚簡がある。上博楚簡は盗掘の結果、香港に流出し、上海博物館が買い上げた竹簡であるが、その竹簡に付着した土の成分や竹簡に書かれた楚系文字の特徴から、やはり楚地出土文献であると考えられている。だが、本書では、現在刊行中である上博楚簡については対象外とし掲載していない。将来、上博楚簡を包括する増訂版が刊行されれば、まさに楚地出土簡冊の決定版となるであろう。

おわりに

木簡に比べて竹簡の認知度は低い。平城京跡から木簡の破片一枚が出土するだけで大きな話題となるのに、数百枚数千枚という大量の竹簡が次々と中国で発見されても、一般にはあまり知られてこなかった。なぜ竹簡は注目されなかったのだろうか。それは、何より、竹簡の文化が日本に入っていないことによるであろう。遣隋使や遣唐使によって中国の文物が輸入され始めた時代、中国では、すでに書写材料としては竹簡にかわって紙が普及していた。紙と木簡の文化は日本に伝わったが、竹簡は駆逐された後だったのである。

しかし、近年の相次ぐ竹簡の出土・発見によって、中国古代思想史は根本からの見直しを迫られている。竹簡を知らずに中国古代思想を語ることはできないという時代が到来しているのである。どのように取り扱って良いか、途方に暮れるほど大量の、かつさまざまな竹簡が研究材料として提供され続けている。それにも関わらず、日本の学界では、出土資料を専門とする研究者の数は極めて少ない。

そこで本書では、あえて「竹簡学」をタイトルとし、出土竹簡を使った研究の一端を披露することとした。竹簡の出土・発見は現在も続いており、その意味では、本書の成果も、一つの通過点に過ぎない。ただ、このような状況があと十年も続けば、竹簡を取り扱える研究者の数は更に少なくなり、やがて中国思想史研究そのものが衰退して行くであろう。そうした危機感が、本書を構想した最大の要因である。

それぞれの論考は、学術雑誌等に既発表のものがほとんどであり、その初出タイトル・初出誌等は以下のとおりである。ただ、先にも記した通り、その後の研究の進展により、加筆修訂を加えた箇所が多々あることをお断りしておく。

初出一覧

第一部　儒家思想と古聖王の伝承

第一章　原題「戦国楚簡と儒家思想―「君子」の意味―」

（『中国研究集刊』第四十三号、二〇〇七年六月）

第二章　原題「上博楚簡『顔淵問於孔子』と儒家系文献形成史」

（『中国研究集刊』第五十五号、二〇一二年十二月）

第三章　原題「上博楚簡『舉治王天下』の古聖王伝承」

（『中国研究集刊』第五十六号、二〇一三年六月）

第四章　原題「太姒の夢と文王の訓戒―清華簡「程寤」―」

（『中国研究集刊』第五十三号、二〇一一年六月）

第二部　王者の記録と教戒―楚王故事研究―

第一章　原題「『荘王既成』の「予言」」

（『戦国楚簡研究二〇〇七』〈『中国研究集刊』第四十五号〉、二〇〇七年十二月）

第二章　初出

第三章　原題「『平王與王子木』―太子の「知」―」

（『戦国楚簡研究二〇〇七』〈『中国研究集刊』第四十五号〉、二〇〇七年十二月）

第四章　原題「『平王問鄭壽』―諫言と予言―」

（『竹簡が語る古代中国思想（二）』（浅野裕一編、汲古選書）、二〇〇八年九月）
第五章　原題「父母の合葬―上博楚簡『昭王毀室』について―」
（『東方宗教』第一〇七号、二〇〇六年五月）
第六章　原題「教戒書としての『君人者何必安哉』」
（『竹簡が語る古代中国思想（三）』（浅野裕一編、汲古選書）、二〇一〇年三月）

第三部　新出秦簡・漢簡に見る思想史
第一章　原題「岳麓秦簡『占夢書』の思想史的位置」
（『中国研究集刊』第五十七号、二〇一三年十二月）
第二章　原題「銀雀山漢簡「論政論兵之類」考釈」
（『中国研究集刊』第五十二号、二〇一一年二月）
第三章　原題「興軍の時―銀雀山漢簡「起師」―」
（『大阪大学文学研究科紀要』第五十二巻、二〇一二年三月）
第四章　原題「先秦兵学の展開―『銀雀山漢墓竹簡［貳］』を手がかりとして―」
（第四回日中学者中国古代史論壇発表論文集、日本教育会館、二〇一二年五月二十五日）
第五章　原題「北大簡《老子》的特質―結構、文章及詞彙―」（中国語）
（簡帛《老子》與道家思想国際学術研討會発表論文集、北京大学出土文献研究所、二〇一三年十月二十五日）

附録

書評　原題「楚地出土文献へのいざない―陳偉等著『楚地出土戦国簡冊［十四種］』」
（『中国研究集刊』第五十一号、二〇一〇年十月）

なお、本書は、大阪大学教員出版支援制度による刊行物である。本制度の学内選考は二段階に分かれており、筆者の所属する文学研究科での第一次選考、そして大阪大学出版会出版委員会での最終選考を経て、刊行が決定した。このような機会を与えていただいた大阪大学ならびに大阪大学出版会に深甚の謝意を表したい。また、それぞれの選考に際して推薦者が求められたが、その際、推薦の辞を忝くした島根大学の竹田健二教授、ならびに大阪大学文学研究科の永田靖教授に心より御礼を申し上げたい。

索引の作成には、大阪大学文学研究科助教中村未来（旧姓金城）さんの協力を得、編集全般については、大阪大学出版会の大西愛さんのご支援を得た。ここに記して感謝申し上げる。

な　行

は　行

ま　行

や　行

ら・わ　行

た　行

さ　行

索　引

湯浅　邦弘（ゆあさ くにひろ）　大阪大学大学院教授

1957年、島根県生まれ。大阪大学大学院文学研究科修了。博士（文学）。北海道教育大学講師、島根大学助教授、大阪大学助教授を経て、2000年より現職。専攻は中国思想史。古代の竹簡を解読し、諸子百家の思想について研究を進めている。北京大学日本校友会編『今こそ伝える日中100人』（白帝社、2013年12月）において、「戦国楚簡研究の日本人パイオニア」としてとりあげられた。

著書『中国出土文献研究』（台湾・花木蘭文化出版社、2012年）
『論語』（中公新書、2012年）
『故事成語の誕生と変容』（角川叢書、2010年）
『菜根譚』（中公新書、2010年）
『諸子百家』（中公新書、2009年）
『孫子・三十六計』（角川ソフィア文庫、2008年）
『墨の道 印の宇宙』（大阪大学出版会、2008年）
『戦いの神―中国古代兵学の展開―』（研文出版、2007年）
『戰國楚簡與秦簡之思想史研究』（台湾・万巻楼、2006年）ほか多数
編著『名言で読み解く中国の思想家』（ミネルヴァ書房、2012年）
『概説中国思想史』（ミネルヴァ書房、2010年）
『懐徳堂研究』（汲古書院、2007年）
『上博楚簡研究』（汲古書院、2005年）ほか
監修『「孫子」叢書』全25巻（大空社、2013年～）
『「菜根譚」叢書』全25巻（大空社、2012年～）ほか

竹簡学
――中国古代思想の探究――

発行日　2014年5月20日　初版第1刷発行　［検印廃止］

著　者　湯浅　邦弘

発行所　大阪大学出版会
代表者　三成　賢次
〒565-0871
大阪府吹田市山田丘2-7　大阪大学ウエストフロント
電話：06-6877-1614（代表）　FAX：06-6877-1617
URL：http://www.osaka-up.or.jp

印刷・製本　株式会社 遊文舎

ISBN978-4-87259-475-1　C3022